24 초등수학교육

이해를 촉진하는 수학교실

엘리자베스 페네마 · 토머스 롬버그 지음
이광호 · 이현숙 · 이경미 · 윤혜영 · 정미혜 · 하수현 옮김

경문사

▌옮긴이 머리말▐

왜 '이해'를 중심으로 수학을 지도해야 하는가?

최근 질적 연구의 발달로 양적 연구가 밝힐 수 없었던 추상적인 부분들을 밝히고자 하는 노력들이 일어나고 있고, 그러한 교육의 중심에 '이해'가 있습니다. 특히 '이해'라는 추상적인 용어는 그것을 밝히기에 너무나 복잡하고 방대합니다. 스캠프(Skemp)는 이를 크게 관계적 이해와 도구적 이해로 나누어 설명하려 하였으나 그것들로 '이해'를 모두 설명할 수 있는 것은 아니었습니다. 시어핀스카(Sierpinska, 1994)는 이해에 대하여 다양한 측면에서 매우 조직적으로 설명하고 있으나 여전히 '이해'를 명확하게 이해시키는 데에는 한계를 지니고 있습니다. 이처럼 '이해' 자체를 이해하기는 매우 어렵습니다. 그러나 파랑새를 찾아 헤매는 과정에서 진정한 파랑새를 찾았던 동화처럼 '이해'는 사리를 분별하여 해석한다는 사전적 의미처럼 조금씩 알아가려는 과정 속에서 찾아갈 수 있지 않을까?

미국의 교사전문성 개발 프로그램의 하나로 카펜터(Carpenter)와 페네마(Fennema) 등이 초등학교 저학년 학생들의 연산을 이해를 통하여 지도하고자 개발한 프로그램 중의 하나가 CGI(Cognitively Guided Instruction)입니다. 이 프로그램에서는 학생들의 '이해'를 바탕으로 수학을 가르치려는 시도를 하였으며, 이 프로그램을 통한 연구는 교사가 잘 가르치지 못한 이유를 교사가 학생들의 이해를 바탕으로 가르치지 못했기 때문이라는 결론에 이르고 있어 이해를 바탕으로 하는 학생들의 수학 지도의 중요성과 필요성을 말해주고 있습니다.

이와 같이 중요시 생각되어야 할 이해를 바탕으로 학생의 지도를 과연 어떻게 시작하고 어떻게 전개해야 하는 지에 대한 막연한 물음을 갖는 모든 교사 혹은 학부모에게 이 책은 그 방향을 제시해줄 수 있으리라 생각합니다.

이 책을 통하여 현직 교사 및 학부모들이 학생들의 수학적 이해에 대한 생각에 조금이나마 보탬이 되길 바라며, 또한 수학교육에서 '이해'에 대한 연구들이 좀더 많이 이루어져 수학 지도에 있어서 이해를 통한 지도가 효과적으로 이루어질 수 있기를 바라는 마음으로 이 책을 번역하게 되었습니다.

수학교육을 향한 작지만 강한 열정들이 모여 모방보다는 새로운 것들을 만들어내고 창의적인 아이디어를 개발하는 인재가 되어야 할 우리 학생들이 우리나라의 발전과 세계의 발전에 크게 이바지하는 미래 인재로 성장하기를 바라는 마음들을 이 책에 담

았습니다.

여러 번 검토를 통한 번역이지만 오역이나 부족함이 있다면 사랑어린 마음으로 지도편달해주시기 바랍니다.

알곡을 심는 성실한 농부의 마음으로 시작한 수학교육에 대한 저희들의 사랑이 세대를 넘고 세계를 향한 큰 나무들로 성장하기를 소망합니다.

옮긴이 일동

▌지은이 머리말▐

이해를 촉진시키는 수업에 대한 관심은 20세기 내내 지속되었다. 현재의 개혁 움직임이 일기 오래 전부터 이해를 바탕으로 한 학습에 대해 저술했던 콜번(Colburn), 브라운웰(Brownell), 벤엔젠(Van Engen)과 같은 수학교육자들의 활동에 힘입었기 때문이기도 하지만, 이해를 바탕으로 한 학습 그 자체가 갖는 직관적인 정당성은 학생들의 수학에 대한 이해를 발달시키는 것의 중요성에 대해 모두 동의하게 만들었다. 앞서 언급한 학자들을 비롯하여 동시대의 다른 학자들은 이해란 무엇을 의미하는지, 또 학생들의 이해를 발달시키기 위해 교육과정은 어떻게 구성되어야 하는지를 연구하고 저술했다. 그러나 대부분의 수학 수업은 이러한 점들을 고려하지 않으며, 대부분의 학생들은 수학에 대한 이해를 발달시키지 못한다. 과거의 이러한 학자들의 연구는 실제 수학 수업에 거의 영향을 미치지 못한 것이다.

과거의 연구들이 거의 영향을 주지 못했음에도, 우리는 왜 수학적 이해라는 주제로 다시 돌아가야 하는 걸까? 두 가지 중요한 이유가 있다. 첫째, 학부모, 교사, 전문 기관, 고용자들, 여러 주 및 연방 정부를 포함한 많은 사람들은 21세기의 시대적 요구에 발맞추기 위해 학교와 수업이 변화하기를 지지하며, 또 강력히 요청한다. 둘째, 모든 학생들이 이해를 바탕으로 한 학습을 할 수 있도록 교실 수업에 새로운 방향을 제시해 줄 수 있는 수학 교수·학습에 대한 지식 체계가 나날이 증가하고 있다.

이 책의 아이디어를 이끈 연구들은 다양한 분야의 여러 학자들의 연구 업적에 기반을 두고 있다. 수학자와 수학교육자들은 수학의 본성에 대한 새로운 관점을 제공하였으며, 21세기에 성공적으로 살아남기 위해 필수적인 교과 내의 절차, 개념, 아이디어가 무엇인지 명확히 하였다. 또 심리학자, 사회학자, 교육학자들은 학생들의 학습과 교육적 변화의 과정에 대한 통찰력을 제공하였고, 다른 연구자들은 수업 과정에 대한 지식을 얻기 위해 현직 교사와 협력하는 것이 효율적임으로 보여주었다.

이 책은 수학 및 과학 교육연구를 위한 국립 연구소(National Center for Research in Mathematical Sciences Education, 이하 NCRMSE[1])의 직접적인 연구 결과물이다.

---

1) 이 책의 편찬을 위해 준비하고 여기에 보고된 연구는 NCRMSE의 지원을 받았다. NCRMSE는 미국교육연구진흥처(Office of Educational Research and Improvement, 이하 OERI, No. R117G1002)의 기금을 받았고, 위스콘신 교육연구센터(Wisconsin Center for Education Research, 이하 WCER), 교육대학(School of Education), 위스콘신-메디슨 대학(University of Wisconsin-Madison)의 관리 하에 운

NCRMSE의 주요 연구원들은 학생들이 이해를 바탕으로 수학 학습을 할 수 있는 교실 출현을 위해 연구 기반을 제공한다는 공통된 목표를 가지고 5년 동안 함께 일했다. 우리의 연구는 계속 증가하고 있는 문헌들을 토대로 하지만, 한편 혁신적인 내용이기도 하다. 이전의 연구들이 대부분 활동 중인 교실과 교사로부터 따로 떨어져 수행되었다면, 우리는 교사 그리고 학생들과 함께 활동했다. 교사 및 학생들과 협력하여 연구한 것은 수학적 이해와 효과적인 수업에 대한 우리만의 지식을 실제적인 수학 교수·학습과 관련하여 유지하고 발달할 수 있게 했다. 또한 연구에 기반이 되는 지식에 대해 교사들과 대화하고, 교실에서 이러한 지식이 어떻게 적용될 수 있는지 결정하기 위해 함께 고민했기 때문에 수많은 혁신적인 교실이 출현할 수 있었다. 이러한 교실과 우리의 협력적인 관계가 있었기에 이해를 바탕으로 한 학습을 가능하게 하는 교수·학습 과정에 대한 우리의 이해가 점점 성장할 수 있었다.

이러한 혁신적인 교실의 점진적인 발전과 더불어, 이 장의 첫 번째 저자들이자 다른 학년과 다른 수학 내용 영역을 연구한 주요 연구원들은 우리가 무엇을 하고 있는지, 또 무엇을 관찰하고 있는지 논의했다. 겉보기에는 여러 프로젝트의 교실들과 그 교실에서 나타나는 학생들의 이해의 발달이 공통적이지 않고 독특한 것처럼 보일지도 모른다. 교사의 전문성, 가르쳐지는 수학 주제, 교실 조직이 그러하듯, 학생들의 나이나 배경이 다 다르다. 그러나 우리는 연구가 계속되고 개별 교실에 대한 우리의 이해가 점점 성장할수록 각 교실들이 수학적 이해의 발달에 있어 매우 중요한 것으로 고려되는 많은 공통적인 요소를 가지고 있음을 깨닫게 되었다. 이 책은 이러한 공통적인 요소들에 대해 보고하고 기술한다.

이 책은 세 개의 부분으로 나뉘어져 있다. 첫 번째 부분인 '준비하기'에서는 세 가지 주요 동향, 즉 어떤 수학을 가르쳐야 하는지 학생들의 수학에 대한 이해를 어떻게 정의하고 향상시킬 수 있는지 그리고 이해를 바탕으로 한 학습이 모든 학생들에게 가능한 지에 초점을 둔다. 첫 번째 장에서, 롬버그(Romberg)와 카풋(Kaput)은 전통적인 수업에서 벗어나 인간 활동으로서의 수학으로 관점을 확대하여 수학 교육과정 내용에 대한 현재의 견해들을 논의한다. 제2장에서, 카펜터와 레허러(Lehrer)는 연결성의 관점에서 이해를 정의하고 논의하며, 이해를 촉진하는 학생들의 정신 활동을 규정하는데 초점을 둔다. 그들은 세 가지 정신 활동에 참여할 수 있는 기회를 증가시키기 위해 고려되어야 할 과제의 요소가 무엇인지 제시한다. 제3장에서, 세카다(Secada)와 베르만

영되었다. 그러나 이 책의 내용과 여기 보고된 연구들이 WCER, OERI, 미국교육부의 입장이나 정책을 꼭 대변하고 있는 것은 아니다.

(Berman)은 많은 책에서 분명하게 나타난, 이해의 발달에 있어 그룹 간 차이가 있기보다는 개인적 차이가 있다는 암묵적인 가정에 대해 의문을 제기한다. 그들은 그룹을 고려한다면 이해를 증진시키는 수업에 대한 대화를 풍부하게 할 수 있다고 제안한다.

두 번째 부분인 '이해를 증진시키는 교실'은 제1장에서 설명한 교실 담화, 학생 활동, 학생들의 수학 참여를 비롯하여, 제2장에서 기술한 정신 활동을 보여주는 여러 교실의 사례를 포함한다. 또한 제3장에서 설명했던 평등에 관한 관심을 교사가 어떻게 다룰 수 있는지 보여준다. 제4장에서, 카펜터와 그의 동료들은 네 개의 프로그램에 의해 연구되었던 초등 교실에 대해 기술하고, 제5장에서, 레허러 외의 연구자들은 2학년 학생들의 기하 학습에 대한 논의를 보여주며, 예화를 제시한다. 제6장에서, 사우더(Sowder)와 필리프(Philipp)는 두 개의 서로 다른 상황에 있는 중학교 교실의 두 예화를 소개하고, 제7장에서, 라조이(Lajoie)는 기술 공학에 의해 촉진될 수 있는 통계 수업에 대해 자세히 살펴본다. 그리고 제8장에서, 카풋은 대수 수업을 전체적으로 재구성하는 방법을 제안한다.

세 번째 부분에서는 '이해를 증진시키는 교실 개발하기'에 대해 설명한다. 제9장에서, 세퍼(Shafer)와 롬버그는 학생들의 이해를 평가하는 것과 관련된 문제를 논의하고, 개별 학생들의 지식에 대한 교사의 이해를 바탕으로 내려진 교수학적 결정이 매우 중요함을 지적한다. 제10장에서, 페네마, 사우더와 카펜터는 이 책에 제시되었던 주요 아이디어들을 요약하고, 수업과 교육과정에서 공통적인 요소를 기술하며, 교사가 전문성을 개발시킬 필요가 있음을 언급한다.

이 책에 기술된 교수·학습 과정을 통해 우리가 얻은 지식들은 현재의 개혁 움직임에서 요구하는 혁신적인 내용들을 실천하는데 필수적인 전제 조건이라 할 수 있다. 이 책에 소개된 교실들은 수학 교수·학습에 있어서 혁신적인 쇄신이 가능함을 보여준다. 우리는 모든 학생들이 이해를 바탕으로 핵심적인 수학 학습을 할 수 있도록 교실을 발달시키는데 이 책이 충분한 기초를 제공할 수 있기를 희망한다.

차례

제1부 준비

제2부 이해를 증진시키는 교실

제3부 이해를 증진시키는 교실 개발하기

제 1 부

준비

제1장 가르칠만한 가치가 있는 수학, 이해할만한 가치가 있는 수학

Thomas A. Romberg
University of Wisconsin-Madison
James J. Kaput
University of Massachusetts-Dartmouth

수학적 이해를 증진시키는 교실을 기술할 때 이 책의 저자들은 '학생들이 이해해야 할 수학은 무엇인가?'의 질문에 답변을 하려 할 것이다. 하지만 저자들이 제시하는 답변에 놀라는 독자들도 있을 것이다. 왜냐하면 기술된 수학 영역(수, 기하, 양, 통계, 대수)의 제목에 익숙하지만 이들에 대해 토론하는 접근방식은 익숙하지 않기 때문이다. 각각의 저자들은 과거에 그랬던 것처럼 특정한 개념들과 숙달해야 할 기술들의 목록을 제공하는 것보다는 영역 내에서 몇 가지 핵심적인 아이디어, 아이디어 간의 상호관련성, 학생들의 문제 상황 탐구의 결과인 아이디어를 이해하기 위해 어떻게 하는지에 대한 사례에 중점을 둔다. 이 책에서 수학적 내용의 기술은 지난 10년 동안 나타났던 학교수학에 대한 기대 내에서 인식론적인 변화를 기반으로 한다. 각 장에서는 그 변화를 고려하여 내용을 재정의한다.

이 장의 목적은 학생들이 수학적 교육과정에 참여한 후, 학생들이 이해하기 바라는 수학적 내용의 범위를 조사하는 것이다. 이 장은 아래에 제시된 네 가지 주제로 구성되었다: (a) 변화에 뒤쳐진 것이 분명한 전통적인 학교수학, (b) 변화의 방향을 제시하는 인간 활동으로서 수학, (c) '학생들이 이해하길 바라는 수학은 무엇인가?'에 대해 다음의 장에서 제시된 답변을 미리 살펴본 가르칠만한 가치가 있는 수학, (d) 미래의 학교수학에 대한 추측.

전통적인 학교수학

대부분의 사람들은 수학을 변하지 않는 고정된 지식체로 인식한다. 수학교재에는 다양한 숫자와 대수적 기호의 기계적인 조작과 기하 추론의 증명을 포함한다. 이러한 인식은 포함해야 할 내용의 범위와 학교수학 교육과정의 교수법을 결정한다. 학생들이 습득해야 할 특정 목표들은 다음과 같이 기술되어 왔다: 교사의 역할은 조작하는 방법을 입증하거나 개념이 정의되는 방법을 설명하는 것이고, 학생들이 사실을 기억하고 절차를 숙달할 때까지 연습하도록 하는 것이다.

모든 학생들은 학교수학 교육과정 8년 중 처음 7년 동안 범자연수, 분수, 소수, 백분율의 연산 대부분을 다루게 된다. 산술 과정을 성공적으로 이수한 학생들을 위한 대수와 기하의 1년 과정이 있다. 그 다음으로 대학에 진학할 많은 학생들을 위해 2년 과정의 대수와 1년 과정의 예비 미적분 수학이 있다. 마지막으로 소수의 학생들을 위한 미적분 과정도 있다. 각 과정에서는 특정한 순서에 따라 변하지 않는 고정된 개념과 기술들을 숙달하는 것을 강조한다. 이러한 전통적인 레이어 케이크(Layer-Cake: 여러 층으로 이루어진 케이크) 구조는 우리 교육과정에서 뿐만 아니라, 학교에 관한 사회의 큰 기대 속에 깊게 내재되어 있다. 수학 교육에 대한 이러한 접근은 주로 다음 과정의 전제조건을 만족시키기 위해 각각의 과정을 설계하게 한다. 레이어 케이크 여과 체제는 학교를 힘들게 하는 수학으로부터 차단해 줄 책임이 있다.

많은 교실의 전통적인 3단계 수업의 첫 단계에서는 전날의 과제를 정확하게 해결했는지 확인을 한다. 다음으로 교사들은 새로운 자료를 소개하고, 한두 개의 새로운 문제를 해결해본 후 몇몇 학생들이 칠판에 유사한 문제를 해결해보도록 한다. 그리고 마지막 단계에서는 학생들에게 다음에 할 과제를 제시한다.

기본적인 기능과 개념을 지도하는데 있어 기계적인 접근방법은 그 기능과 개념의 사용 및 다른 학문으로부터 수학을 고립시킨다. 전통적인 기호 조작 과정은 독창성이나 재능에 대한 고려가 없고, 추측이나 놀람이 없으며 발견의 기회가 없는 인간에게 필요하지 않는 오직 일련의 반복적인 전개만을 한다. 게다가 전통적인 수업의 교수법은 기초적인 문서(문제 목록의 저장소 같은 것), 많은 필기만을 하는 학습지, 일련의 수행평가를 포함한다. 거기에는 흥미롭게 읽을 것이 거의 없다. 또한 수학 워크북은 학생들에게 본 수업의 아이디어를 지난 수업이나 실생활과 관련지을만한 이유를 거의 제공해주지 못한다. 현재 사용되고 있는 시험은 답이 맞는지 틀린지를 판단하는데 사용될 뿐이며 답을 유도하기 위한 전략과 추론은 평가되지 않는다. 지루하고, 따라 가기 재미없는 길, 명확화하기에 장애가 많은 학교수학의 모습은 수학자나 수학을 이용하는 사람들이 하는 것과 유사한 점을 거의 찾을 수 없다. 분명한 것은 전통적인 학교수업에서 학생들은 수학을 하지 않는다는 것이다. 대신 학생들은 특정한 목적에 유용한 기술들을 학습한다. 왜냐하면 기술의 습득이 지식으로 정의되기 때문에, 그러한 기술의 습득 자체가 목적이 되며 학생들은 다른 사람들이 해놓은 것을 흡수하는 데 시간을 소비한다.

전통적인 학교수학은 학생들에게 학문의 역사적, 문화적 중요성과 그것들의 유용성을 이해시키지 못했다. 많은 학생들이 수학을 싫어하고 학습에 실패하는 까닭이 궁금하지 않는가? 이 책의 전제는 수학의 전통적인 교수와 학습이 학생들에게 이해를 통한 수학을 가르치지 못해왔다는 것과 수학을 다시 정의하는 것부터 시작해야 한다는 것이다.

인간 활동으로서 수학

우리는 학교수학을 수학자들의 활동(주어진 이론이 왜 그렇게 되는지 알아내고, 새로운 이론을 발명하고, 주장을 정당화하는 등)을 고찰하는 인간 활동의 관점으로 바라봐야 한다. 또한 수학을 이용하는 사람들이 어떻게 문제 상황을 조사하고, 변수를 결정하고, 변수를 수량하여 관련짓는 방법을 결정하고, 계산을 실행하고, 예측해보고, 예측의 유용성을 확인하는지를 고찰해야 한다. 인간 활동으로서 관점의 근원은 서스톤(Thurston, 1990)이 수학을 나무에 비유하여 기술한 것에 있다.

> "수학은 쭉 뻗은 긴 몸통 하나에 수식이 마구 덮여 있는 야자나무가 아니다. 수학은 서로 연결된 많은 몸통과 가지가 있으며, 숲의 크기로 자라 우리가 오르고 탐험하도록 초대하는 반얀나무이다." (p. 7)

학교수학에서는 '오르고 탐구하는' 인간 행동을 강조한다. 서스톤의 넓게 펼쳐 있는 반얀나무로서 수학의 이미지는 수학이 몇 개의 서로 엉켜 있는 몸통이나 가지들(요소나 영역들)이 있는 복수형 명사라는 생각을 반영한다. 게다가 이 이미지는 활동, 흥미, 언어 능력, 운동감각 그리고 학생들이 가지고 있는 비형식적인 지식의 넓은 범위를 끌어들이며, 넓게 확대된 나무의 뿌리 체계까지 확장시킨다. 이것은 수학의 모든 것을 포함한 비유이며, 이 책의 모든 주제에 예시되어 있는 수학을 학습하는 방법으로서의 문제 탐구이다.

수학이라는 학문은 관련된 내용 영역의 거대한 아이디어의 집합이며, 수학자, 수학

교육자, 수학 사용자의 공동체에 의해 정의된다(Hersh, 1997). 이 내용 영역은 계속적인 발전을 통해 파생되어 왔고, 문화적으로 추론과 논쟁의 체계적인 형식을 통해 확장되고 적용된 패턴과 언어의 과학으로 공유되어 왔다. 수학은 이해의 목적이자 수단이다. 그러한 패턴과 언어는 우리가 물리적, 사회적, 심지어 수학적으로 경험하는 세계를 이해하는 필수적인 방법이다. 수학은 오늘날 과학의 분야들이 살아 있는 것처럼 영원히 살아 있으며, 정적이지도 고정되어 있지도 않고 변화한다. 수학이 발전하기 때문에 학교 교육과정(교육적 조직과 내용의 순서)도 발전해야 한다.

최근 학교수학에 대한 재정의는 학생들이 알고 이해해야 하는 중요한 것과 관련된 관점의 인식론적 변화에 근거하고 있으며, 미국뿐만 아니라 호주, 일본, 영국의 교육과정에 반영한다. 직면하고 있는 문제는 체계화되고, 가르치던 학교수학과 수학에 대한 새로운 관점 간의 갈등이 존재한다는 것이다. 내용의 개요나 인식론적 변화를 반영하고 있는 유치원부터 12학년(고등학교)까지 수학의 계열성을 제공하는 것은 이 장과 이 책에서 다루지 않는다. 대신에 우리의 목표는 현재나 미래에 유용할 다양한 선택으로부터 학생들이 이해하도록 가르칠 수학을 선택할 수 있는 배경지식을 제공하는 것이다. 전통적인 교실과 대조적으로, 이 관점에서 수학을 하는 것이란 기계적인 수행이나 단지 정해진 규칙을 따르는 개별적인 활동이라 여기지 않는다.

이 관점에서의 교육과정 활동은 학생들을 문제해결에 참여하게 하고 수학화를 독려해야 한다. 그러한 과제들은 측정을 위한 주제들과 양이며, 양적 변화와 변수를 내포하고, 특정 불확실성을 포함하며, 공간과 우리가 살아가며 구성한 세계의 공간적 특징을 포함하는 그리고 상징적인 알고리즘과 더 추상적인 구조를 갖는 상황들을 포함한다. 또한 표현하고, 의사소통하고, 추론하고, 계산하고, 추상화하고, 일반화하고, 형식화하기 위해 수학적 언어의 사용을 독려한다. 이러한 기호와 상징체계는 다양한 관점에서 인간 마음의 제한된 힘을 확장시키고 그것들은 주제의 장기적인 문화적 성장을 가능하게 만든다. 결국 그러한 상황은 개별화된 수학적 논쟁의 확실성, 일반성, 일관성, 신뢰성을 세울 수 있도록 추론과 논쟁의 체계적인 형식을 포함한다.

만약 학생들이 다양한 과학의 이해를 포함한 수학 수업이나 수학 자체의 외부에서 일어나는 경험을 이해하고자 한다면, 수학은 분명히 그러한 경험에 정착화되고 연결되어야 한다. 그리고 학생들은 표현하고, 의사소통하고, 추론하고, 계산하고, 추상화하고, 일반화하고, 형식화하기 위해 이 기호와 상징체계를 그들의 실제적 필요로서 경험했던 기능 언어로서 학습하고 경험해야 한다. 또한 추론과 논쟁의 체계적 논리 형식은 학생들에게 확실성과 신뢰성, 즉 무엇이 진실이고 무엇이 아닌지에 대한 개인적·사회적 요구의 만족을 통해 학습되어야 한다.

요약하자면, 학교 교육과정에 어떤 수학적 양상을 포함할 것인지에 대한 선택과 분야를 바라보는 관점에는 여러 가지가 있다. 그러나 동시대 수학의 특정 분야에서 패턴, 기호, 상징, 규칙들은 모든 학생들이 배워야 하며 일부 학생들은 다른 분야의 아이디어를 알아야 한다. 게다가 학생들은 수학의 어떤 부분에 대해서는 개념과 절차를 알아야 할뿐만 아니라 수학이 어떻게 만들어졌고 사용되었는지를 이해해야 한다.

무엇보다도 인간 활동으로서 수학의 관점은 통합적이다. 이 관점은 다른 부분과 상호관계를 공유하는 각 부분을 가진 커다란 전체의 부분으로서 모두를 본다. 그리고 엘리트의 선발과 승진보다는 자신의 능력을 최고 범위까지 끌어 올리는 모든 사람들(전통적으로 혜택 받지 못한 사람들을 포함하여)의 이해 습득을 강조한다. 그것은 박학과 상식을 강조하고, 적용을 통해 통합하며, 창의성을 통해 혁신하는 철학이다. 가장 중요한 것은, 그것이 지식의 창조를 강조한다는 것이다. 이 광범위하고 야심찬 수학의 관점에 대항하여, 전통적인 학교수학은 얕고, 활기가 없으며 고립된 것처럼 보인다.

만약 학생들이 수학적 내용에 대해 우리의 접근방법을 따른다면, 학생들은 문제를 만들고, 맥락에서 해결책을 찾기 위해 전략을 발전시키고 적용할 것이다. 문제의 탐구를 통해, 학생들은 결과를 증명하고 해석하며 해결방법을 일반화하는 것을 배울 것이다. 그렇게 함으로써 학생들은 수학적 모델링의 적용을 배울 것이고 실세계 문제 상황을 다루는 자신의 능력에 자신감을 갖게 될 것이다. 만약 학생들이 문제 상황을 통해 추론한다면, 그들은 추측을 만들고 평가하는 습관과 타당한 논쟁을 구성하고 따르며 판단하는 습관을 개발할 수 있을 것이다. 이러한 과정을 통해, 학생들은 공간적, 비례적, 대수적, 기하적인 추론을 적용하며 증명을 구성하고 반례를 형식화하는 연역적이고 귀납적이 될 것이다. 이런 의미에서 문제해결은 수학 교육과정의 기본이 되어야 한다.

가르칠만한 가치가 있는 수학

학생들은 문제상황의 맥락에서 수학을 학습하려는 경향이 있기 때문에 NCRMSE (National Center for Research in Mathematic Sciences Education)의 핵심 연구자들의 작업은 수학의 수직적 내용 구조에서 조직된 교육과정 아이디어들에 중점을 두었다. 이 작업에는 두 가지 양상이 있다. 첫 번째는 학생들이 알고 이해해야 할 내용에서 수학의 범위를 명시하는 것이고, 두 번째는 학생들이 이해를 통한 수학 학습에 참여할 수 있는 수업 활동의 특징과 배열을 간단하게 명시하는 것이다. 내용을 명시하는

데 있어 첫 번째 단계는 학생들이 이해하면서 학습하기를 원하는 내용 영역을 확인하는 것이다. 우리가 조사한 영역 수, 양, 대수, 기하, 통계이다. 우리는 이 영역들을 더욱 전문화된 학문의 구성요소를 포함할 수 있는 일반성과 가능성 때문에 선택하였다.

두 번째 단계에서는 시간과 노력을 들일 가치가 있는 각 영역의 핵심 아이디어를 확인한다. 이 핵심 아이디어는 학생들 스스로 찾거나, 발견하거나, 사용하거나 심지어 발명함에 있어 중요하다. 예를 들어, 범자연수의 덧셈, 뺄셈의 최초 관련 개념은 다음과 같다.

- 영역을 특성화하는 기호적인 진술
  (예: $a+b=c$와 $a-b=c$, 여기서 a, b, c는 자연수)
- 실행해야 하는 묵시적인 과제(덧셈과 뺄셈에서 세 개의 숫자 $[a, b, c]$ 중 두 개는 제시하고 하나는 미지수로 제시하는 상황을 기술할 수 있다.)
- 과제를 해결하기 위해 표현하고, 변형하고, 절차를 실행할 때 따라야 할 규칙들 (예: 수세기, 기본 요소, $a+[\ ]=c \leftrightarrow c-a=[\ ]$와 같은 상징적 변환, 자릿값(예, 345=3(100)+4(10)+5(1)])과 같은 절차를 이용하여 미지수를 찾으시오.)
- 큰 수의 계산적인 알고리즘(예: 34+28이 30+20, 4+8임을 알고, 12를 10+2로 재조직하여 30+20+10+2의 합 알아보기)
- 개념을 만들고, 개념들 사이의 관계를 형성하고, 의미 있는 규칙을 만드는데 사용되는 일련의 상황(예: 모으기와 가르기, 부분-부분-전체, 비교하기, 같게 만들기)

개념과 규칙에 의미를 부여하는 일련의 상황들은 절차적 규칙을 따라 학습하는 것과 같이 중요하게 여겨야 한다. 사실, 일련의 상황들은 절차적인 규칙을 이해하기 위한 수단으로 여겨진다. 또한 각 영역의 구조는 핵심 아이디어와 그것들의 연결을 발달시키는 시간이 필요하며 다양한 형태로 이해되어야 한다는 것을 인정하고 있다. 그러므로 그런 핵심 아이디어들은 결국 소수의 엘리트를 위하기보다는 학교 교육을 받는 모든 학생들에게 강조된다.

이 예를 통해, 각 영역들은 밀접한 관련이 있는 여러 하위 영역들로 구성되어 있다는 것이 분명해진다. 예를 들어, 범자연수 영역은 수세기나 측정, 자릿값의 이해, 덧셈과 뺄셈, 곱셈과 나눗셈, 짝수와 소수의 성질 탐구를 통해 집합이나 개체로 숫자를 할당한다. 각 하위 영역에서 핵심 아이디어를 덧셈과 뺄셈에 대하여 앞에서 개괄했던 것처럼 확인해야 한다. 그러한 세부적인 상술에는 학생들이 알아야 하는 수학 주제와 아이디어의 범위가 기술된다. 그러나 그러한 아이디어들을 이해하는 것은 주요 아이디어를 다른 아이디어와 관련짓고 그 관계를 설명하고 정당화하는 것 등을 포함한다. 게다가 서로 다른 영역에서 핵심 아이디어는 서로 밀접하게 관련되어 있다. 예를 들어, 길이, 넓이, 부피, 각도, 거리 등을 측정하는 것은 기하의 중요한 측면이 된다.

따라서 인간 활동으로서 수학을 가르치는 뜻에 기반을 둔 수업 배열은 전통적인 교육과정에서 실행했던 것과 같이 과제가 각각의 세부사항을 포함하는 특정한 배열로는 조직될 수 없다는 것을 의미한다. 대신 문제 상황의 탐구에 초점을 둔 수업 단원이나 과제를 만들어야 한다. 그러한 상황으로부터 각 영역의 핵심 아이디어를 학습하거나 구성하고 다른 영역이나 하부 영역의 아이디어를 관련짓고 다른 학문에서 이러한 아이디어의 사용을 파악할 수 있다. 그러한 과제 선택을 위한 규준은 다음 다섯 가지 질문에 대한 답을 포함한다.

과제들이 어디로든 유도하는가?

이 질문에 대한 답은 학생들의 사전 지식에서 시작하여 점차적으로 해당 영역의 아이디어에 대한 비형식적 지식으로부터 좀더 형식적인 개념으로 진전시킬 수 있는 교수 과제를 개발함으로써 영역의 지도를 확장시켜나간다. 그러나 영역의 지도를 작성하는 것은 쉬운 작업이 아니다. 왜냐하면 여러 가지 가능성이 있는 길의 연결망이 형성될 수도 있고, 구체적인 요소로 분리되지 않는 경우도 있기 때문이다. 또한 어떤 영역에서 정확한 배열의 개념과 활동이 하나가 아니라는 것도 알아야 한다.

이 단계에서 또 중요한 것은 이해를 통한 학습에는 시간이 걸린다는 것이다. 비형식적 아이디어에서 좀더 형식적인 이해로 나아가는 것은 주기적인 검토와 사전 개념의 확장으로 인해 수년이 걸릴 수도 있다. 이를 달성하기 위해, 영역 간에 복잡한 문제 상황을 탐구할 기회를 학생들에게 제공하도록 잠정적으로 순서를 정하여 교수 과제를 영역 내 다른 활동과 함께 설계하고 조직할 필요가 있다. 예를 들어, 우리는 학생들이 이해를 통해 덧셈과 뺄셈의 방법을 배우도록 그들이 모형으로 나타내거나 수 세기를 통해 답을 얻을 수 있는 다양한 한 자리 수의 문제상황으로부터 시작할 수 있다. 그런 다음 학생들이 모델링이나 수 세기 활동이 효과적이지 않는 두 자리 수 이상의 유사한 상황에서 문제를 해결하고 이로부터 학생들이 계산 알고리즘을 발견하고 학습할 수 있도록 할 것이다. 또한 과제는 한 영역이나 하위 영역 내의 아이디어에만 초점을 둘 것이 아니라 수학 주제 사이의 인위적인 벽을 깨트려야 한다.

과제 선정은 쉬운 일이 아니다. 흥미로운 과제가 많이 존재하며 혹은 흥미로운 과제를 만들 수 있다는 데에 의심의 여지가 없지만 "과제들이 어디로든 유도하는가?"는 신중히 생각해 봐야 할 문제이다. 롬버그(Romberg, 1992)는 다음과 같이 말했다.

> "문제는 너무나 자주 아이들이 아닌 어른의 눈을 통해서 그 적절함이 평가된다. 이러한 인식은 의심의 여지없이 서양 중산층의 고정된 시각이다. 구체적인 상황 그 자체만으로는 학생들이 세상과의 관련성을 보지 못하게 할 뿐더러, 모든 학생들을 변화하고 역동적인 세계에 대처할 준비를 시키지 못할 것이다." (p. 778)

예를 들어, 하타노와 이나가키(Hatano & Inagaki, 1998)는 일본의 교실에서 1학년 학생들의 수업 에피소드를 설명한다. 모으기와 가르기 문제에 익숙한 학생들은 "남학생이 12명, 여학생이 8명 있습니다. 남학생은 여학생보다 얼마나 더 많을까요?"와 같은 비교 문제를 받았다. 대부분의 아이들은 남학생이 4명 더 많다는 정답을 냈지만 한 학생은 남학생에서 여학생을 빼는 것은 불가능하기 때문에 빼기가 적용될 수 없다고 주장했다. 게다가 정확하게 답을 낸 학생 중 어느 누구도 이 주장을 설득할만한 의견을 제시하지 못했다. 학생들이 문제상황을 물리적으로 모델화하고 난 다음에서야 전체 12명의 남학생 중에서 여학생과 손을 잡을 수 있는 8명의 남학생을 빼면 차이 값을 구할 수 있다는 것을 깨달았다.

과제들이 모델 형성을 유도하는가?

상황을 의미 있게 만드는 방법 중 하나는 학생들에게 현상을 이론적으로 기술한 대상과 그 관계의 체계로 표현하게 하는 것이다(예: 남학생과 여학생이 손을 잡는 것과 같은 모델 만들기). 모델 구성, 모델 평가, 모델 수정의 순환을 포함하는 의미 있는 탐구는 수학의 전문적 실행에 핵심적인 것이지만 학교 수업에서는 이를 놓치는 경우가 많다. 모델링 활동은 물리적 모델을 구성하는 것부터 추상적인 기호 체계를 개발하는 것까지 다양하다.

사실 어떤 교수단원이든 학생들을 참여시켜 답을 찾을 수 있는 문제를 제시할 때는 경험에 의거한 상황에서 시작해야 한다. 그러나 **문제**, **답**, **참여**와 같은 단어의 사용은 오해를 일으킬 수도 있다. 실제 상황은 잘 정의되어 보이지 않기 때문에, 문제를 확인하여 수학적으로 처리하는 것은 어려우며 수학과 관련 없는 기술이 필요할 수 있다. 그럼에도 불구하고 상황은 가치 있는 탐구(참여)를 필요로 한다. 해결 방법을 찾는 것은 상황의 필수적이고 중요한 특징을 결정하고, 이러한 특징을 수학적 모델로 바꾸며, 모델을 입증하고, 결과를 해석하는 복잡한 순환을 포함한다. 문제해결과제는 수학적 답을 얻었다고 해서 완성되는 것이 결코 아니라는 것을 명심해야 한다. 수학적 결과는 초기의 문제상황의 관점에서 다시 해석되어야 한다. 게다가 모델링은 공간의 시각화, 기하, 이산적인 구조, 불확실한 것의 측정과 같은 표준화 된 교육과정에서 전형적으로 잘 드러나 있지 않은 수학 형식이 필요하다고 강조한다. 특히 수업에서 모델링 활동의 통합은 영역의 중요한 핵심 아이디어를 탐구하게 하고 확인하게 한다.

과제들이 탐구와 정당화를 유도하는가?

수학적 모델링에서 확인 과정은 상황의 필수적이고 중요한 특징을 가려내려는 시도이다. 일반적인 문제는 매우 복잡하며 많은 과정이 있기 때문에 단순화와 이상화는 중요한 단계이다. 몇몇 특징은 의미 있게 보일 것이나 대다수는 적절하지 않다. 중요하지 않은 특징을 무시함으로써, 원래 복잡한 문제를 수학적으로 다루기 쉬운 문제로 이상화하여 단순화할 수 있다. 수학의 역사는 문제의 중요한 특징을 표현하는 방법을 발견한 수학자들로 채워져 있음을 기억해라(예: 데카르트가 발견한 침대 위 천장을 날아다니는 파리의 위치를 설명할 수 있는 방법 — 평면 위의 좌표 점). 비록 학생들이 모든 수학을 다시 발견할 수는 없지만, 학생들은 탐구의 결과로 일상적인 과정, 공식, 표현을 발견할 수 있어야 한다. 그리고 그러한 주장을 몇 가지 형식으로 검증할 수 있어야 한다. 검증의 형태들은 대개 모델의 형식화 과정을 통해 만들어진다(즉 모델에서 만들어진 형식이나 다른 수학적 관계가 초기의 상황과 일치한지 지속적으로 점검해야 한다). 또한 모델에서 사용된 수학은 일관성이 있어야 하며, 모든 일반적인 수학 논리 원칙을 따라야 한다.

교사의 적절한 안내를 통해 학생들의 비형식적 모델은 점차 추상적인 수학적 추론을 위한 모델로 발전할 수 있다. 문제상황을 기호화하는 방법의 발전과 비형식적인 것에서 형식적인 기호로의 변화(발전적인 형식화라고 칭함)는 이러한 수업상의 가정에 있어 중요한 측면이다.

각 활동의 일부분으로, 학생들은 학교의 참된 수학적 탐구에 참여하는 기회를 가짐으로써 주장에 대한 적절한 근거를 이해하고 그러한 근거를 평가하는 것을 배워야 한다. 참된 탐구란 경험에 근거한 질문을 제기하고 평가하는 과정, 대안적인 설명을 제안하고 발전시키는 과정, 다양한 자료로부터 증거를 정리하는 과정, 더 큰 공동체에 정보를 표현하고 제시하는 과정, 다양한 주장과 관련하여 그 정보의 설득력에 대해 논의하는 과정을 의미한다. 예를 들어 학생들은 수학 수업에서 흔히 계산 알고리즘을 배우지만 자신만의 문제해결전략을 발견하거나 왜 그러한 전략이 효과적인지에 대해 논의하지 않는다. 다음 장의 저자는 학생들이 문제해결, 수의 연산, 공간과 기하에 대한 추론의 정교화 된 절차를 발견할 수 있다고 말한다. 참된 탐구는 학생들을 수학의 효율적인 학습자로서 기여하는 것을 넘어 학생들에게 증거에 대한 기준의 실천적이고 궁극적인 이해 및 수학의 설명 패턴의 특징을 제공하는 것이다.

과제들이 공학의 유연한 사용을 포함하는가?

수업의 과제를 구안할 때, 우리는 좋은 학습 환경을 위해 새로운 기술 공학을 융통성 있게 사용해야 한다. 학생이 혼자 책상에 앉아 종이와 연필로 해결할 수 있는 과제를 내기보다는 그 영역을 탐구하고, 때로는 그룹으로 문제를 해결할 수 있게 하는 과제와 재료를 제공해야 한다. 공학에는 학생들이 사용하는 도구로 비디오 녹화기, 계산기, 컴퓨터가 있을 수 있다. 평가에는 프레젠테이션의 일관성에 대한 학생과 교사의 판단, 추론 등이 포함된다. 르네상스 시대에 수학적 모델링이 생겨난 이래 시뮬레이션과 컴퓨터 기반 모델이 수학과 과학의 진보와 적용을 위한 가장 강력한 자원이었음을 기억하라. 이 장의 후반부에 언급하겠지만, (인터넷 미디어의) 정적인 모델에서 역동적인 모델, 관련된 시각화, (상호 미디어의) 분석적인 도구로의 변화는 수학의 본질뿐만 아니라 학문 자체의 탐구로서의 본질도 많이 변화시키고 있다.

과제들이 학생들에게 적절한가?

과제들이 학생들에게 적절하기 위해서 수업 활동은 학생들이 문제상황을 이해하고, 주어진 규칙에 합당한 만족스러운 설명을 찾으며, 절차의 성공을 증명할 수 있도록 학생들 스스로 정보를 찾게 해야 한다. 그러므로 과제는 학생들이 추론하고, 타당성을 확인하며, 문제상황에 풍부하고 일관된 모델이나 표상을 만들기 위해 기존 정보와 새로운 정보의 조각들을 조직할 수 있도록 해야 한다. 각 영역에서 학생의 지식의 깊이는 그 영역에서 개인적으로 가지고 있는 아이디어를 향상시킬 수 있는 구조화된 경험으로부터 나온다. 불행하게도 학생의 동기를 유발할 수 있는 것은 학생마다 다르다. 명백한 것은 과제가 학생이 알고 있는 것에 기반해야 하고, 인지적 모순을 만들어 내야 하며, 그 모순을 해결하기 위해 호기심을 갖게 해야 한다는 것이다. 그러나 동시에 과제가 학생들에게 불가능하거나 무의미하여 과제를 포기하게 할 만큼 너무 도전적(너무 많은 인지적 충돌을 야기하는)이어서는 안 된다.

미래의 학교수학에 대한 추측

지난 25년 간, 서스톤의 넓게 펼쳐 있는 반얀나무는 매우 강력한 비료를 받아왔다. 그 수학 나무에서 새로운 가지가 뻗어 나왔고 급속도로 자랐으며 시든 가지도 있었지만 대부분 오래된 가지들도 생기를 회복했다. 서스톤(Stoppard, 1993)의 연극 아카디아(Arcadia)에서 활기차고 젊은 수학자이자 생물학자인 발렌타인(Valentine)은 다음과 같이 말한다.

> "미래는 무질서하다. 미래의 문은 우리가 뒷발로 일어선 이래, 대여섯 번 부서져 열렸다. 살아 있을 수 있는 가장 좋은 시간은 우리가 알았다고 생각한 모든 것들이 틀렸을 때이다." (p. 48)

이것이 비록 극적으로 과장되긴 하지만 그는 다음 세기에는 더 많은 힘을 얻게 될 과학과 수학의 진화에 매우 중요한 점을 지적하고 있다: 현재 계산적인 매체에서 가능한 반복되는 수학과 그것을 가능하게 하는 비선형적인 과학. 이 장의 후반부에는 폭발적으로 증가하는 수학과 과학에 접근하는 방법을 소개하기 위해서가 아니라 첫째, 독자들에게 수학이 이전보다 훨씬 더 급격하게 변하고 있다는 사실과 둘째, 이러한 변화가 일어나고 있는 방향을 알리기 위해서 이러한 발전의 양상을 설명한다.

하지만 먼저 우리는 과거 학교의 실제부터 다음 장의 저자가 구체적으로 묘사한 실제까지의 변화 정도를 살펴본다. 이미 학생들은 수를 위한 수 또는 대수를 위한 대수를 공부했고, 그 후에 그들이 배운 것을 적용하여 문제를 해결하고 심도 있는 수학적 모델링을 경험하였다. 우리는 그 반대를 제안한다. 즉 수나 대수, 그리고 다른 대부분의 핵심적인 학교수학은 개인적인 경험을 이해하는 과정에서 일어나야 한다는 것이다. 더욱이 각각의 장들이 설명하는 내용처럼 학생들은 어린 나이에 상당한 양의 수학을 할 수 있는 능력이 있다. 수학은 살아 있고 역동적인 학문이기 때문에 학교수학에서 발전적인 변화는 불가피하다.

우리는 지금 비선형적인 역동적 체계를 살펴보면서 미래의 활동 방향을 설명하고 있다. 1970년대 비선형적인 수학과 과학이 급증한 이래, 비선형적이며 역동적 체계는 과학(물리, 사회, 생물학, 신경심리학)과 분석 수학의 많은 부분을 변화시켰다. 고전적인 수학과 과학은 새롭고 비선형적인 모델과 비교했을 때 매우 좁고 이상화된 관점의 현상만을 제공하는 것처럼 보인다. 예를 들어, 진자의 움직임에 관한 고전적인 모델을 생각해보라. 그 모델은 진자가 오직 마찰 없이 무중력 상태의 줄에 매달려 있을 때, 가장 중요하게는 고정된 곳에 수직으로 아주 작은 각도로 흔들릴 때에만 정확하다. 연필을 매단 줄을 잡고 있는 당신을 상상해보라. 당신은 손을 이쪽저쪽으로 움직이면서 연필을 흔들고 있다. 이 상황은 위의 모든 조건을 위반하지만 비선형적인 역동적 체계로 모델화될 수 있다. 게다가 그런 수학은 특별하고, 간소화된 경우로서 전통적인 수학의 많은 부분을 포함하고 있다.

컴퓨터 과학 기술은 새로운 수학과 과학의 급증에 있어 두 가지 역할을 한다. 그 중 하나는 분석적으로는 해결할 수 없는(즉 공식으로 해결할 수 없는) 비선형적 차이와 미분방정식에서 반복되는 수많은 해결 방법을 제공하는 것이고, 다른 하나는 모델이 되는 체계를 시각적으로 묘사하는 것이다. 결과 모델은 무작위성과 결정론의 개념을 확장한다. 예를 들어, 사물은 결정론적으로 정의될 수도 있지만(실제로, 매우 간단히 정의됨), 반면에 무질서하고 예측할 수 없는 장기적 행동을 가질 수도 있다. 우리는 또한 모든 종류의 복잡한 체계(뇌, 경제, 유체 흐름, 전염병, 생물학적 생태학적 체계, 화학 반응 등)가 어떻게 스스로 구성될 수 있는지를 배운다.

이러한 발전 결과 첫째, 세상 대부분의 역동적인 상황은 현재 선형이 아니라 비선형으로 인지되며, 둘째, 가장 간단한 비선형 체계도 놀랄 만큼 많은 양의 복잡성을 가질 수 있다. 폐쇄적 형태의 대수적 해결 방법은 매우 드물고, 대부분의 방법들이 반복적이고 수적이며 시각적이다. 이러한 사실은 비선형적인 역동적 체계의 행동을 예측하기 위해 수학을 사용하는 우리의 능력에 깊은 영향을 준다. 예를 들어, 데이터가 정확하고 컴퓨터가 강력할지라도 4일 이상의 일기 예보를 정확하게 예측하는 것은 어렵다. 5일 예보 중 4일을 정확하게 예측하는 것(약 80%)은 세계 곳곳의 대기에 대한 엄청난 데이터를 수집해야 하고 심지어 현재 기후를 모델화하는데 사용하고 있는 수퍼 컴퓨터보다 더 강력한 컴퓨터를 필요로 하는 규모가 크고 비용이 많이 드는 작업이다. 우리가 배운 것처럼 세상 대부분의 현상이 비선형적으로 상호 작용하는 체계이기 때문에 우리가 향하는 어디든 그와 비슷한 제약이 있다.

앞에서 언급하였듯이, 수학에서 과학 기술의 역할과 관련한 두 번째 요인은 시각화하는 능력으로 모델이 되는 체계 상태를 시각적으로 보여준다. 이러한 시각화 이미지는 규칙과 무질서한 현상들이 혼합된 매우 놀라운 시각적인 복잡성과 아름다움을 드러낸다. 이것들은 대체로 이차원이고 유색으로 표현되어 변화를 표현하는 삼차원처럼 나타난다. 그러한 상황에서 분석은 매우 시각적이다: 패턴과 모양이 매우 중요한 역할을 하는 반면, 복잡한 기호들을 다루는 능력의 역할은 줄어든다. 깊은 의미에서 수학의 아름다움은 새로운 방법을 가능하게 하고, 우리가 수학을 대하는 방법들이 매우 많이 변했다(Stewart, 1990 참고). 이러한 상황에서는 완전히 새로운 아이디어들이 중요하다. 예를 들어, 한때 뛰어난 학생들에게만 관련된 것으로 여겨지던 위상적인 아이디어(예: 닫

힘과 점의 분리성, 유계 영역, 개집합과 폐집합, 궤도, 집적점, 극한값) 그리고 점집합위상(한때 추상적인 특별함으로 취급된)이 다시 활기를 띠고 있다(이것들은 백여 년 전에 발명되어 현재보다 훨씬 추상적으로 연구된 역동적 체계에 대한 이해를 도왔다).

이러한 예들은 수학의 부분으로서 전통적 미분학에 대한 아이디어를 포함하여 수학의 발전과 변화와 관련 된다. 누가 어떤 수학을 어떤 순서로 배울 것인가에 관한 오래된 가정들이 현재 진행 중인 다양한 노력들에 의해 직접적으로 도전받고 있다. 예를 들어, SimCalc 프로젝트(Kaput & Roschelle, in press)는 중학교에서, 심지어 이전부터, 시작하여 미분학의 기본 아이디어에 누구나 접근할 수 있도록 과학 기술과 교육과정을 혼합하고 있다: 고등학교의 MiC Core Plus Curriculum(Coxford et al., 1997)의 자료들은 4년 간의 반복적인 수학을 포함한다. Devaney와 그의 동료들의 계속적인 연구(Devaney, 1998)는 카오스, 프랙탈, 비선형 수학의 아이디어들을 중학생만큼 어린 학생들이 배울 수 있을 뿐만 아니라 역사적으로 훨씬 더 많은 나이의 학생들 중 일부에게만 가르쳤던 선형대수학과 같은 수학에 이를 수 있게 하는 관문 역할을 할 수 있다는 것을 보여준다. 이러한 예들은 새로이 생겨난 빙산의 일각에 불과하다. 역동적 기하학은 다른 수학 영역에서 또 다른 예를 보여준다. 이 기하학은 유클리드 기하학이 아니라 새로운 종류의 수학이다. 역동적 기하학이 요구하는 생각과 이해의 종류는 전통적인 기하학에서 요구했던 것들과는 중요한 점에서 미묘하게 다르다. 비슷하게, 오랫동안 통계와 확률에서 계산적인 기술이 필수적이었지만, 최근 많은 새로운 형태의 통계학, 특히 재표본추출 기술로부터 발전된 통계학이 나타났다. 때때로 부트스트랩 기술이라 불리는 이런 새로운 형태는 컴퓨터 매체에 직접적으로 의존하고, 적은 양의 데이터에서 뽑아낼 수 있는 정보의 양을 크게 확장한다. 실제로 이 풍부하고 새로운 계산 매체에서 성장하는 새로운 수학의 현상들은 점점 더 흔해진다. 수학의 오래된 부분들이 역시 급속히 성장하는 것처럼 새로운 부분들도 싹트고 있다. 우리는 더 이상 이해할만한 가치가 있는 학교수학의 내용이 고정되어 있다고 가정할 수가 없다. 새로운 수학 그리고 새로이 이용할 수 있는 과거의 수학은 모든 학생들의 지적인 요구의 중요한 부분이 되고 있다. 그것은 그저 소수 엘리트만의 지적 영역이 아니다.

결론

모든 학생들의 수학 학습은 중요하지만, 수학 분야 그 자체가 변화하고 있듯이 학생들이 이해해야 할 내용의 범위에 대한 사회의 인식이 변하고 있다. 이러한 변화로 인해

"가르칠만한 가치가 있는 수학은 무엇인가?"라는 질문에 대한 대답을 정기적으로 생각해 볼 필요가 있다. 우리는 더 이상 수학에서 학습해야 할 고정된 개념이나 기술이 있다고 가정할 수 없다.

그럼에도 불구하고 특정 내용에 관계없이 "실제적 관점에서 수학 교육의 목적은 학생들이 아이디어를 확립하고 의사소통하기 위해, 수학을 강력한 분석 및 문제해결 도구로 사용하며, 수학이 포함하고 드러내는 패턴에 주의를 집중하게 하기 위해 학생들을 가르치는 것이다."로 기술할 수 있다. 이 장에서 우리는 독자들에게 수학을 학생들이 오르고 탐험하도록 초대하는, 넓게 뻗어 있는 반얀나무와 같이 생각하기를 원했다. 우리는 교수 과제가 적절해야 하고 더 발전된 탐험, 모델 형성, 탐구, 정당화, 과학 기술의 유연한 사용을 이끌도록 탐구하게 해야 한다고 강조했다. 또한 학습하는 습관 역시 중요하다. 즉 수학을 상상력, 직관, 유연함을 요구하는 창의적 과정으로 이해하는 학습 태도와 혼자서 또는 협동하여 체계적으로 활동하는 습관은 중요하다. 끝으로 가장 중요한 것은 학생들이 수학 학습을 통해 즐거움을 느끼고 자신감을 얻을 수 있게 해야 한다는 것이다.

참고문헌

Coxford, A., et al. (1997). *Core plus mathematics project. Comtemporary mathematics in context.* Chicago: Everyday Learning.

Decaney, R, L. (1998). Chaos in the classroom. In R. Lehrer & D. Chazan (Eds.), *Designing learnin environments for developing understanding of geometry and space* (pp. 91-104). Mahwah, NJ: Lawrence Erlbaum Associates.

Harano, D., & Inagaki, K. (1998). cultural contexts of schooling revised: A review of the learning gap from a cultural psychology perspective. In S. Paris & H. Wellman (Eds.), *Global prospets for education: Development culture and schooling* (pp 91-104). Washington, D: American Pschological Assoiation.

Hersh, R. (1997). *What is mathematics, really?.* New York: Oxford University Press.

Kaput, J., & Roshelle, J. (in press). SimCal: Accelerating students' engagement with the mathematics of change and variation. In M. Jaobson & R. Kozma (Eds.), *Learnin the sciences of the 21st century: Research, design, and implimentation of advanced technology learning environments.* Mahwah, NJ: Lawrence Erlbaum Associates.

Mathematical Sciences Education Board. (1990). *Reshaping shool mathematics.* Washington, DC: National Academy Press.

Romberg, T. A. (992). Problematic features of the school mathematics curriculum. In P. Jackson (Ed.), *Handbook on research on curriculum* (pp. 749-788). New York: Macmillan.

Stewart, I. (1990). Change. In L. Steen (Ed.), *On the shoulders of giants: New approaches to numeracy* (pp. 183-217). Washington, DC: National Academy Press.

Stoppard, T. (1993). *Arcadia.* London: Faber & Faber.

Thruston, W. P. (1990, January). Letters from the editors, Quantum, 6-7.

더 읽을거리

Cobb, P. (1994, September). *Theories of mathematical learning and constructivism: A personal view.* Paper presented at the Symposium on Trends and Perspective in Mathematics Education, Institute for Mathematics, University of Klagenfurt, Austria.

Ekeland, I. (1998). Mathematics *and the unexpected.* Chicago: University of Chicago Press.

Freudental, H. (1983). *Didactical phenomenology of mathematical structures.* Dordrecht, The Netherlands: Reidel.

Gray, J. (1989). *Ideas of space: Euclidean, Non-Euclidean, and relativistic.* Oxford, England: Clarendon.

Romberg, T. A. (1983). A common curriculum for mathematics. In C, Fenstermacher & J, Goodlad (Eds.), Individual *differences and the common curriculum* (pp. 121-159). Chicago: National Society for the Study of Education.

Steen, L. (1981). *Mathematics tomorrow.* New York: Springer-Verlag.

Steen, L. (Ed.). (1990). *On the shoulders of giants: New approaches to numeracy.* Washington, DC: National Academy Press.

Stewart, I. (1989). *Does God Play dice?* Oxford, England: Basil Blackwell.

Weller, M. (1991). Marketing *the curriculum: Core versus non-core subjects in one junior high school.* Unpublished doctoral dissertation, University of Wisconsin-Madison.

제2장

이해를 수반한 수학 교수와 학습

Thomas P. Carpenter
University of Wisconsin-Madison
Richard Lehrer
University of Wisconsin-Madison

21세기 수학적 지식을 갖춘 시민을 양성하기 위해, 수학학습이 이해를 수반하여 이뤄질 수 있도록 교실은 변화되어야 한다. 이해를 위한 교수는 수업의 새로운 목표가 아니다: 학교는 20세기 이후로 학생들이 이해를 수반하여 학습할 수 있도록 학습 환경을 조성하는 방법에 중점을 두고 개혁의 노력을 해왔다. 초기의 개혁 운동에서 이해의 개념은 종종 수학자들이 수학을 이해하고 가르쳤던 방법으로부터 유래되었다. 현재 달라진 점은 이해를 수반한 학습성을 하고 이해하도록 가르치는 것이 무엇을 의미하는 지를 결정하는데 교수·학습에 관한 최근 연구를 기초로 활용한다는 점이다. 이 연구 자료는 학생들 스스로가 수학적 개념과 과정의 의미를 어떻게 구성하는지, 그리고 교실이 그런 학습의 유형을 어떻게 지원하고 있는지에 대해 기술한다.

왜 이해인가?

아마도 이해를 수반한 학습의 가장 중요한 특징은 그러한 학습이 생성적이라는 점이다. 학생들이 이해를 수반한 지식을 습득할 때 학생들은 새로운 주제를 학습하거나, 새롭고 익숙하지 않은 문제를 풀 때 그 지식을 적용할 수 있다. 학생들은 이해하지 못했을 때, 각각의 주제를 분리된 기술로 이해한다. 학생들은 그러한 기술을 수업 시간에 명백히 배운 문제가 아닌 문제를 해결하는 데 적용할 수 없고, 그들이 학습한 내용을 새로운 주제로 확장시킬 수도 없다. 기술 공학이 빠르게 변화하고 있는 오늘날, 학생들에게 평생 필요한 모든 기술이나 그들이 마주하게 될 문제들을 모두 예상할 수는 없다. 우리는 학생들이 새로운 기술과 지식을 배우고, 새로운 문제를 해결하는데 그들의 지식을 적용하도록 해야 한다. 학생들이 이해를 수반한 학습을 하지 않으면, 그들이 습득한 지식이 무엇이든지 간에 학교 밖에서는 거의 사용할 수 없을 것이다.

이해란 무엇인가?

이해는 이분법적 현상이 아니다. 사실상 모든 복잡한 아이디어나 과정은 여러 수준에서 상당히 다양한 방법으로 이해될 수 있다. 그러므로 누군가가 주어진 주제, 아이디어, 과정에 대한 이해의 여부보다는 새로운 것이거나 발전적인 것으로 이해를 생각하는 것이 좀더 적절하다. 결론적으로, 우리는 이해를 개인 지식의 변하지 않는 속성보다는 이해의 발달에 기여하는 정신적 활동으로 본다.

이해를 발달시키는 방법

우리는 수학적 이해가 일어나는 정신적 활동의 다섯 가지 형태를 제안한다: (a) 관계 형성하기, (b) 수학적 지식을 확장하고 적용하기, (c) 경험에 대하여 반성하기, (d) 아는 것을 명확하게 표현하기, (e) 자신만의 수학적 지식 만들기. 비록 이런 다양한 형태의 정신적 활동이 밀접히 관련되어 있긴 하지만, 명확하게 하기 위해 각각의 형태를 분리하여 논의한다.

관계 형성하기

사물들은 그것들이 다른 것들과 연결될 때 의미를 가진다. 사람들은 새로운 아이디어나 과정을 이미 이해했던 아이디어나 과정과 관련지으면서 의미를 구성해간다. 아이들은 학교에 들어오기 전부터 수학적 관계를 형성하기 시작하는데, 이렇게 일찍 형성된 지식은 그들의 수학에 대한 이해를 더 확장하기 위한 기초로 사용될 수 있다. 학교

수학 교육과정의 토대를 형성하는 형식적인 수학적 개념, 연산, 기호는 초기의 직관과 아이디어에 연결지으면서 의미를 부여할 수 있다. 예를 들어, 유치원이나 1학년과 같은 어린 아이들은 모으기, 가르기, 물건을 가지고 양을 실제로 비교해보기를 포함한 다양한 문제들을 직관적으로 해결한다. 이렇게 일찍 형성된 문제해결전략의 확장은 더하기, 빼기, 곱하기, 나누기의 수학적 개념을 발달시키는 기초로 활용될 수 있다(이 책의 제4장을 보아라.)

수업이 아이들의 비형식적 지식을 토대로 하지 않거나, 비형식적 지식과 학교에서 배울 수 있는 수학과 관련짓지 못하면, 아이들은 수학적 지식 체계를 두 개로 분리하여 발달시키는 듯하다: 학교 안에서 사용하는 것과 학교 밖에서 사용하는 것. 예를 들어, 아이들은 종종 그들이 지필로 계산하여 얻거나 계산기나 다른 도구를 이용하여 알게 된 사실에 대해 고민하지 않는다. 아이들은 학교에서 배운 절차에 따른 답과 그들이 이해한 방법으로 문제를 해결하여 얻은 답이 같아야 함을 알지 못한다.

수학적 지식을 확장하고 적용하기

그러나 이해의 발달을 단순히 기존의 지식에 새로운 개념과 과정을 덧붙이는 것으로 생각하는 것은 충분하지 않다. 장기적인 측면에서 이해를 발달시키는 것은 단순히 이전의 지식에 새로운 지식을 연결하는 것 이상을 포함한다. 또한 풍부하고 통합적인 지식 구조의 창조를 포함한다. 이 지식의 구조는 이해를 수반한 학습을 생성적이게 하는 특징 중의 하나이다. 지식이 잘 구조화되었을 때, 새로운 지식은 요소요소의 기본적인 것을 연결하기보다는 기존의 지식 망과 관련되고 기존의 지식 망에 통합될 수 있다. 학생들이 개념과 과정 사이의 여러 중요한 관계를 알게 될 때, 그들은 기존의 지식이 새로운 상황과 어떻게 관련되는지를 인식한다. 구조화된 지식은 덜 잊혀진다. 지식이 잘 구조화되었을 때에는 지식을 생각해내는 다양한 방법이 있지만, 분리된 정보 조각들은 기억하기 더 어렵다.

비록 발전된 구조는 이해를 수반한 학습의 특징이지만, 모든 관계들이 수학적으로 유익한 것은 아니므로 그 구조의 본질 또한 중요하다. 이해를 수반한 학습은 중요한 수학적 원리를 반영하는 발전된 관계를 뜻한다. 이 장에 나오는 예들을 살펴보면, 여러 자리 수의 덧셈과 뺄셈은 자릿값의 기초 개념과 어떻게 연결되는지, 분수는 나눗셈의 개념과 어떻게 연결되는지, 그래프에 관한 지식은 자료의 표현과 해석의 더욱 일반적 형태로 어떻게 확장되는지, 공간에 대한 비형식적인 아이디어는 기하의 수학적 구조로 어떻게 발전할 수 있는지에 대한 내용이다.

이해를 수반한 학습의 특징을 정의한 것 중의 하나는, 지식은 그것을 어떻게 사용하는지 명확히 하는 방법을 배우는 것이다. 그러나 적용하기 전에 먼저 기초 개념과 기술을 배워야 한다고 종종 생각해 왔다. 이것은 잘못된 가정이다: 아이들은 기초적인 기술을 배우기 훨씬 이전에 문제를 해결하기 위해 직관적인 지식을 사용한다.
우리는 적용은 기술을 발달시키기 위한 맥락을 제공하고, 이해를 위한 교수에서 기술은 시작단계부터 적용과 연결된다는 것을 이해했다. 예를 들어, 이 책 제4장에서 기술된 프로젝트에서는 아이들이 덧셈, 뺄셈을 배우기 전에 모으기, 가르기 그리고 비교하기를 포함한 문제를 해결하기 시작한다. 덧셈과 뺄셈의 연산은 이러한 문제 상황을 나타내는 방법으로 제시된다. 이 책의 제5장에 기술된 레허러, 야콥슨(Jacobson), 케메니(Kemeny), 스톰(Strom)의 교실 에피소드에서 모양과 형태에 대한 아이들의 자연적인 언어가 결국에는 수학적인 명제와 정의로 변환된다.

경험을 반성하기

반성은 인간의 행동과 사고의 의식적인 고찰을 포함한다. 익숙한 절차와 같은 일상적인 기술의 적용에서 반성은 거의 필요 없다. 그러나 익숙하지 않는 문제해결과정에서 반성은 중요한 역할을 한다. 문제해결은 기존의 지식과 문제상황 조건의 관계를 의식적으로 고찰하는 것을 포함한다. 반성이 지식 습득 과정의 일부라면, 학생들은 이러한 능력을 습득하는데 더 나은 기회를 갖는다.

학습에서 반성적이라는 것은 학생들이 얻은 지식, 특히 알고 있는 것과 습득한 다른 어떠한 지식을 모두 관련짓는 방법을 의식적으로 고찰함을 의미한다. 그러나 학습은 새로운 개념이나 기술을 추가할 때만 일어나는 것은 아니다. 이미 알고 있는 것을 재조직하는 것으로부터 학습이 일어나기도 한다. 알고 있는 것과 알게 되는 방법에 대한 반성은 이러한 유형의 재조직으로 이어질 수 있다.

최근에 나타난 이해의 본질에 대한 우리의 견해는 학생들이 자신의 지식을 반성하는 능력을 발달시킨다는 것이다. 처음에 학생들은 자신의 생각에 대해 반성하는 제한된 능력을 가지고 있다. 학생들의 발달된 이해의 특징 중의 하나는 그들이 점차적으로 자신의 사고를 반성할 수 있게 된다는 것이다.

아는 것을 명확하게 표현하기

아이디어를 의사소통하거나 명확하게 표현하는 능력은 교육의 중요한 목표이자 이해의 기준이다. 명확한 표현은 말이나 쓰기, 혹은 그림, 다이어그램, 모델처럼 다른 방법들로 자신의 지식을 의사소통하는 것을 포함한다. 명확한 표현은 활동의 본질이 의사소통될 수 있도록 활동의 중요한 아이디어를 꺼내는 반성을 요구한다. 그 과정에서 활동은 사고의 대상이 된다. 다시 말해 아이디어를 명확하게 표현하기 위해 결정적인 요소를 확인하고 설명하여 우리는 아이디어를 반성해야 한다. 명확한 표현은 반성을 필요로 하며 사실상 반성의 공식적인 형태로 볼 수 있다.

반성을 할 때, 학생들은 처음에 낯선 주제나 과제에 대해 자신의 아이디어를 명확하게 표현하는데 어려움을 겪게 되지만, 수학적인 기호나 모델과 같은 수단으로 그들의 아이디어를 명확하게 표현하려고 노력함으로써 자신의 사고를 반성하고 명확하게 표현하는 능력을 발달시킨다.

자신만의 수학적 지식 만들기

지식 형성에서 개인적인 투자를 개발하기 위해 이해는 자신의 활동을 통해 개인적으로 지식을 구성하는 것을 포함한다. 다른 사람이 말하거나 설명하는 것으로 자신의 지식을 단순히 지각할 수는 없다. 지식이 발전적이고 일시적이라는 입장을 취할 필요가 있다. 그러나 지식을 다른 누군가의 것으로 본다면, 단순히 듣고 보고 연습해서 자기 것으로 흡수하는 방법으로 지식을 보지 않을 것이다.

이것은 학생들이 교사나 다른 학생들의 말을 통해서 학습할 수 없다는 것을 의미하지 않는다. 하지만 추론이 권위자에 의해 명확히 표현된 것이기 때문에 단순히 받아들이는 것이 아니라, 자신의 목적에 적합하게 받아들여야 한다. 이는 이해가 전적으로 개인적인 것이라는 것을 의미하는 것도 아니다. 이해를 수반한 학습에서 학생 개인적인 참여 확대는 의미의 의사소통과 협의가 중요한 면들로 나타나는 교실 관행에 달려 있다.

일반적인 관점에서 학생들은 자신의 학습을 만들어 낸다. 그들은 수학의 다양한 형식과 실제에 관한 자신의 입장을 발전시킨다. 예를 들어, 어떤 학생들은 숫자에 다른 학생들은 공간에 또 다른 학생들은 기회와 불확실성에 대한 질문에 강한 흥미를 보인다. 수학을 이해하는 학생들은 자신의 활동을 이끌어가는 흥미를 분명히 한다. 이론적으로 학습은 단순히 교육과정에 의한 것이 아니라, 적성과 흥미의 개인적인 이력에 따라 안내된다.

무엇보다 중요한 수업의 목표는 학생들이 이해 성향을 개발하고, 이해가 그들에게 중요하므로 이해하기 위해 노력하는 것이다. 이것은 학생들 스스로 학습하고 문제를 해결하는 동안 그들이 참여하는 활동에 대해 반성적이 되어야 함을 의미한다. 학생들은 새로운 아이디어에 의미를 부여할 관계를 발달시키고, 또한 새롭고 더욱 생산적인 관계를 찾음으로써 기존의 지식을 비판적으로 검토한다. 그들은 자신의 지식을 확장하는 것을 목표로 하는 문제해결로써 학습을 보기 시작한다.

모든 사람들이 같게 이해하는가?

수학적 이해에서 나타나는 다섯 가지 유형의 정신적 활동을 제안할 때, 우리는 모든 학생이 정확히 같은 방법으로 학습한다거나 이해가 항상 모든 사람들에게서 동일한 것처럼 보인다고 말하지 않는다. 우리가 제안한 것은 이해의 발달이 이런 저런 형태의 정신적 활동의 형태들을 포함한다는 것이다. 아이디어가 이해되기 위해서, 반드시 다른 아이디어와 연관되어야 하지만 그 아이디어가 연결되는 방법은 여러 가지가 있다. 우리는 그 관계가 반드시 같은 방법이나 같은 활동으로 형성되어야 한다거나, 단지 이해가 문제해결을 가능하게 하는 몇 가지 생산적인 방법으로 조직된 아이디어에 의존해야 한다고 말하지 않는다. 지식을 확장하고 적용하는 능력은 이해의 특징이지만, 이는 모든 사람들이 같은 방법으로 자신의 지식을 확장하고 적용한다는 의미는 아니다. 마찬가지로 반성과 명확한 표현은 다양한 형태일 수 있지만, 우리는 일종의 반성과 명확한 표현이 없이 이해의 발달을 생각할 수 없다. 이해 발달에 대한 개인적인 이력은 다양할 것이다. 그러한 다양함은 종종 학생들이 자신의 관점을 다른 사람의 관점과 융화시키는 개념적인 변화를 위한 중요한 촉매제이다.

이해를 촉진시키는 교실의 결정적인 요소

수업을 위한 이 모든 것은 무엇을 의미하는가? 본질적으로 광범위하게 발생하는 이해를 수반한 학습을 위해, 교실은 학생들에게 다음과 같은 기회를 주어야 한다: (a) 적절한 관계를 발달시키기, (b) 수학적 지식을 확장하고 적용하기, (c) 자신의 수학적 경험을 반성하기, (d) 아는 것을 명확하게 표현하기, (e) 자신만의 수학적 지식 만들기. 학생들이 앞에서 논의한 이러한 활동에 참여할 수 있는 교실을 만들기 위해 적어도 세 가지 수업 요소를 고려해야 한다: (a) 학생들이 참여할 과제나 활동과 해결할 문제, (b) 수학적 아이디어와 문제 상황을 표현할 교구, (c) 학생들과 교사들에게 동의된 수학적 활동을 조정하는데 기준이 되는 규범적 관행.

과제

수학 수업은 종종 학생들이 참여하는 과제에 의해 계획되고 설명된다. 과제는 단순한 훈련과 연습부터 풍부한 맥락에서의 복잡한 문제해결까지 포함한다. 대부분의 과제는 이해를 촉진시킬 수 있다. 학생들이 이해를 수반한 학습인지 아닌지를 결정하는 것은 과제 자체가 아니다: 단순히 절차를 따라하게 하기 위해 학생들에게 가장 도전적인 과제를 가르칠 수도 있고, 기본적인 수학적 개념의 이해를 촉진하기 위해 학생들에게 가장 기초적인 계산 기술을 가르칠 수도 있다. 광범위하게 발달하는 이해를 위해 과제는 단순히 그것을 완성하는 것이 아니라 이해를 촉진하는 것이 그 목적이 되어야 한다(이 책 제4장에는 계산적인 활동 맥락 안에서 여러 자리 수를 활용하는 학습이 어떻게 자릿값에 대한 이해를 발달시키는 과제가 되는지에 대한 예가 있다).

도구

도구는 수학적 아이디어나 문제 상황을 나타내는데 사용된다. 도구는 종이, 연필, 구체적 조작물, 계산기, 컴퓨터, 기호와 같은 것을 포함한다. (이 책의 제7장 라조이(Lajoie)의 자료 표현과 시각화를 위한 도구에서 볼 수 있듯이) 이러한 도구들을 특정한 규칙이나 원리에 따라 조작함으로써 문제를 해결한다. 예를 들어, 계산 알고리즘은 다양한 산술 계산을 하기 위해서 기호의 조작을 포함한다. 이러한 연산은 산가지나 십진블록을 이용해 수를 나타내고, 산가지나 십진블록을 적당한 방법으로 결합하고 그룹화하고 나누면서 할 수도 있다. 학생들에게 직관적인 의미가 있는 표현 형식의 연결은 학생들이 기호적 절차를 이해하는데 큰 도움을 줄 수 있다. 이 책의 제4장과 제6장의 카펜더와 사우더, 필리프는 범자연수의 덧셈과 뺄셈, 분수의 나눗셈을 예로 들어 그러한 연결이 어떻게 발전될 수 있는지를 보여준다.

표준적인 수학적 표현과 절차는 수년간에 걸쳐 채택되고 효율성과 정확성을 목적으로 만들어진 기호와 그 기호의 연산을 포함한다. 기호나 기호적 절차 그리고 이것들이 나타내는 기본적인 수학적 개념들을 연결하는 것이 항상 분명한 것은 아니다. 결과적으로 추상적인 기호를 포함한 형식적인 절차를 연습하는 것은, 기호나 절차를 그것에 의미를 줄 수 있는 어떤 것과 연결하는데 있어서 학생들에게 별다른 도움을 주지 않는다. 이 딜레마를 해결할 방법 중의 하나는(이 책 제8장의 카풋에게서 볼 수 있듯이)

추상적인 기호를 이용한 절차의 중요한 단계를 학생이 의미를 주는 표현과 연결하도록 하는 것이다.

표현은 교사들에 의해 제시되거나 학생들에 의해 구성된다. 이 책 제5장 레허러의 글에서는 학생들이 양, 형식, 측정, 대규모 공간에 관한 표현을 발견한 학생들의 교실 에피소드가 나온다. 각각의 표현 형태는 새로운 수학적 지식을 발달시킬 수 있는 기회를 제공한다. 이 책 제1장의 롬버그와 카풋이 언급한 것처럼, 형식적인 표현의 구문상 안내된 조작은 수업의 중요한 목표이고, 만약 학생들이 자신들이 사용하는 표현을 이해하기 원한다면, 우리들은 학생들이 수학적 아이디어를 이해하고 의사소통하며 문제를 해결하는데 유용하도록 사용된 이러한 표현의 특징을 명백하게 반성하도록 격려해야 한다.

규범적 관행(규범)

특정한 교실 규범은 학생들과 교사들이 특별한 상황에서 어떻게 행동하고 반응하는지를 결정한다. 규범적 관행은 학습에 과제와 교구가 사용된 방식을 위한 기반을 형성하고, 학생들과 교사들이 수학적 추측과 결론을 정당화하는데 사용하는 논쟁의 본질을 조절한다. 이러한 규범은 명백한 기대나 교실 환경에 배어 있는 더욱 잠재적인 메시지를 통해 나타난다.

비록 적절한 과제와 교구의 선택이 이해의 발달을 촉진할 수 있다 하더라도, 교실의 규범적 관행은 이것들이 그 목적에 사용될 것인지 아닌지를 결정한다. 이해를 촉진하는 교실에서 규범은 과제를 특정 절차를 이용하여 푸는 과제가 아닌 해결해야 하는 문제로 보고 있다. 학습은 훈련과 연습보다는 문제해결로 본다. 학생들은 사실과 절차들을 동화시키기보다 새로운 지식을 만들기 위해서 기존 지식을 적용한다. 도구는 답을 얻기 위한 명시된 방법에 사용되지 않는다: 도구는 이해를 수반한 문제해결수단으로써, 문제해결전략을 의사소통하는 방법으로써 인식된다. 교실은 모든 학생들이 삼각형이 무엇인지와 같은 중요한 수학적 아이디어를 바라보는 대안적인 전략이나 다른 방법을 논의하는 담화 공동체이다(이 책의 제5장과 제6장의 레허러와 사우더, 필리프의 글을 보시오). 교사와 친구들은 학생들의 추측과 결론이 왜 그렇게 되었는지 그리고 그들이 사용한 절차가 주어진 문제에 왜 유용한지를 설명하기 원한다. 이렇게 수학은 단지 답을 얻기 위한 방법의 총체라기보다는 사고를 위한 언어가 된다.

지식을 구조화하고 적용하기

학생들이 이해를 수반한 학습을 하기 위해서는 기존 지식을 확장하고 적용하는 방법으로 그들이 학습한 것과 기존의 지식을 관련짓는 기회를 제공해야 한다. 학생들이 이해를 수반한 학습을 하는 교실에서 수업을 통해 학생들에게 그들이 가진 지식을 구성하는 기회를 제공할 수 있는 많은 방법이 있다. 예를 들어, 학생들에게 적절한 관계를 확인하기 위해 구체적인 질문을 한다. 이 책 제4장 카펜터의 글에 나타난 개념학습 모형에 따른 수업(CBI)에서처럼 학생들은 상징적인 절차와 구체적인 도구 조작 사이의 뚜렷한 연결을 명시할 것이다. 이 관계는 같은 장에서 기술된 인지학습 모형에 따른 수업(CGI)에서처럼 학생들은 문제를 해결하기 위해 세운 대안적인 전략들을 비교하고 대조할 때 더 직접적이지 않는 방법을 이끌어낸다.

구조화된 지식을 발달시키기 위해 학생들에게 기회를 제공하는 것이 수업에 있어서 중요하고 지속적인 초점임은 명백하다. 학생들이 절차를 연습함으로써 중요한 지식 구조를 발달시키는 것을 기대하기란 쉽지 않다. 그것은 실제로 하는 것을 보고, 어떻게 관련되는지 설명을 듣고, 교사 중심으로 선택된 과제에 참여하더라도 충분하지 않다. 학생들은 지식의 구조를 발달시킬 시간이 필요하고, 수업에서는 학생들에게 자신이 참여한 과제를 통해 관계를 발달시킬 수 있는 확장된 기회를 제공해야 한다.

과제와 도구의 선택과 순서는 중요하다. 수학적 구조를 발달시키는데 오로지 과제와 도구만을 선택해서는 안 된다. 우리는 아이들의 사고, 상황에서 가져오는 지식 그리고 아이들의 사고가 일반적으로 발달되는 방법을 고려해야 한다. 대부분의 전통적인 수학교육과정을 뒷받침하는 암묵적인 가정은 문제해결은 기술의 적용을 포함하며, 결과적으로 기술은 학생들이 효과적으로 문제해결에 참여할 수 있기 전에 학습해야 한다는 것이다. 이 장에서 예시들은 사례가 아닌 문헌에 따른다. 이러한 예에서, 문제해결과 기본 개념 그리고 기술에 대한 학습은 통합적이다: 사실 문제와 응용은 기본적인 수학적 개념과 기술을 학습하기 위한 맥락을 제공한다.

앞에서 언급한 것처럼, 아이들이 상당히 많은 직관과 수학의 비형식적인 지식을 습득하고 학교 밖에서 문제를 해결할 수 있는 능력을 발달시키기 시작한다고 기록된 많은 연구가 있다. 수학교육과정의 형식적인 개념과 기술은 그러한 비형식적인 개념과 문제해결 기술과 관련시킬 필요가 있다. 그렇지 않으면 학생들은 학생들이 학교에서 배운 수학을 실세계의 문제해결에 어떻게 적용하는지 알지 못할 것이다. 게다가 이러한 비형식적 지식은 학생들에게 학교에서 배운 추상적인 수학적 기호, 개념, 기술에 의미를 부여하기 위한 확고한 기초를 제공할 수 있다.

수학 수업이 학생들의 비형식적 수학 지식을 토대로 이루어지기 위해 과제와 도구가 선택되어야 하고, 그러한 문제들과 적용 그리고 관련된 수학적 개념과 기술은 처음부터 연결되어야 한다.

반성과 명확한 표현

이해를 수반한 학습에서 일어나는 주요한 방식 중의 하나는 반성이다. 처음에, 학생들은 일반적으로 주어진 과제를 해결하기 위한 방법으로 구체적인 교구를 사용한다. 학생들이 교구의 사용에 대해 반성할 때, 구체물의 조작은 추상적이 되어 간다. 결국, 학생들은 스스로 더 이상 구체적인 교구를 실제로 조작하지 않는다: (이 책의 제4장과 제5장의 카펜더와 레허러의 글에서) 그들은 교구의 좀더 추상적인 기호 표현에 대하여 직접적으로 생각할 수 있다. 그러한 과정은 되풀이 된다. 좀더 추상적인 표현은 교구와 교구의 상징적이고 추상적인 개념을 구체화하는 기본적인 수학적 개념에 대한 인식을 이끌며 스스로 반성의 대상이 된다. 주어진 교구에 포함된 개념과 원리가 반성의 대상이 될 때 질 높은 수준의 수학적 원리 등이 나타난다. 예를 들어, 학생들은 산가지를 사용하여 모으고 가르는 활동을 모델링함으로써 덧셈과 뺄셈 문제를 해결하기 시작한다. 그들의 절차와 10의 그룹핑에 대한 새로운 지식을 반성함으로써, 학생들은 십진블록과 같은 10을 구조화하는 교구를 사용하는, 더욱 효과적인 절차를 사용하게 된다. 학생들이 10으로 그룹화하는 것을 교구로 사용하여 해결한 방법을 설명하고 반성할 때, 10을 기본으로 하는 교구에 점점 의지하지 않게 된다: (이 책 4장의 카펜더의 글처럼) 학생들은 10을 기본으로 하는 교구의 추상적인 표현을 사용하기 시작한다. 학생들은 다양하고 추상적인 전략들을 비교하고 이 전략들의 차이점을 반성함으로써, 특정 절차가 다른 것보다도 유리하다는 것을 알기 시작하고, 교환성과 결합성 같은 특성이 그들의 절차에 어떤 관련이 있는지 명확하게 알기 시작한다.

반성 장려하기

질문은 "우리는 이러한 유형의 반성을 어떻게 촉진할 것인가?"이다. 반성을 촉진하기 위한 명확한 지침을 제공하는 것은 어렵지만, 교사가 반성을 인식하고 평가하는 것은 중요한 요인이다. 이런 경우에, 교사는 반성을 지지하는 교실 규범을 확립한다. 다음의 교실 이야기에서 반성을 돕는 중요한 역할을 하는 특정 규범은 학생들이 자신의 생각을 분명하게 표현하도록 한다. 해결전략을 왜 그렇게 했는지, 주어진 해결방법이 다른 해결방법과 어떻게 비슷한지, 그들이 했던 것처럼 문제를 해결하려고 결정한 이유는 무엇인지에 대해 학생들에게 물어보는 것은 그들의 생각을 명확하게 설명하는 학생들의 능력을 길러줄 뿐 아니라 반성하도록 장려하는 것이다.

이 점에서, 우리는 둘 다 중요하지만 반성의 두 가지 유형을 구별해야 한다: (a) 과제를 실행할 때 학생들이 하고 있는 것은 무엇인지 왜 하는지에 대하여 반성하기, (b) 과제를 끝마친 후에 과제와 그들의 해결 방법에 대하여 반성하기. 주어진 문제를 해결할 때 사용된 대안적인 전략에 대한 논의는 학생들이 과제를 끝마친 후 과제에 대한 반성을 포함한다. 이 시점에서 교사가 묻는 질문을 탐구하는 것은 이러한 반성의 유형에 초점을 맞춘다.

그러나 대안적인 전략들을 논의하는 것은 끝마친 과제를 반성하는 것보다 더 많이 다루어진다. 학생들이 그들의 반응을 설명해야 함을 알 때, 과제를 실행하면서 과제에 대해 더 반성할 것이다. 문제해결 과정 중 무엇을 하고 있는지에 대하여 학생들에게 명확하게 표현하게 함으로써, 문제를 해결하는 동안 과제에 대한 반성은 직접적으로 촉진될 수 있다. 또 하나의 방법은 학생들이 문제를 풀 때 학생들에게 가설을 설명하게 하거나 그들이 선택한 전략의 이유에 대해 물어봄으로써 학생들과 대화하는 것이다. “무엇을 하고 있니?”, “왜 그것을 하고 있니?”, “그것은 그 문제를 해결하는데 어떻게 도움이 되니?”와 같은 질문은 반성을 촉진한다. 정기적인 원칙에 의해 그러한 질문을 하는 것은, 주어진 과제에 대해 생각하면서 동일한 질문들을 자기 자신에게 하기 때문에 학생들이 그것을 내면화하도록 도와준다.

진행 중인 과제에 대하여 반성하도록 장려하는 또 다른 방법은 학생들이 소규모 협동 그룹에서 활동하는 것이다. 실제로 학생들이 함께 문제를 해결할 때, 학생들은 그들이 세운 가설과 추측, 계획을 서로에게 명확하게 표현해야 한다. 그러나 이러한 유형의 반성과 명확한 표현이 일어나기 위해서는, 이런 종류의 상호작용이 협동 그룹 활동의 전부라는 교실 규범이 확립되어야 한다.

명확한 표현을 위한 기초

교실의 모든 참가들에게 의미 있는 명확한 표현을 하도록 하기 위해서는 의사소통에 대한 공통 기준이 있어야 한다. 적절한 교구의 선택은 이러한 역할을 충족시킬 수 있지만, 교사는 모든 학생들이 교구를 일관되게 해석하고 사용한다는 것을 확실하게 해야 한다. 조작하는 자료는 논의를 위한 공통적인 지시 대상을 제공할 수 있지만, 학생들은 어른들의 구체적인 자료에 대한 조작에 항상 같은 의미를 부여하지는 않는다.

논의가 학생들에게 그들이 교구에 대해 어떻게 생각하는지, 어떻게 교구를 사용하는지에 대해 명확하게 표현할 기회를 제공하는 것은 중요하다.

표기법(예를 들어, 양을 표현하기 위해 발달된 이차원 그래프 등)은 논의의 공통 기준을 제시할 수 있고, 학생들이 자신의 사고를 명확히 할 수 있도록 한다. 이렇게 표기법은 두 가지 역할을 하는데, 첫째는 학생들의 사고를 발전시키는 창으로서의 역할이고, 둘째는 생각을 위한 도구로서의 역할이다. 표기법은 생각에 대하여 의사소통한 기록들이다. 적절한 표기 시스템은 학생들에게 자신의 생각을 매우 정확한 방법으로 명확하게 설명할 수 있게 하고, 학생들이 자신의 생각을 명확하게 표현하도록 하기 위해 표기 시스템에 의해 요구되는 정확함은 그들의 생각을 더욱 예리하게 할 수 있게 한다.

교실 규범

이해를 위한 교수를 강조하는 규범 중의 하나는 학생들이 새로운 지식을 생성하는데 기존의 지식을 적용하는 것이다. 학습은 동화와 연습처럼 교사나 학생들에 의해 이해되는 것이 아니다. 학습은 문제해결로 보며, 학생들이 새로운 개념과 절차를 기존의 지식과 관련시키기 위해 적극적으로 활동하기를 기대한다.

이런 학습의 개념을 지지하는 구체적인 교실 규범은 학생들이 전체적인 교실 토의를 통해 정기적으로 교사와 다른 학생들과 함께 대안적인 전략(주어진 문제를 해결하기 위해 개발한 전략)을 논의하는 것이다. 이것은 문제에 대한 답을 주기에는 충분하지 않다: 학생들이 문제를 해결할 때 사용한 전략을 명확하게 설명하고 그 전략을 왜 사용했는지 설명할 수 있기를 기대된다. 이것은 해결방법이 그 문제의 매개변수와 어떻게 관련되어 있는지 그리고 해결방법에 사용된 절차는 기본적인 수학적 개념이나 의미가 있는 어떤 외부의 표현과 어떻게 관련되어 있는지 토의하는 것을 의미한다.

대안적인 전략을 논의할 때, 학생들은 그들 자신의 해결방법과 생각을 설명할 뿐만 아니라 다른 학생들이 사용한 전략과 어떤 점에서 같고 다른지를 논의한다. 즉 학생들은 대안적인 해결방법들 사이의 관계를 고려한다. 이것은 관계를 명확하게 만드는 중요한 방법 중의 하나이다. 학생들이 추상과 이해의 다양한 수준을 표현하는 해결방법에 대해 말하고 논의할 때, 학생들은 더욱 추상적인 전략과 더욱 기본적인 전략들을 연결하는 기회를 가진다. 예를 들어, (이 책의 제4장 카펜더의 글 시작부분에 있는 교실 상호작용을 보면) 어떤 학생들은 구체물을 사용하여 문제를 해결하고 다른 학생들은 상징적으로 표현하여 문제를 해결할 때, 그 전략들 사이의 관계를 논의하는 것은 추상적이고 상징적인 절차에 의미를 부여하는 연결에 관심을 갖게 한다.

자기 자신의 지식 만들기

반성과 명확한 표현과 마찬가지로, 교실 규범은 학생들이 자신의 지식 소유에 대한 개인의 이해를 발달시키는데 중요한 역할을 한다. 또한 지침을 명확히 하는 것은 어렵지만, 교사가 개별적인 학생들의 참여와 자율성에 높은 가치를 두는 것은 중요하다. 모든 학생들은 그들의 아이디어를 논의할 기회를 가져야 하고, 각 학생들의 아이디어는 교실의 모든 학생들에 의해 진지하게 받아들여져야 한다. 교실의 가장 중요한 목표는 이해의 발달이다.

반성은 본래부터 개인적이고, 반성을 장려하는 것은 학생들이 자신의 지식 소유에 대한 이해를 발달시키도록 도와주는데 중요하다. 학생들이 자신의 학습을 스스로 조정하고 있다고 믿도록, 그들이 참여하는 과제와 그들이 과제를 해결할 때 사용하는 도구에 대하여 부분적인 권한을 주어야 한다.

교사와 이해

이해가 학생들뿐만 아니라 교사들을 위한 목표라는 가정은 이전의 많은 논의에 내재되어 있다. 이해는 어떤 복잡한 문제해결에 있어 중요한 역할을 하고, 교수는 복잡한 문제를 해결하는 것을 틀림없이 포함한다. 교사 이해에 대한 개념은 학생 이해에 대한 개념과 마찬가지로 같은 원리에 기반을 둔다.

우리는 교사 이해의 두 요소와 그 요소들 사이의 관련성에 중점을 둔다: (a) 수학에 대해 이해하기, 그리고 (b) 학생들의 사고에 대해 이해하기. 이 책에서 계획되고 있는 수업을 준비하기 위해 교사들은 그들이 가르치는 수학과 학생들의 생각을 이해해야 한다. 가르쳐온 수학과 사용해온 과제 그리고 교구는 교육용 프로그램에 의해 명시될지도 모르지만, 수학과 학생에 대한 필요조건인 이해가 없다면 교사들은 자신의 학생들을 위해 명확하게 쓰여지지도 적용되지도 않는 다른 사람 아이디어의 기계적인 발표로 밀려나게 될 것이다. 한마디로 말하면, 그들의 교수는 교육과정 해설서에 의해 지배받을 것이고, 이해를 수반한 학습에 필요한 교실 규범을 세울 수 없을 것이다. 그들은 학생들의 반응을 이해할 수 없고 그것이 발생했을 때 학생들의 이해를 즉시 인지할 수 없기 때문에, 대안적인 전략에 대한 생산적인 논의에 학생들을 참여시킬 수 없을 것이다.

수업을 위해 수학을 이해하는 것은 대학교 수학의 내용 과정에서 가르치는 수학을 이해하는 것보다 더 많은 것을 포함한다. 그것은 수학이 수업의 목표와 다양한 수업의 실제에서 어떻게 반영되는지에 대한 이해를 의미한다. 또한 교사가 학생 학습의 전형적인 궤도에 대한 구상을 갖고 개별적으로 이해의 경계를 인식하는데, 이러한 지식을 사용하기 위해서 수학 지식과 학생들의 사고에 대한 지식이 연결되어야 한다.

교사들은 학생들의 이해를 수반한 학습을 지원하기 위해 자신의 관행과 교실 환경을 구성하는 방법에 대해 반성해야 한다. 교사들은 수학 및 학생의 생각에 대한 자신의 지식 그리고 어떤 학생들의 이해가 고정적이지 않다는 것 또한 인식해야 한다.

교사들은 또한 수학과 학생에 대한 자신만의 계속적인 학습에 대한 책임을 지녀야 한다. 더 나아가 교실 규범과 수업 관행은 학생들의 이해를 수반한 학습뿐만 아니라 수학 및 학생들의 생각에 대한 교사의 지식까지 계획되어야 한다. 과제와 도구는 학생들의 생각을 열어주는 창을 제공할 수 있도록 선택되어야 하고, 교사들은 특정 학생들을 위한 좀더 적절한 수업을 제공할 뿐만 아니라 일반적으로 학생들의 사고를 이해하기 위해서 좀더 좋은 모델을 구성해야 한다.

결론

학생들과 교사들을 위한 이해의 발달은 계속적이고 지속적인 과정이며, 수학 교실에서 일어나는 모든 것에 널리 퍼져야 한다. 개개인이 처음부터 이해를 수반한 기술을 학습해야 하는지 아닌지 또는 그들이 어느 정도 기술 숙달의 수준을 획득하고 난 후, 왜 그 기술이 그들이 행하는 방법에 작용하는지에 대한 이해를 발달시켜야 하는지 아닌지에 대해 수년 동안 논의되어 왔다. 증가하는 증거는 처음부터 이해를 수반한 학습이 중요하다는 것을 지지한다. 학생들이 이해 없이 기술을 학습할 때 기술의 기계적인 방법을 적용하는 것을 학생들의 이해를 발달시키기 위한 시도를 종종 방해한다. 그러나 학생들이 이해를 수반한 기술을 학습할 때 이해를 개발할 뿐만 아니라 기능 숙달 또한 촉진된다.

우리가 이 연구를 통해 한 가지 알게 된 것이 있다면, 이해의 발달은 시간을 필요로 하고 교사와 학생 모두의 노력을 요구한다는 것이다. 이해를 수반한 학습은 지속적으로 수업의 초점이 될 때, 학생들에게 관계를 발달시키고 그들의 지식을 사용하기 위한 학습 시간이 주어졌을 때, 그들 자신의 사고에 관하여 반성하고 그들 자신의 아이디어를 명확하게 표현할 때 그리고 그들 자신의 수학적 지식을 만들 때에 광범위하게 일어날 것이다.

우리는 이러한 목표를 이루기 위해 교실을 어떻게 조직해야 하는지에 대한 정확한 규정을 가지고 있지 않다. 이 장에서 우리는 수업에 대해 생각할 때 고려해야 하는 몇몇 주제와 구성요소를 제시했지만, 이해를 수반한 학습의 책임은 결국 교사와 학생 자신들에게 달려있다. 교사는 학생들이 이해를 수반한 학습을 하는 것이 어떤 의미가 있는지 이해해야 하고, 이해를 수반한 학습을 올바르게 인식하고 소중하게 생각해야 한다. 교사들과 마찬가지로 학생들은 이해를 소중히 여기고, 이해를 그들의 학습 목표로 만들어야 한다. 이것이 수업의 궁극적인 목표이다.

다음 장에서, 우리가 특징을 기술했던, 이해를 발달시키기 위해 기회를 제공하는 수업의 예를 제공한다. 사례들 사이에는 많은 유사점이 있지만, 우리는 이해가 설명된 교실과 비슷한 곳에서만 일어난다고 제안하지는 않는다. 그러나 우리는 이해를 수반한 학습은 생산적인 관계를 발달시키고, 그들의 지식을 확장·적용하며, 그들의 경험에 대해 반성하고, 그들이 알고 있는 것을 분명히 표현하며, 그들 자신만의 지식을 만들 수 있는 기회를 학생들에게 제공하는 수업에서 일어난다고 주장한다.

더 읽을거리

Anderson, J. (1990). *Cognitive psychology and its implications*. Cambridge, MA: Harvard University Press.

Hieber, J., Carpenter, T. P., Fennema, E., Fuson, K, Human, P., Murray, H., Olivier, A., Wearne, D. (1997). *Making sense: Teaching and leaning mathematics with understanding*. Portsmouth, NH: Heinemann.

Kaput J. (1992). Technology and mathematics education. In D. Grouws (Ed.), *Handbook of research on mathematics teaching and learning* (pp. 515-556). New York: Macmillan.

Lehrer, R., & Chazan, D. (1998). *Designing learning environments for developing understanding of geometry and space.* Mahwah, NJ: Lawrence Erlbaum Associates.

Schoenfeld, A. (1995). *Mathematical problem solving.* New york: Academic Press.

Schon, D. (1987). *Educating the reflective practitioner.* San Francisco: Jossey-Bass.

Wertsch, L. (1991). *Voices of the mind.* Cambridge, MA: Harvard University Press.
Yakel, E., & Cobb, P. (1996). Sociomathematical norms, argumentation, and autonomy in mathematics. *Journal of research in mathematics Education,* 27, 458-477.

제3장

학교수학에서 이해 중심 교수의 부가가치적 차원으로서 평등

Walter G. Secada
University of Wisconsin-Madison
Patricia Williams Berman
University of Wisconsin-Madison

이 장의 목적은 학생 이해 중심 수업에 관심을 갖는 교육자들이 교육과정, 프로그램 개발, 수업과정, 평가 혹은 연구 활동을 할 때, 평등에 대한 관심을 통합시킴으로써 이런 활동의 가치를 높이는 방법을 제안하기 위함이다. 이해 중심 교수에서 평등을 위해 고려해야 할 문제는 다음과 같다: 학생의 이해 개발에 중점을 두는 것은 더 공평한가 혹은 덜 공평한가?, 평등하지 않은 것은 부당한 것인가?, 평등한 것이 과연 공평함을 촉진하는가?

이해 중심 교수에서 평등 통합하기

일부 사람들은 평등에 관심을 갖는 것이 이해 중심 수학 교수의 범위를 넘어서는 일이며, 이해 중심 수학 교수가 공평함을 촉진하는지 아닌지를 묻는 것은 터무니없다고 주장할지도 모른다. 이와 같은 관점을 지지하는 사람들은 다음과 같이 질문할 것이다.

> 이 책의 다른 장에서 예시된 것과 같은 개인별 지도를 어떻게 불평등하다고 할 수 있는가?, 만약 학생 개개인의 수학적 능력과 이해를 발달시키고자 한다면, 개인별 지도를 하지 않는 것보다 하는 것이 더 좋지 않겠는가?, 우리는 개인별 지도

가 평등한지 아닌지에 관심을 가지기 때문에, 이해 중심 수업과 같은 개혁을 보류하는 것은 불평등하지 않는 것이 아닌가?

우리의 대답은 매우 간단하다. 만약 교육자들이 고의로 이해 중심 수학 교수 내에 평등에 대한 관점을 통합시키지 않는다면, 새롭게 진화하는 수학 교수의 형식이 사실상 집단 간의 차이를 더욱 심화시키고 학생들을 불평등하게 대하는 것과 같은 매우 현실적인 위험이 나타날 것이다. 이해 중심 수업으로부터 유리한 사회·인구학적 배경을 가진 학생들은 그렇지 못한 학생들에게 손해를 끼치면서 가장 많은 이익을 얻을 것이다. 예를 들면, 이해 중심 교수 모델의 진화는 하위 계층 학생들보다 상위 계층 학생들에게 좀더 효과적일 수 있으며, 이런 모델들은 학생들의 성공을 위한 필수조건으로서 능숙한 영어실력을 요구할 수도 있다. 이러한 가능성들은 다양한 계층의 학생들이 있는 수학 교실에서 평등한 이해 중심 수업의 실현을 더 어렵게 만들 것이다. 교육자들이 처음부터 평등에 대한 관심을 가질 때 의도되지 않은 결과를 낳는 잠재된 어려움에 대해 좀더 잘 알게 되고, 따라서 이 어려움을 피하기 위한 대비도 할 수 있다.

평등에 대한 관점은 최소한 세 가지 측면에서, 즉 이해 중심 교수는 어떻게 구성되어 있는지, 어떻게 평가되는지, 그리고 대규모로 어떻게 실시되는지 고려되어야 한다. 이 장에서는 평등에 대한 관심을 갖지 않는다면 쉽게 간과될 수 있는 문제와 이슈를 어떻게 부각시킬 수 있는지에 대해 세 가지 측면에서 각각 자세히 살펴본다. 또한 평등에 대한 관점이 각각의 측면에서 다음의 두 가지 일을 어떻게 할 수 있는지 보여준다: (a) 이 개혁이 어떻게 사회·인구학적 집단에 따른 성취도 차이를 악화시킬 수 있는지 교육자들에게 경고한다, (b) 이런 차이를 완화시키는 데 도움이 되는 유목적적인 조치 방안을 제안한다.

평등에 대한 관점에서 이해 중심 수업 구성하기

이 책에서 소개되는 이해 중심 수업은 서로 관계있는 아이디어를 묶어 다음과 같이 분류함으로써 특징지을 수 있다: (a) 이해에 대한 정의—수학적 아이디어들 간의 연결—그리고 수학적 아이디어와 그 아이디어를 적용할 실제 상황이나 그외 상황들 간의 연결로서 정의함, (b) 이해를 발달시킬 수 있는 정신적 활동, (c) 학생들의 정신 활동을 돕기 위한 학생과 교사의 과제, 도구, 규범. 이러한 아이디어들은 모든 학생들에게 적용될 수 있지만, 이를 모든 학생들에게 적용하기 위해서는 평등에 대해 민감해질 필요가 있다. 예를 들어, 이해가 아이디어들 간의 연결로 구성된다고 하지만, 이해를 확립하고, 아이디어를 서로 연결하기 위한 상황이 중간 계층의 백인 남학생에게만 친숙한 상황이어서는 안 된다. 오늘날 학교에 다니는 학생들의 다양성에 부합할 정도로 다양한 상황이 필요하다.

평등에 대한 관점은 이러한 아이디어를 적용할 때 편견을 낳을 수 있는 근거 없는 추측과 관련하여 아이디어를 면밀히 검토하도록 교육자들을 촉구한다. 편견에 치우쳐, 결국 불평등에 이를 수 있는 아이디어를 바탕으로 어떻게 교육이 이루어질 수 있는지에 대한 예는 분리된 교육 정책 — 하지만 법률에 따른 차별을 뒷받침한다는 측면에서는 평등한 — 에서 찾아볼 수 있다. 즉 학교 구역을 두 개의 구역(백인 학생들을 위한 구역과 아프리카계 미국인 학생들을 위한 구역)으로 분리시켜 교육 시스템이 유지되어야 한다는 주장이다. 이 정책과 정책의 바탕이 되는 인종에 대한 가설은 특정 사회·인구학적 계층에 대한 편견을 내재하고 있으며, 그렇기 때문에 불평등하다.

좀더 긍정적으로 보면, 평등에 대한 관점은 위 아이디어를 구현하는데 다양한 사회적 배경을 가진 학생들에 대한 지식을 통합시키는 방법을 찾도록 교육가들을 고무한다. 다음의 논의에서 이러한 평등에 대한 관점을 이해 중심 교수법의 기본 아이디어에 어떻게 적용할 수 있는지 보여주고자 한다.

실생활 영역으로 수학을 확장하는 정신 활동

이해를 발달시킬 수 있는 한 가지 정신 활동은 수학을 다른 영역으로 확장시키는 것과 관련된다. 이러한 노력으로 수학과 그 영역들 사이의 관계를 구성할 수 있으며, 특정 상황에서 수학에 대한 학생들의 관심을 높일 수 있을 것이다. 그러나 사람들은 다양한 유형의 수학적 활동을 그 영역들로 확장시켜야 한다는 강한 확신을 갖고 있다. 학생의 이해를 높일 수 있는 매우 일반적인 초급 수준의 활동을 생각해보자: 학교 매점 상황에서 아이들은 상업적인 거래 활동에 참여함으로써 화폐의 덧셈, 뺄셈, 그리고 몇 가지 단계가 필요한 문제 및 초보적인 곱셈의 아이디어에 대한 이해를 높일 수 있다. 예를 들어 학생들은 매점 상황의 활동을 통해 재고 목록을 만들고, 비용에 대한 손익을 계산함으로써 정보를 조직화하는 방법을 학습할 수 있다.

초급 수준에서 좀처럼 다루지 않는 다른 상황을 생각해보자: 서비스에 대한 개인의 지불 능력과 그 서비스에 부과되는 비용을 연계시킨 개인 교습, 아기 돌보기, 육아와 같은 사회 서비스업. 이런 상황에서도 학생들은 덧셈, 뺄셈을 배우면서 상업적인 거래 활동에 참여할 수 있으며, 몇 가지 단계가 포함된 문제를 접하고 정보를 조직하며 서비스에 따른 손익 차익금에 대해 생각한다. 그러나 이 상황에서 학생들은 미국의 학교 체계에서 종종 금지된 주제인 사회 계급에 대한 문제를 접하기도 한다.

전통적으로 학교 매점이 수학을 확장시킬 수 있는 상황으로 인정되며, 미국 전역의 많은 학교에서 이 상황을 활용하고 있다 하더라도, 정치적으로 위험하지 않다면, 사회 서비스업 역시 수학을 확장시키는 이색적인 상황으로 볼 수 있다. 수학적 이해를 높이기 위해서라면, 어느 한 상황만 선택해야 할 이유는 없다. 이 두 상황은 모두 학생들에게 수학 지식과 기능을 향상시킬 수 있도록 실제 상황을 제공한다. 일부 학생들은 어느 한 쪽의 상황에 좀더 익숙할 수도 있지만, 두 상황 모두 학생들에게 상황을 통해 수학을 발견할 수 있다는 믿음을 주는 데 기여할 것이다.

평등에 대한 관점을 갖고 있지 않은 교육자들은 사회 서비스업 상황을 회피한다. 그러나 평등에 대한 관점을 가진 교육자들은 다음과 같은 사항을 고려한다: (a) 어떤 상황이 상류 계층의 학생들보다 하류 사회 계층의 학생들에게 더 친숙한가?, (b) 어떤 상황이 수학을 학습하기 위한 활동영역을 동등하게 만들 수 있는가?, (c) 어떠한 목적 때문에 사회 서비스업 상황을 고려하지 않고, 수학을 행할 수 있는 자연스러운 상황으로서 매점을 제시하는 것은 누구에게 도움이 되는가?

교실 규범

학생들이 이해를 통해 수학을 학습하는 교실은, 이 책의 다른 장에 기술된, 주목할 만한 여러 가지 활동을 특징으로 한다. 이러한 교실의 학생들은 그들의 생각을 명확히 표현하는 것을 배우며, 동일한 문제에 대한 다양한 해결 방법을 공유하고 비교한다. 또 종종 자신들의 추측에 대해 논쟁하며, 일반적으로 자기 자신만의 이해를 구성하는 방법을 배운다.

생각의 명확한 표현

평등에 대해 잠정적인 합의에 도달한 교실에서는 학생들이 자신의 생각을 말이나 글로 명확히 표현하길 기대한다. 답이 나오기까지의 사고 과정보다 학생들의 최종적인 대답에 중점을 두는 좀더 전통적인 교실 수업과 비교해보면, 학생들의 이해를 촉진하는 교실의 학습 활동은 혼자 생각하는 것보다 서로 의사소통하는 기술을 더욱 필요로 한다.

평등과 관련된 규범이 갖는 잠재적인 사회적 결과는 다양하다. 학생들이 자신의 생각을 명확하게 표현할 때 생각의 차이가 드러나며, 이에 대해 자세히 검토할 수 있다. 해결방법이나 주장은 동료의 판단을 받기 때문에, 자신의 생각을 명확히 표현하는 활동은 학생들 간에 존재하는 차이를 강조하고 더욱 상세히 다루는 사회적인, 또 학문적인 위험을 안고 있다. 학생들의 생각을 공유하는 규범에서는 제2외국어로 영어를 배우는 학생들이나, 다른 사람들에게 밀려 매우 불리하게 사회화된 학생들을 중요하게 생각한다. 동시에, 이러한 자신의 생각을 명확히 표현하는 활동은 사고의 차이를 예외라기보다 원칙으로 여기며, 그러한 차이를 존중하는 교실 규범을 확립할 수 있게 한다. 평등에 대한 관점을 가진 교사들은 이해 중심 교수의 가능성과 학생 개인의 생각을 공유할 때 나타날 수 있는 잠재적인 위험에 대해 경고하며, 그러한 위험을 인식하기 때문에 그들은 또한 위험을 해결할 수 있는 방법을 개발하기 위해 노력한다.

해결 전략의 다양성

평등에 영향을 미칠 수 있는 두 번째 교실 규범은 동일한 문제에 대해 다양한 해결 전략을 수용하는 것이다. 다양한 해결 방법을 장려할 때, 교사들은 또 다시 개인적인 차이나 그룹간의 차이를 강조하는 위기에 직면한다. 또한 이 규범을 세심하게 다룬다면, 광범위한 참여를 촉진하고, 사고의 다양성에 대한 진가를 드러내며, 학생들 간에 존재하는 차이에 대해 가치를 부여할 수 있다. 또 교사보다는 수학 그 자체에서 나온 해결책을 인정할 수 있게 되며, 단지 절차나 과제를 행하는 사람이기 되기보다 절차나 과정의 본질, 내용, 논리를 중요하게 다룰 수 있게 된다. 다양한 전략을 수용하고, 이를 자세히 검토하는 것을 장려하는 교실 문화에서는 수학적 권위가 개인이 갖고 있는 특성이 아닌, 개인 활동의 질에 의해 결정된다. 이는 사람은 피부색 또는 성별, 일부 다른 개인적인 성향이 아닌 그 사람의 질, 즉 됨됨이 또는 이 경우에는 수학적 추론의 내용에 의해 평가되어야 한다는 마틴 루터 킹 박사(Dr. Martin Luther King)의 격언과 일치한다.

개인적 지식의 구성

이 책에서 지지하는 교실에서 학생들이 학습에 대해 책임을 갖기를 바라며, 학생들 서로 간에 또 학생과 교사 간에 수학적 권위가 공유되는 것을 추구한다. 한편으로, 학생들은 능력이나 지위에 있어 차이를 드러내며, 이러한 차이는 대부분 출신 계층에 따른 것이기 때문에, 이 규범은 평등에 대한 도전이 된다. 반면, 각 학생들이 학습에 대한 책임을 공유하도록 허용하고, 기대하는 것은 평등을 위한 기회를 제공할 수도 있다.

그러나 이 책에서 기술된 교실 행동 규범이 가정에서 기대하는 행동과 실질적으로 다를 때는 주의가 필요하다. 학생들의 사고 과정의 본질과 추론 내용, 수학적 논쟁의 사회적, 인지적인 질이 학생들의 이해를 촉진시키는 교실에서 높이 평가되고 있다고 하더라도, 이러한 규범이 가정에서 나타난다면 전통적인 가치를 고수하는 부모들은 의심쩍은 눈으로 보거나 충격을 받을 지도 모른다.

도시에서 학생들의 수학, 과학에 대한 이해를 촉진하는 교실을 개발하려는 교육자들과의 비공식적인 대화에서 주 저자는 지역의 어른에게 무례한 행동을 한 학생이 신체적으로 가혹한 벌을 받은 이야기에 대해 충분히 들었으며(즉 학생들의 복종을 전제한 어른들의 권리 행사와 권위에 대해, 또 어른의 지시를 묵묵히 따라야 하는 것에 대해 문제를 제기함), 전부는 아니지만 일부 학생들은 어른들의 가치가 대립하는 두 세계, 즉 학교와 가정의 가치 사이의 타협이 불가능한 상황에 존재할 수도 있다고 생각한다. 그 위험은 두 가지이다. 첫 번째는 학생들이 정서적으로나 신체적으로 곤란을 느끼는 것이고, 두 번째는 의도하지 않게 교육자들이 특정 계층 학생들이 포함된 교실에서 이해 중심 교수를 구현하는 것의 타당성에 대한 새로운 고정관념을 만들 수도 있다는 것이다. 평등에 대한 관점을 가진 교육자들이 이와 같은 위험을 인지할 때, 그들은 대안을 제시하기 위해 노력할 수도 있다.

마지막 기록

교실에서 일어나는 외적인 활동과 학생 개개인이 이런 학습 활동에 참여하는 방식을 관찰함으로써 우리는 단지 교실을 기술할 수 있을 뿐임을 명심해야 한다. 이해는 이해의 숙달 정도가 구체적으로 또 외면상 드러나기보다 인지적인 과정과 반드시 관련되기 때문에, 교육자들은 개개 학생들의 이해를 추측할 수 있을 뿐이다. 이런 활동이 일어나는 교실 수업이 그룹 모두의 무조건적인 이해, 공정한 이해를 보장한다고 생각할 수는 없다. 결과적으로, 교사들은 사회화 패턴이나 문화적 규범이 교실 행동 규범과 모순되는 경우에 특히, 학생들의 이해와 관련하여 단정내리는 것을 조심해야 한다.

혁신적인 이해 중심 교수 프로그램 평가에서 평등에 대한 문제

아무리 표면적인 조사라 해도, 모든 수학교육 개혁 프로그램에 대하여 사회 계층 간 수학 성취도 차이를 증가, 유지 또는 감소시키는지 철저한 조사가 이루어져야 한다. 적어도, 그러한 개혁은 해가 되지 않아야 한다. 즉 혁신이 수학 성취도에서 계층 간 차이를 줄이는 데 기여하지 못한다면 적어도 그 차이를 넓혀서는 안 된다. 대부분의 혁신에 있어 유감스러운 점은 혁신의 수혜자들에게도 이익이 불평등하게 돌아간다는 것이다. 예를 들어, 세서미스트리트(Sesame Street: 미국의 TV 프로그램 이름)에 대한 초기 평가에서 프로그램 개발 당시 대상이었던 가난한 아이들은 프로그램을 시청함으로써 많은 혜택을 받았음이 확인되었다. 그들의 초기 읽기 수행 능력은 프로그램을 보지 않은 가난한 아이들보다 우수했다. 그러나 평가 자료의 재분석 결과 세서미스트리트 프로그램을 시청한 중간 계층 학생들의 능력이 하류 계층의 동급생들보다 더 많이 향상된 것으로 나타났다. 처음 프로그램에 대한 전망과는 대조적으로 세서미스트리트는 학교에 입학하기 전부터 중간 계층과 하류 계층 학생들의 능력 차이를 더욱 심화시켰다.

좀더 최근에 페네마(Fennema), 카펜더 그리고 그의 동료들은 저학년 학급의 CGI (Cognitively Guided Instruction: 인지학습 모형에 따른 수업)에 참여한 여학생과 남학생 간에 범자연수 계산에 관한 문장제를 해결할 때, 발전된 문제해결전략을 사용하는 데 있어 차이가 있음을 발견했다(Fennema 외., 1998). CGI는 학생들의 수학에 대한 이해를 높이는데 중점을 둔 것으로 가장 잘 알려진 교육 프로그램 중의 하나이다. CGI 학급의 학생들은 CGI에 참여하지 않은 학생들보다 수학 문제를 더 잘 해결했다. 게다가 CGI 학급의 학생들은 기본적인 계산 능력에 있어서도 CGI에 참여하지 않은 학생들보다 더 못하지 않았으며, 일부의 경우에는 더 우수하기도 했다. CGI 연구 결과는 중요하며, 20년 전의 세서미스트리트에 대한 연구 결과와 비슷하다: CGI 프로그램에 참가한 학생들은 프로그램에 참가하지 않은 학생들보다 훨씬 우수함에도 불구하고, 그 프로그램은 성별 차이를 악화시킬지도 모른다. 이러한 결과는 사회·인구학적으로 다른 아이들 간에도 이와 유사한 차이가 발견될 수 있다는 가능성을 제기한다.

다른 프로그램의 평가에서는 여러 가지 상반된 결과가 나타났다. QUASAR 프로젝트 평가에서는 인종·민족성과 언어 유창성에 따른 학생들의 차이를 비교했다. 6학년이 시작될 때 흑인 학생과 백인 학생 간의 수학 능력 차이는 시간이 지남에 따라 증가하지 않았고, 8학년이 끝날 무렵에는 그 차이가 다소 줄어들었다. 스페인어 등 두 개 언어로 수업을 받은 학생(즉 영어가 덜 유창한 학생)과 일반적인 영어 교육을 받은 학생(즉 영어가 유창한 학생)들 간에 6학년 시작 당시 보인 차이가 8학년이 끝날 무렵에는 많이 줄어들었다(Lane & Silver). CMW(Children's Math Worlds) 프로젝트(Fusion 외, 1997)에 참가한 저학년 학생들은 학생들의 이해를 높이기 위해 노력하는 교사들이 여러 가지 언어로 가르친 잘 구조화된 수학 교육 과정을 따랐다. 표준화 검사 결과 "계산 영역에서는 CMW에 참여한 학생 중 90%가, 문장제 해결 영역에서는 65%의 학생이 자기 학년과 동일 수준에 있었다."(Fusion 외, 1997) 매우 복잡한 문장제에서도 이 학생들은 전통적인 방식으로 수업을 받은 미국, 타이완, 일본의 상급생들과 유사한 점수를 받았고, 어떤 경우에는 더 좋은 점수를 받기도 했다.

CGI, QUASAR, CMW는 모두 이해를 통해 수학을 가르치기 위한 프로그램이다. 이 프로그램에 참여한 학생들이 참여하지 않은 학생들보다 더 많은 것을 배운다 하더라도, 성별, 인종, 민족, 사회 계층에 따른 학생 성취도 차이에 대한 상반된 결과는 교육자들에게 이와 유사한 프로그램들이 어떻게 개발되는지 좀더 유심히 모니터할 것을 경고한다.

이해 중심 교수의 대규모 실시

이해 중심 수학 교수가 공평함을 촉진할지 아닐지를 알아볼 세 번째 측면은 특정한 혁신적 내용이 널리 어떻게 시행될 수 있는지 알아보는 것이다. 교육적인 개혁은 그것이 개발 중일 때에도 대체로 호소력 있는 특징을 갖고 있다. 그럼에도 불구하고, 그러한 개혁이 널리 시행될 때는 그것이 원래 의도한 것과 실행 양상 간의 차이 때문에 원래의 가능성에 부응하지 못하고 실패한다. 예를 들어, 이론적으로는 능력별로 그룹을 구성하고, 학급을 편성하는 것이 교사들이 직면하는 다양한 학생 능력 문제에 대처할 수 있게 하고, 수학적 발달 수준이 비슷한 학생들과의 학습을 도우며, 학생들이 자신의 포부와 미래를 연결하는 길을 따라가는데 도움이 된다고 본다. 이런 주장에 따르면 비록 능력별 학급 편성제도가 이론상으로는 그러한 측면에 효과가 있다 할지라도, 이해 중심 수학 교수를 대규모로 실시할 때는 그런 효과가 나타나지 않는다. 능력이 낮은 학급의 학생들은 차별적인 학급 규모, 차별적인 교육과정, 차별적인 교재, 차별적인 교사의 경험 및 자격에 대해 부정적인 결과를 경험하게 되고, 따라서 대규모로 시행될 때 많은 학생들을 무시하는 결과를 초래한다. 능력별 학급 편성이 능력별 편성을 하지 않을 때보다 상위 학생들에게 도움이 되는지에 관해서는 여전히 미제로 남아 있지만, 능력이 낮은 학급의 학생들에게는 이러한 능력별 학급 편성 제도가 엄청난 재앙

이 될 수 있다. 대규모 실시 단계에서 평등에 대한 문제를 다룰 때 능력별 학급 편성 제도가 그것의 가능성에 부합할 수 있는지는 문제가 되지 않는다(이것이 중요한 문제이기는 하지만). 다만 일부 이상적인 형태의 경우에는 해당되지 않지만, 현재 학교에서 구성되어 있는 것처럼 능력별로 학급을 편성하는 것이 다양한 사회적 계층에서 온 학생들에게 공평할 수 있는지가 문제시 된다. 그러나 대체로 능력이 낮은 수준의 학급에는 소수 민족이나 낮은 사회 계층의 학생들이 불평등하게 많이 배정되기 때문에, 능력별 학급 편성 제도의 좋지 못한 결과는 가난한 학생들과 소수 학생들에게 영향을 미치게 되고, 결과적으로 능력별 학급 편성제도는 인종에 따른 성취도의 차이를 악화시킨다. 바꾸어 말하면, 능력별 학급 편성 제도가 이론적으로는 효과가 있다 하더라도, 이를 대규모로 실시할 때는 공평하지 못한 것이 된다.

이러한 개혁을 대규모로 실시하는 것에 대한 또 다른 위험은 다른 모든 학생들이 아닌 일부 계층 학생들로 자격이 제한된다는 점이다. 그 예로, 마리아 몬테소시(Maria Montessori)는 밀라노의 빈민가에 사는 아이들을 교육하기 위한 방법을 개발했다. 몬테소리 학교 운영비 문제와 나라에서 빈민 계층 아이들을 위해 적절한 사회 서비스가 제공된다는 믿음이 확산되었기 때문에, 오늘날 몬테소리 학교에 다니는 가난한 학생들을 거의 볼 수 없다. 혁신이 대규모로 시행되는 과정에서, 몬테소리 교육은 부유한 학생들에게 제한되었고, 그로 인해 이전부터 존재해 온 사회 계층 간 성취도 차이는 더욱 심화된다.

이해 중심 수학 교수법에 대한 아이디어와 실행 방법이 아직 개발 중에 있기 때문에, 이를 대규모로 실시하는 것에 대해 논하는 것은 다소 이른 측면이 있다. 그러나 지금 몇 가지 주의 점을 제기할 필요는 있다. 예를 들어, 가능성이 높지는 않지만 이해 중심 교수를 대규모로 실시하는 과정에서 높은 능력을 가진 그룹이나 학급 학생들에게만 혜택이 주어질 수도 있다. 사실 일부 교사들은 CGI 프로그램은 높은 능력을 가진 학생들을 대상으로 실시해야 한다고 말하기도 한다(E. Fennema, personal communication, 1997년 5월). 이해 중심 교수는 우선 교사의 전문성 개발에 필요한 자료를 구비해야 실시할 수 있는 것이다. 만약 그렇지 않은 상태에서 실행된다면 부적절하게 실행될 수도 있다. 바꾸어 말하면, 이해 중심 교수는 부유한 국가의 도시 근교에 위치한 학교에서 우선적으로 실시된 다음, 도시 지역이나 가난한 시골 학교에서 부적절하게 실시될 가능성이 있다. 학교 수준의 수학 교육 개혁에 대한 연구에서도 우리의 관점을 지지할 만한 내용이 발견되었다(Secada & Adajian, 1997). 수학 프로그램을 개혁하기 위해 매우 노력하고 있는 학교라고 스스로 추천한 학교 중 70% 이상이 자신들을 도시 근교의 학교라고 기술했다.

현재의 경제적 정치적 풍토에서는 꾸준히 학교에 가는 학생, 가족이 있는 학생, 안전한 생활환경을 가진 학생을 대상으로 이해 중심 접근법을 실시하는 것이 더 쉬울 수도 있다. 이 모든 가능성은 사회 계층 간 학생들의 성취도 차이를 심화시키는 결과를 가져올 것이다. 그와 같은 실행은 모두 불평등한 것이 될 수 있다.

마찬가지로 이해 중심 교수의 움직임과 관련된 교육과정 목표가 어떤 그룹의 학생들에게 제한된다면, 또 다른 학생들은 풍부한 자료를 활용하고, 새롭고 흥미로운 주제를 다룬 도전적인 교육과정을 통해 이해에 기반을 둔 수업을 받을 수도 있다. 이러한 경우에, 이해 중심 교수는 교육적 기회를 불평등하게 제공하기 위해 마련된 차별적인 교육과정과 함께 상승적인 효과를 낼 것이다.

하지만 여기에는 주의할 점이 있다. 평등에 대한 관점을 가진 교육자들은 선택된 집단의 학생들만을 위해 이해 중심 교수를 유지하려는 것에 이의를 제기할 수 있다. 예를 들어, 그들은 이러한 종류의 프로그램은 정규 수학 교육을 잘 받지 못한 지역의 학생들에게 우선 실시되어야 한다고 주장한다. 이와 유사하게, 평등을 지지하는 사람들은 이러한 접근법이 아직 개발되지 않았거나 검증되지 않은 상황에서 프로그램을 실시하고자 프로그램 개발자들과 함께 이해 중심 교수법을 수정할 수도 있다.

결론

앞서 제시된 의견을 학생들의 이해 중심 수학 교수법을 발달시키거나 널리 시행하지 않아야 된다는 의미로 받아들여서는 안 된다. 우리는 이러한 노력을 진심으로 지지한다. 이해 중심 교수가 다양한 사회·인구학적 배경을 가진 아이들을 가르칠 수 있다는 가능성을 보여준 경험상의 확증을 넘어 학생들은 그들이 학습한 것을 이해할 수 있고 또 이해해야 한다는 생각으로 학생들을 대할 때, 그들이 한 개인으로서 존중받고 있음을 전달할 수 있다고 믿는다.

우리의 의도는 평등에 대한 관점이 심판을 받고 대규모로 시행될 때 나타날 수 있는 과도한 위험의 미묘한 차이를 어떻게 나타내는지를 보여주고, 또 이러한 위험을 어떻게 경고할 수 있는지 보여주는 것이었다. 우리는 동료와 다른 교육자들이 이해 중심 교수가 실현될 수 있는 가능성만큼이나 평등에 대해 관심을 가지지 않을 때, 모든 교육적 혁신을 시행하는데 따르는 위험에 대해서도 주의를 기울이기를 바란다. 우리는 또한 교육자들에게 그러한 문제와 이슈에 대해 경고함으로써 평등에 대한 관점이 교육자들로 하여금 위험에 대한 보호 장치를 만들 수 있도록 돕고, 평등을 달성하는데 이러한 혁신을 활용하도록 도울 수 있는 어떤 방향을 제시할 수 있기를 희망한다.

이해 중심 교수는 학생 개인에게 초점을 맞춤으로써 교육자들이 매우 강력한 교수 방법을 설계할 수 있도록 돕는다. 또한 평등은 특정 사회·인구학적 계층에 속한 학생들에게 초점을 두고, 또 학생들을 평등하게 대하는데 초점을 맞추기 때문에 우연히 발생할 수 있는 피해 없이 그러한 교수 방법을 계획하고 실행하도록 돕는다. 결국 평등에 대한 관점은 학교수학을 왜 아이들에게 학교에서 먼저 교육시키는지 광범위한 문제에 대한 해결책, 즉 학교수학을 학생들이 다양한 사회를 구성하는 생산적인 성인으로서 함께 살아가고 협력하도록 돕는 해결책이 되게 한다.

NOTES

여기서 보고된 논문은 NCISLA(National Center for Improving Student Learning and Achievement in Mathematics and Science)의 지원을 받았으며, WCER(Wisconsin Center for Education Research), 위스콘신 – 매디슨(Wisconsin–Madison) 대학 교육학과의 관리를 받았고, 미국의 교육부, OERI(Office of Educational Research and Improvement) 산하, PR/Award number R305A60007(Educational Research and Development Centers Program)의 자금 지원을 받아 이루어졌다. 하지만 논문의 내용이 학생 성취, 교육과정, 평가에 관한 NCISLA, WCER, OERI의 입장과 정책을 반드시 나타내는 것은 아니다.

참고문헌

Fennema, E., Carpenter, T. P., Jacobs, V.R., Franke, M. L., & Levi, L. (1998). A longitudinal study of gender differences in young children's mathematical thinking. *Educational Researcher*, 27(5), 4-11.

Fusion, K. G., De La Cruz, Y., Lo Cicero, A. M., Smith, S. S., Hydsin, K., & Ron, P. (1997). *Towards a mathematics equity pedagogy: Creating ladders to understanding and skill for children and teachers.* Manuscript submitted for publication.

Lane, S., & Silver, E. A. (in press). Fairness and equity in measuring student learning using a mathematics performance assessment: Results from the QUASAR project. In M. T. Nettles (Ed.), *Equity and excellence in educational testing and assessment* (Volume II). Dordrecht, The Netherlands: Kluwer.

Secada, W. G., & Adajian, L. B. (1997). Mathematics teachers' change in the context of their professional communities. In E. Fennema & B. S. Nelson (Eds.), *Mathematics teachers in transition* (pp. 193-219). Mahwah, NJ: Lawrence Erlbaum Associates.

제 2 부

이해를 증진시키는 교실

제4장

문제해결로서 기초적인 수 개념과 기능 학습

Thomas P. Carpenter
University of Wisconsin-Madison

Elizabeth Fennema
University of Wisconsin-Madison

Karen Fuson
Northwestern University

James Hiebert
University of Delaware

Piet Human
University of stellenbosch

Hanlie Murray
University of stellenbosch

Alwyn Olivier
University of stellenbosch

Diana Wearne
University of Delaware

계산 기능과 수학적 이해의 발달 중에 어느 것이 더 중요한가에 대하여 지속적인 논의가 이루어져 왔으나, 많은 연구들에서 이 둘 중 하나를 선택하는 것은 불필요한 일이며 생산적이지 않다는 결과가 나오고 있다. 계산 기능과 수학적 이해의 발달은 모두 중요하다. 계산 기능을 잘 배워 계속 유지하고, 문제해결에 적용하기 위해서는 이해를 수반한 학습이 이루어져야 한다. 게다가 중요한 기능을 학습하는 것은 이해를 향상시키는 데 도움을 줄 수 있다.

예를 들어, 전통적으로 일반적인 계산 기능을 학습하는 것은 기본적인 수 개념의 이해를 향상시키기 위한 이상적인 방법으로 제시되어 왔다.

이번 장에서는 기능과 이해를 동시에 향상시킬 수 있는 덧셈과 뺄셈에 대한 학습 방법을 제시하는 네 개의 프로그램을 소개한다. 네 개의 각 프로그램은 초등학교 교실에서 널리 검증되었다. 네 개의 모든 프로그램에서 여러 자리 수 개념과 기능에 대해 학습하는 것은 기존의 규칙과 절차들을 습득하는 것이라기보다 문제해결 활동으로 인식되었다. 교사들은 학생들에게 절차를 설명하거나 모든 학생들이 특정한 알고리즘을 사용하는 것을 기대하지 않는다.

학생들은 기본적인 수 개념에 대한 자신의 문제해결방법을 찾기 위해 많은 시간을 할애한다. 학생과 교사는 대안적인 전략에 관해 공유하고 토론한다. 전략의 구성과 논의는 학생들이 이해를 향상시키는 데 필요한 정신적 활동에 참여하는 기초를 제공한다. 이 프로그램에 참여한 학생들은 이해를 향상하면서 동시에 기술을 적용하는 능력도 향상된다.

네 개의 모든 프로그램에서 학생들은 문제를 해결하는 데 대부분의 시간을 보낸다. 교사들은 교실 규범을 만들고, 과제를 선택하고, 활용할 수 있는 적절한 도구를 만들고, 전략에 관한 논의를 조정하고, 전략에 대한 질문에 학생들을 참여시키고, 가끔은 대안적인 전략을 공유하는 데 적극적인 역할을 한다. 이 프로그램의 목적은 전략의 구성이 강조되고, 교사들이 문제해결에 대한 학생들의 노력을 지원하는 교실 규범을 만드는 것이다. 교사는 너무 자주 개입하거나 너무 깊게 개입하지 않으면서 하나의 자료와 안내자로서 역할을 한다. 교사들은 교실 논의를 제공하지만, 학생들에게 그들 스스로 전략을 이해하도록 하며 어떠한 절차가 옳거나 받아들여질 만하다고 하는 판단을 드러내지 않는다. 각 프로그램이 적용되는 교실에서 수학적 과제는 소풍, 과학 프로젝트, 학생들이 읽은 책, 학생들이 좋아하는 것과 같이 교실에서 공유되어 온 경험의 문제상황으로 구성된다. 일반적인 수업 시간에는 시나리오에 따라 그날의 첫 번째 문제가 제시된다. 학생들은 교실에서 활용 가능한 다양한 도구들을 사용하여 개인 혹은 소그룹 형태로 문제를 해결한다. 문제를 해결한 후, 학생들은 자신들의 전략을 공유한다. 만약 학생들이 이해하지 못한 전략이 있으면 다른 학생들에게 질문하도록 하거나 전략에 대하여 설명을 하게 하고, 학생들이 사용하거나 공유했던 전략들을 비교하도록 격려하면서 논의한다. 구체물을 사용한 전략과 상징을 사용한 전략 사이의 유사성에 주목한다. 논의 후에 두 번째 과제를 제시하고 다음 수업 또한 이런 방식으로 진행된다.

1학년 교실 사례

다음에 제시된 일화는 한 교사의 수업에서 제시된 일련의 과제로부터 선택되었지만, 이 교실에서 일어난 사건, 교실 토의, 교수는 다른 네 개의 프로그램의 전형적인 모습이다. 사례에 제시된 일부 특징들은 두 개 프로젝트의 수업에서 뚜렷하게 나타났지만,

에피소드에 제시된 몇몇 사소한 내용을 제외하고는 어떤 프로그램에서든지 발견되었다. K 교사의 1학년 학급은 그 학급의 학부모가 운영하는 식당으로 현장학습을 가기 위해 준비하고 있었다. K 교사의 반 학생들은 메뉴의 음식값을 비교하고 있었다. 선생님은 다음 문제를 여러 번 읽어주고, OHP에 숫자를 적어주었다.

> 버키의 햄버거 가게에서 햄버거는 3.65달러이고, 스테이크 샌드위치는 4.92달러입니다.
> 스테이크 샌드위치는 햄버거보다 얼마나 더 비쌉니까?

학생들은 문제를 해결하기 시작한다. 문제해결에 필요한 교구들은 교실의 한 구석에 비치되어 있으며 일부 학생들은 필요한 교구를 가지러 간다. 교구로는 다양한 종류의 산가지, 모형 동전, 1cm 정육면체 모형(큐브)과 10-막대 모형(cm 단위로 표시된 10cm짜리) 그리고 10×10cm 사각형 모형(cm 단위로 표시된)을 포함한 십진 블록이 있다. 학생들이 문제를 다 해결했을 때, K 교사는 한 학생과 그 학생의 해결방법에 대하여 대화를 나누었다.

K 교사: 커트, 뭘 하고 있는지 말해주겠니?
커트: 492가 365보다 얼마나 큰지 알아보고 있었어요.
K 교사: 그래, 어떻게 하려고 했니?
커트: 음. 365를 만들었어요.
K 교사: 좋아. 계속해보렴.
[커트는 십진 블록으로 365를 만들기 위해 100짜리 3개와 10짜리 6개, 1짜리 5개를 놓았다. [그림 4.1] 참고]
K 교사: 그 다음에 어떻게 할 거니?
[커트는 십진 블록으로 492를 만들기 위해 100짜리 4개, 10짜리 8개, 1짜리 2개를 놓는다.]
K 교사: 그 다음은 어떻게 할 거니?
[커트는 대답하지 못한다.]
K 교사: 커트는 무엇을 찾으려고 하니?
커트: 492가 365보다 얼마나 더 큰지요.
K 교사: [커트가 꺼내놓은 십진 블록 두 세트를 가리키며]
커트, 네가 방금 한 활동이 이 문제를 해결하는 데 도움이 될까?
커트: 음. [365를 나타낸 블록을 가리키며] 저것보다 [492를 나타낸 블록을 가리

키며] 이것이 얼마나 큰지 알아보고 싶어요.

[커트는 365와 492를 비교하여 각각 100, 10, 1의 단위로 짝지어 놓았다. 492의 일의 자리가 5를 빼기에 부족하자 십의 자리에서 하나를 가져 왔다.]

127 더 많아요. 정답은 1.27달러예요.

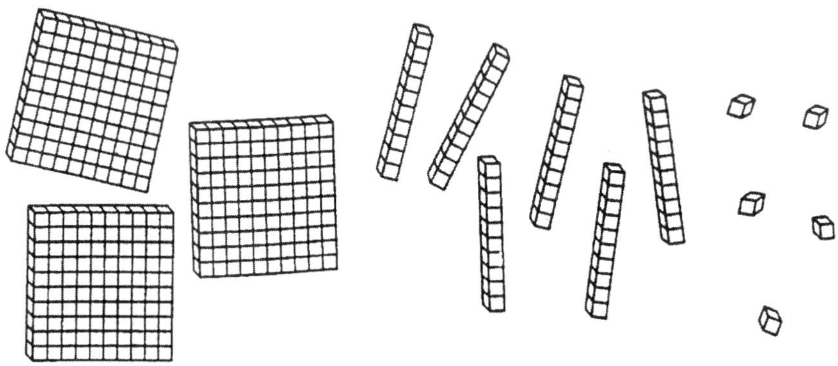

[그림 4.1] 십진 블록으로 365 표현하기

이 에피소드는 5분 정도 지속되었다. 5분 동안 K 교사는 커트가 어떻게 문제를 해결했는지에 대해 이야기하는 것을 들었다. K 교사는 커트가 계속해서 설명하도록 하였으며, 커트가 무엇을 했는지가 아니라 커트의 해결방법이 무엇인지에 대해 커트가 관심을 갖도록 지원하였다. 이것이 전형적인 상호작용의 유형이다. K 교사는 커트가 그의 문제해결방법을 설명하는 것을 들었다.

커트와 같은 아이들을 위해, K 교사는 커트의 경우처럼 문제를 해결할 때, 도움을 주고 계속 해결하도록 하였지만 문제를 해결하는 방법에 대해 알려주지는 않았다.

다른 학생들이 스스로 문제를 해결했을 때, 바로 K 교사는 학생들에게 해결전략을 설명할 수 있는 기회를 주었다.

K 교사: 베키, 네가 뭘 했는지 말해줄 수 있겠니?

베키: 저는 65보다 5 큰 것이 70이라는 것과 그것보다 20 큰 것은 90, 또 2 큰 것은 92라는 것을 알아요. 그래서 5와 20과 2, 그것은 27이 되었어요. 그런 다음, 4달러를 만들기 위해 1달러가 더 필요하다는 것을 알았어요. 그래서 1.27달러가 되었어요. [베키는 수학공책에 "65+5+20+2=92. 5+20+2=27. 4에서 남은 1달러를 합하면 1.27달러."라고 적어 놓았다.]

K 교사: 잘했구나. 베키, 다른 방법으로 풀 수도 있니?
[베키는 두 번째 방법으로 해본다.]

대부분의 학생들이 개별적으로 활동하는 동안 K 교사는 여섯 명의 학생들에게 자신의 방법을 설명하게 했다. 그녀는 각각의 학생들에게 문제해결전략을 설명하게 하고 학생들이 방법을 설명할 때까지 참고 기다렸다. 또한 K 교사는 대다수 학생들의 문제해결방법을 십진 블록을 어떻게 조작하는지 관찰하거나 수학공책에 적어 놓은 해결방법을 읽는 것을 통해 알아보았다. 문제해결을 위한 15분의 개인 활동 후에, K 교사는 여섯 명의 학생들에게 그들의 해결 방법을 전체 학생들에게 공유하도록 하였다.

키샤: [2쿼터, 4다임, 2페니의 반투명의 플라스틱 동전을 OHP에 올려 놓으며] 이것은 92센트입니다. [2개의 쿼터를 빼며] 이것은 50센트입니다. [1개의 다임을 뺀 후] 이러면 60센트입니다. [남아 있는 1개의 다임을 10개의 페니로 바꾼다.]

K 교사: 네가 지금 뭘 한 건지 말해줄 수 있니?

키샤: 5를 뺄 수가 없어요. 그래서 페니가 필요해요.

K 교사: 왜 그렇게 바꿀 수 있지?

키샤: 왜냐면 다임은 10개의 페니랑 같기 때문이에요.

K 교사: 그렇구나! 5를 빼기 위해서 다임을 페니 10개로 바꿨구나.

키샤: 예. [키샤는 계속해서 10개의 페니를 세고, 12개 페니 중에서 5개를 뺀다. 그리고 다시 남아 있는 페니를 센다.] 27이예요.

K 교사: 그래서 햄버거보다 샌드위치가 27센트 더 비싼거니?

키샤: [잠시 머뭇거리다가] 아니요! 1달러 27센트요.

K 교사: 좋아. 1달러는 어디서 나온거니?

키샤: 4달러가 3달러보다 1이 더 크다는 걸 알았어요.

K 교사: 누가 키샤의 방법이 커트의 방법과 어떻게 같은지 말해줄 수 있니? 비키? [커트는 키샤 전에 해결방법을 공유했다.]

비키: 키샤는 동전을 사용했고, 커트는 블록을 사용했어요.

K 교사: 맞아, 다른 교구를 사용했지. 이 둘은 같은 전략을 사용했을까?

비키: 아니요. 커트는 492와 365를 다 만들었는데 키샤는 92만 만들었어요.

K 교사: 그런데 왜 같은 답이 나왔을까?

조쉬: 커트는 92와 65를 배열해서 일의 자리를 뺐는데, 키샤는 65를 배열하지 않고 92에서 바로 65를 뺐어요.

K 교사: 다른 방법으로 한 사람 있니? 캐빈?

케빈: 저는 90 빼기 60이 30이라는 것을 알아요. 거기서 5를 더 빼면 25가 되요. 그 다음 92에 있는 2를 더하면 27이 되요. 그래서 1.27달러가 나왔어요. [케빈은 말하면서 OHP에 "90-60-5+2=27"라고 쓴다.]

K 교사: 케빈이 왜 2를 더했는지 말할 수 있는 사람?

잭키: 왜냐면 2는 92에 있기 때문이에요. 케빈은 맨 처음 90에서 시작해서 2를 다시 돌려놓은 거예요. 그는 65를 빼려고 60이랑 5를 뺐는데 이건 다 빼기예요.

K 교사: 누가 케빈의 방법과 키샤의 방법이 어떻게 같은지 말해줄 수 있니? [토의는 케빈의 방법이 키샤의 방법과 어떻게 같은지에 대해 이어졌다. 토의를 하는 동안, 한 학생은 케빈이 90에서 60을 뺀 것은 키샤가 동전으로 한 것과 정확히 같다고 말하였다.]

다섯 명의 학생들이 자신의 해결방법을 말하고, 그 방법들 사이의 유사점과 차이점을 설명한 후, K 교사는 다른 문제를 제시하였으며 전체적인 과정은 반복되었다. 전체 수학 수업 시간 동안 학생들이 푼 문제는 오직 세 개뿐이었다. 앞의 문제에서 K 교사는 아홉 명 학생들의 해결방법에 대한 설명을 들었다: 여섯 명의 학생들은 책상에서 K 교사와 이야기했으며, 세 명은 그룹토의를 하는 동안 설명하였다. 하루 동안 K 교사는 한 학급의 절반 이상의 학생들이 개인적으로 자신의 해결방법을 이야기하는 것을 들었다. 이틀 동안 모든 학생들은 교사에게 자신의 해결방법을 설명할 기회를 가졌고, 교사는 일부 학생과는 거의 매일 이야기를 나누었다.

K 교사는 학생들이 자리학습을 하는 동안에 많은 학생들과 이야기를 하기보다는 몇몇의 학생들과 충분히 이야기를 나누었다. 이것이 학생들에게 자신의 아이디어가 중요하다는 것을 전달하는 의사소통이었다. 학생들은 자신의 해법을 설명해야 된다는 것을 알았고, 그래서 그것들을 이해해야 할 필요성을 알았다.

이 일화에서 네 개의 교수 프로그램의 몇몇 특징들을 볼 수 있었다. 수학에서는 문제해결이 중심이 된다. 학생들은 자신들이 이미 알고 있는 지식들의 관계를 그림으로 나타내면서 문제를 해결하고, 자신이 했던 것을 반성하며, 자신의 생각을 분명하게 표현한다. 해결방법을 스스로 구성하였기 때문에 수학은 학생들 자신의 것이 된다. 학생들은 참여할 수 있는 적절한 과제와 문제해결을 도울 수 있는 교구를 가지고 있다.

네 개의 프로그램

다음 네 개의 프로그램에 대한 설명에서는 각 프로그램에 어떻게 수업을 적용시킬지에 대해 논의한다. 비록 각 프로그램에서 다양한 수학 주제들을 다루고 있지만, 이 장에서는 자리 값 개념, 여러 자리 수의 덧셈, 뺄셈과 관련된 이해와 기능을 발전시키는 것에 중점을 둔다.

인지학습 모형에 따른 수업(Cognitively Guided Instruction: CGI)

CGI 프로젝트는 위스콘신-매디슨 대학의 카펜터(Thomas Carpenter), 페네마(Elizabeth Fennema)와 로스앤젤레스에 위치한 캘리포니아 대학의 프랭크(Megan Franke)에 의해 진행되었다. CGI는 전통적인 의미의 교수 프로그램이 아니다. CGI는 명확하게 추천된 과제들은 없다. CGI는 학생들의 수학적 사고에 대한 교사들의 이해가 학생들이 이해를 수반한 수학을 학습할 때 도움을 주는 결정적인 요인이라는 관점에서 이루어졌다.

CGI 전문성 발달 프로젝트는 교사들이 학생들이 학습해야 할 것과 그들이 이미 알고 있는 것을 관련시키는 것을 도울 수 있도록 학생들의 사고를 잘 이해하는 것을 돕는 프로그램이다. 교사들은 그러한 지식을 사용하는 방법을 결정한다. 비록 특별한 교수 프로그램이 없더라도, 대부분의 CGI 교실에는 어떤 공통된 특징이 존재한다. CGI 교실에서 두 자리 수와 세 자리 수의 덧셈과 뺄셈에 관한 절차는 학생들이 작은 수에 대한 문제를 해결하는 데 사용하는 절차를 자연스럽게 확장시킴으로서 발달된다. 학생들이 학교에 입학할 때, 대부분의 학생들은 다양한 기초적인 문장제를 해결할 때, 활동이나 문제에 제시된 관계를 모델링하면서 문제를 해결한다.

처음으로, 학생들은 문제에 제시되어 있는 양, 활동, 관계를 나타내기 위해 몇 가지 종류의 산가지들을 사용하여 문제를 모델링한다. 시간이 지나 이러한 물리적인 모델링 전략은 학생들이 세기 전략과 수를 사용하면서 점점 추상화되고 생략된다. 본질적으로 큰 수의 문제에 대한 학생들의 해결방법에서도 이와 같은 패턴이 나타난다. 학생들의 상징적인 절차는 10 그룹핑을 통합할 때, 교구를 사용하는 직접적인 모델링 전략으로부터 발달한다([그림 4.1] 십진 블록 참고). CGI 교실에서는 한 자리 수와 여러 자리 수 모두가 포함된 거의 모든 수업에서 문장제를 다룬다. 저학년에서 교사들은 한 자리 수 산가지를 사용하여 모델링과 세기를 통해 문제를 해결할 수 있는 다양한 문장제를 학생들에게 제시하기 시작한다. 교사들이 문제해결방법을 증명하지는 않지만, 학생들이 각각의 문제를 해결하기 위해 고안한 대안적인 전략들에 대해 토의하는 데 많은 시간을 사용한다. 이러한 토의는 다른 학생들에게 모델을 제시하고, 자신의 해결방법을 반성하는 기회를 갖게 한다. 학생들은 처음으로 여러 자리 수에 대한 문제를 해결할 때, 이러한 한 자리 수에 대한 문제를 모델링하여 해결한다. 이러한 해결방법에서는 세기 능력 이상의 자릿값에 대한 어떠한 실제 개념도 요구되지 않는다. 자릿값 개념 그 자체를 주제로 다루는 특별한 수업은 거의 없다. 일반적으로, 학생들은 십진 블록이나 다른 십진 교구들을 사용하여 문장제를 해결하고 다른 친구들의 해결방법을 들으면서 자릿값 개념을 배운다. 십진 블록이나 10 큐브막대로 이루어진 쌓기나무와 같은 적절한 교구들은, 1 · 2학년의 학교생활 초기에 사용될 수 있다. 교사는 이용할 수 있는 십진 교구를 이용하지만, 교구를 사용하여 어떻게 수를 나타내고 문제를 해결하는지에 대해서는 제시하지 않는다. 처음에 학생들은 10의 그룹핑을 사용하지 않고, 비효율적인 방법으로 십진 블록을 사용한다. 예를 들어, 문제를 해결하기 위해서 10 막대의 한 칸을 일일이 센다. 10 막대는 한 칸을 일일이 셀 필요가 없는 편리한 교구이다.

교사의 도움을 받으면서, 일부 학생들은 10 막대가 1이 10개 모인 것이므로 일일이 셀 필요가 없다는 것을 깨닫게 된다. 학생들은 문제를 해결하기 위해 10막대를 세는 그들의 전략을 공유하면서, 점차적으로 다른 학생들도 좀더 효율적인 방법을 선택하게 된다. 곧 대부분의 학생들은 10 막대와 1을 이용해서 두 자리 수를 만들기 시작한다. 시간이 지나면서 학생들은 점점 십진 교구를 융통성 있고 효과적으로 사용하게 된다. 학생들은 교구를 좀더 능숙하게 다루면서, 점점 이러한 구체물의 조작에 덜 의존하게 되고, 구체물을 사용하여 자신의 해결방법을 추상화할 수 있게 됨으로써 조작 없이도 여러 자리 수의 덧셈과 뺄셈을 하게 된다.

일 년 동안, CGI 교실의 다양한 수준의 학생들은 자릿값 개념에 관해 서로 다른 수준의 지식을 형성했다. 한 가지 중요한 결과는 모든 학생들이 동시에 사용하는 일반적인 전략은 없다는 것이다. 학생들은 그 당시에 이해했던 전략을 자유롭게 사용한다. 어떤 수업에서든지 다양한 전략을 사용하기 때문에, 학생들은 다른 학생들과 상호작용하면서 더 나은 전략들을 학습할 기회를 갖게 된다. 그래서 학생들은 여러 문제에 대해 자신의 해결방법과 같은 문제에 대한 반 친구들의 다양한 전략 토의에서 나온 표현들 사이를 계속적으로 옮겨 간다. 다양한 표현에 관한 계속적인 토의와 다양한 표현방법들 사이를 옮겨 다니는 것은 학생들이 서로 다른 표현들 사이의 연결성을 알게 하는 데 도움이 된다.

개념학습 모형에 따른 수업(Conceptually Based Instruction: CBI)

CBI는 델타웨어 대학의 하베트(James Hiebert)와 워네(Diana Wearne)에 의해 진행되었으며 CGI와 많은 공통점이 있다. 또한 앞서 말한 토의는 다른 프로젝트에도 적용될 수 있다. CGI와 같이 CBI도 학생들로 하여금 서로 다른 표현에서 강조된 유사성과 차이점을 보게 함으로써 관계를 형성하는 것에 중점을 둔다. 외형적인 표현(구체물, 그림, 용어, 기호)들은 학생들이 문제를 풀고, 전략을 제시하고, 기록하며 자신들의 전략들을 의사소통하는 도구로 사용할 수 있다. 십진 블록과 같은 교구가 소개되면, 학생들로 하여금 지속적으로 교구를 사용하도록 하고, 교구의 사용과 연결이 익숙해지도록 한다. 교실 토의는 어떻게 교구를 사용하였고 그 사용법의 유사점과 차이점은 무엇인지에 중점을 두어 이루어진다.

가장 중요한 목표는 학생들이 서로 다른 표현 형태에 대해 편해지도록 돕고, 그러한 형태 사이의 관계를 형성하는 것이다. 각각의 표현 형태는 특정한 방법의 전략들을 제공하고 강조한다. 예를 들어, 십진 블록은 특히 덜어내기 활동을 요구하는 것을 학생들이 인식한 뺄셈 상황에서 리그룹핑(regrouping) 전략을 제공한다. 이러한 상황 안에서 문자와 물리적인 전략 사이의 관계를 토의하는 것은, 학생들이 뺄셈에서 리그룹핑(학생들은 처음 수보다 더 큰 수를 빼기 위해 1개의 10을 10개의 1로 바꾸어야 함)을 사용하는 것을 분명하게 할 수 있도록 한다.

교실 수업은 보통 일반적인 주제나 시나리오에서 도출한 몇 개의 문제를 해결하는 것으로 구성된다. 그 문제들은 학생들이 이미 알고 있는 전략을 이용하거나 새롭고 더욱 효과적인 전략으로 해결할 수 있도록 구성되었다. 이러한 특징은 이전의 지식과 새로운 지식을 연결하도록 의도되었다. 구체물 이용과 말로 하는 이야기는 수량화하기 위한 초기의 표현으로 사용된다. 학생들이 조작한 교구는 편리성과 학급의 토의에 초점을 두어 사용되었다. 마침내, 기호는 사용된 다른 표현들에 대해 탐구하고 논의하며 제시된 학생들의 문제해결전략을 기록하기 위한 효과적인 도구가 된다. 일단 특별한 표현방법이 소개되면 계속적으로 이전의 방법과 호환해서 사용된다. 처음 며칠 동안은 오로지 십진 블록만 사용해서 문제를 해결한다. 그 이유는 (a) 모든 학생들이 십진 블록의 특징에 익숙해지도록 하기 위해, (b) 모든 학생들이 참여할 수 있는 상황에서 교실 토의를 하기 위해(즉 토의 대상이 비교적 분명하고, 모든 학생들이 토의 대상을 똑같이 친숙하게 느끼도록), (c) 나중에 학생들의 발견과 설명을 지지하기 위한 참고가 될 만한 토대를 제공하기 위함이다(즉 학생들이 자신의 전략을 설명하거나 옹호할 때, 십진 블록은 학생들을 위하여 대상(관련항)을 준비하는 것으로 여겨질 수 있다).

학생들이 블록을 사용해본 후에, 학생들은 기호를 사용하고, 블록과 기호를 동시에 사용하면서 보다 정교한 전략을 개발한다. 각 학생들은 블록 세트를 가지고 있으며 항상 사용할 수 있다. 1학년 말에 대부분의 학생들은 블록과 같은 도구에 익숙해질 것이다. 적어도 학생들은 블록을 기본적으로 사용할 수 있고 두 자리 수의 덧셈이나 뺄셈을 위한 새롭게 개발한 전략이나 생각한 전략 또는 기록한 전략의 결과를 검산하는데 사용될 수 있다. 2학년 말쯤에 대부분의 학생들은 두세 자리 문제를 풀 때 기호를 사용하겠지만, 블록은 답을 검산하거나 새로운 유형의 문제해결전략을 개발하는데 사용될 수 있다.

십진법 사고 지원(Supporting Ten-Structured Thinking: STST)

STST 프로젝트는 노스웨스턴 대학의 퍼슨(Karen Fuson)에 의해 진행되었다. STST 교실에서의 수업은 가장 명확한 안내를 제공하며 네 개의 프로젝트의 표현들 사이를 연결하도록 지원하고 있다. 다른 세 개의 프로젝트처럼 여러 자리 수 계산에 대한 절차는 기존 절차의 습득보다는 문제해결의 관점에서 다루기 위하여 개별적으로 또는 협동을 통해 학생들 스스로 구성하였다.

STST와 다른 프로젝트들과의 차이점은 (a) 여러 자리 수와 연산에 의미를 부여하기 위해 표현 형식 간의 연결이 더 명확하게 다루어진다는 점과, (b) 학생들은 문제해결전략과 문제상황의 의미를 제공하기 위하여 명확한 개념적 지원을 받는다는 점이다.

학생과 교사들이 두세 자리 수의 덧셈과 뺄셈에 대해 토의할 때, 지속적으로 수사, 숫자, 양 사이의 관계를 명확하게 한다. 처음에 학생들은 덧셈과 뺄셈에 대한 상징적인 절차와 십진 블록이나 1, 10, 100을 보여주는 다른 교구들을 활용한 연산 사이의 연결을 명확하게 나타내고자 한다.

또한, 학생들은 자신이 발견한 해결 절차를 설명할 때, 절차와 타당한 구체물 조작을 일치시켜 보여줌으로써 절차의 각 단계가 어떻게 연결되는지 정당화할 수 있다고 생각한다. 예를 들어, STST 교실에서 케빈의 방법이 이것을 설명할 수 있다.

케빈: 저는 90빼기 60이 30이라는 것을 알아요. 거기서 5를 더 빼면 25가 되요. 그 다음 92에 있는 2를 더하면 27이 되요.

교사: 케빈, 블록으로 보여줄 수 있니?

케빈: 92에서 65를 빼려고 해요. 그래서 처음에 92를 가지고 있었어요. [10짜리 9개와 1짜리 2개] 그래서 처음에 90에서 60을 빼요. [10짜리 6개를 뺀다.] 그

래서 남은 30에서 [10짜리 3개를 가리킨다] 5를 더 빼야 해요. [10짜리 1개를 1짜리 10개로 바꾸고 거기서 5개를 뺀다.] 이렇게 해서 25가 남았고 [10짜리 2개와 1짜리 5개를 가리킨다] 이 2를 더해서[원래의 92에 있던 1짜리 2개를 밀며] 27이예요.

여기서 중요한 점은 처음 해결방법의 각 단계와 블록의 조작을 직접적으로 일치시켰다는 것이다. 그들은 동시에 해결하였고, 십진 블록을 가지고 어떻게 해결하는지를 나타내면서 각 단계를 설명하였다. 이것은 학생들이 써놓은 해결방법과 상응하는 물리적 표현과의 관계를 설명함으로써, 그들의 해결방법을 말로 표현하고 정당화하는 것을 보여준다. 연산 기호와 구체물 조작의 일치를 설명하면서 다른 학생들의 방법을 단순하게 모방하기보다는 학생들이 발견한 자신만의 해결방법을 이해하도록 한다.

문제중심 수학 프로젝트(Problem-Centered Mathematics Project: PCMP)

PCMP는 남아프리카의 스텔렌보쉬(Stellenbosch) 대학의 휴먼(Piet Human), 올리비에(Alwyn Olivier), 머레이(Hanlie Murray)에 의해 진행되었다. PCMP 교실 수업의 목표는 학생들이 점점 더 수의 추상적인 단위를 구성하고 사용하도록 돕는 것이다. 처음에 어린 학생들은 오직 27개의 물건들만이 27이라는 숫자와 같다는 의미를 갖게 된다. 이는 5나 9처럼 결과를 세는 수이고, 수의 자릿값 개념에 대한 이해는 없다. 목표는 학생들이 수가 여러 의미를 갖고 있다는 것을 알도록 돕는 것이다. 게다가 27이라는 수는 20과 1이 7개 또는 25와 1이 2개 등과 같은 의미를 갖는다.

PCMP 수업의 기본적인 접근은 학생들이 10을 포함한 서로 다른 단위들에 대한 개념을 더 정교화하도록 돕고, 추상적인 세기 전략과 학생 스스로 만들어낸 계산 알고리즘을 장려함으로써 세기 기반의 의미에 대한 개념을 형성하도록 하는 것이다. PCMP 교실에서 수 개념의 발달은 학생들이 협력하여 구성한 계산적인 알고리즘으로 이루어지며, 이 둘 사이의 차이는 거의 없다. 학생들은 자신의 지식수준에 적합한 문제해결 방법을 사용한다. 예를 들어, 어떤 학생들은 28+15를 계산할 때, 산가지를 하나씩 세어서 해결하는 학생이 있을 수 있고, 좀더 정교화된 수 개념을 통해 십의 자리와 일의 자리를 따로 더하기 위해 수를 분해하는 학생(예를 들어, 20+10은 30이고, 8을 더하면 38이고, 2를 더하면 40인데, 5에서 남은 3을 더하면 43이 됨)이 있을 것이다.

학생들은 10 그룹핑을 기본으로 구체화시킨 십진 블록과 같은 구조화된 도구를 사용하지 않는다. 대신, 산가지를 사용하여 열 개씩 모아 놓고 센다(즉, 10, 20, 30, 31,

32, 33, 34). 십의 자리 수와 일의 자리 수가 다양하게 표시된 숫자 카드를 가진 학생들은, 34를 나타내기 위해 30과 4를 꺼내 4를 30의 0 위에 놓는다. 이 단계에서 두 자리 숫자의 표현은 두 숫자(십의 자리와 일의 자리 수)를 한 곳에 나란히 둠으로써 다루어진다.

계산 절차는 조작적 교구를 통한 연산과 연결하기보다는 직접적으로 학생들의 수 개념과 수 연산의 특성에 대한 지식을 바탕으로 형성된다. 어떠한 계산 절차라도 주어진 과제를 학생들이 어떻게 해결하는지 알고 있는 한 개 이상의 쉬운 과제로 변형하는 경우가 포함된다. 동형이지만 좀더 쉬운 과제로 변경하는 과정은 다음의 세 가지 하위 과제로 구분될 수 있다: (a) 숫자 바꾸기, (b) 주어진 계산 과제 바꾸기, (c) 계산하기. 예를 들어, 24+38 문제의 숫자를 24=20+4, 38=30+8로 바꿀 수 있다. 계산 과제 (20+4)+(30+8)은 동형 과제인 [(20+30)+4]+8로 바꿀 수 있다. 결과적으로 계산은 20+30=50, 50+4=54, 54+8=62처럼 익숙한 수 개념에 관한 지식과 이미 알고 있는 수 조합에 대한 회상을 기반으로 하는 과제를 포함한다.

표준화된 세로 덧셈 알고리즘은 그렇게 완전한 변형에 따라 좌우되지만, 변형은 감춰져 있다. 표준화된 세로 덧셈 알고리즘을 사용할 때, 학생들은 종종 실제로 20과 30을 더한다는 사실을 잊고, 수의 열과 관련된 측면에서 생각하여 5+8과 2+3을 생각한다. PGMP 교실에서는 이 과정을 개념적 수준에서 실행한다: 학생들은 2+3이 아닌 20+30으로 생각한다. 학생들은 절대로 표준화된 세로 덧셈 알고리즘을 사용하라고 요구받지 않는다. 교수적 접근은 인지적 과정의 발달에서 교사와 학생, 학생과 학생 간의 협상, 상호작용, 의사소통의 역할을 강조한다.

소그룹으로 구성된 학생들이 문제를 풀기 시작한다. 학생들은 용어나 기호에 대한 교사의 적절한 도움을 받으며 자신들의 방법을 말과 글로 표현한다. 또한 학생들은 다른 전략들에 대해 토의하고, 비교하고, 반성하며, 다른 학생들의 설명을 이해하려고 노력한다. 이로 인해 학생들 서로에게서 배운다. 학생들은 자신의 해결방법을 반성해 보고 다른 학생 및 교사와 토의함으로써 더 정교한 수 개념을 형성하게 된다.

교사들은 학생들의 이용 가능한 인지 구조를 이해하고 해석하기 위해, 비-평가적인 태도로 학생들의 설명과 정당화를 받아들이기 위해, 학생들의 이야기를 듣는 데 상당히 많은 시간을 할애한다. 이는 교사로 하여금 학생들의 발달을 촉진하는 데 적절한 학습 경험을 제공할 수 있도록 한다.

이해발달의 공통점과 차이점

수학적 이해의 정신적 활동과 관련된 여섯 가지 형태는 네 개의 모든 프로그램에서 명확하게 나타난다. 관계 구성을 위한 기회 제공이 각 프로그램의 정의된 특징이지만, 각 프로그램은 약간씩 다른 관계를 강조하고 학생들이 다른 방식으로 관계를 구성하도록 돕는다. 프로그램들이 다음의 네 가지 관점을 다룬다는 점에서는 많은 점이 유사하다.

관계 구성하기

네 개의 프로그램 속 교실 수업에서는, 명시적으로 만들어진 표현 양식 내에 또는 표현 양식들 사이를 연결하는 과제를 해결하는 대부분의 시간을 보낸다. 학생들은 여러 가지 표현을 포함한 다양한 전략들을 토의한다. 기초적인 수 개념과 명확하게 나타난 연산의 특성을 연결하는데 상징적인 절차를 활용한다. 학생들에게 따라야 하는 절차를 제시하지 않으며, 학생들이 해야 하는 것에 대한 이해 없이 학생들은 기호 조작에 참여하지 않는다. PCMP에서는 표준화된 세로셈 알고리즘을 절대 소개하지 않았고, 다른 세 개의 프로그램에서도 학생들이 여러 자리 수와 절차에 관해 이해를 할 때까지 덧셈과 뺄셈의 세로셈 알고리즘 활용에 대하여 다루지 않았다. 네 개의 모든 프로그램에서는 계산하는 기술을 연습하는 것보다 학생들의 지식을 연결하는 것을 확실하게 하는 데 더 많은 시간을 할애하였다.

새로운 개념과 절차를 기존의 지식과 연결하는 것을 확실하게 하는 네 개의 프로그램에서 중요한 특징은 여러 가지 수를 학습하는 것을 포함한 모든 학습이 문제해결활동으로 이루어진다는 것이다. 학생들은 알고리즘을 배우지 않는다. 학생들은 스스로 자신의 방법을 구성한다. 그러므로 학생들은 이해되지 않는 절차를 따라할 이유가 없다. 학생들 스스로가 각 단계를 결정하는 사람이므로 학생들은 절차상 각 단계의 이유를 인지하고 있다. 다시 말해, 학생들은 그들 자신의 절차를 구성하고 설명하기 때문에 그 절차상의 단계들을 그들의 목적과 연결지을 수 있다.

네 개의 모든 프로그램이 학생들에게 지금의 수 개념과 절차를 이전에 학습한 개념과 절차에 연결하는 기회를 많이 제공한다하더라도, 연결성의 본질과 이러한 연결성이 형성되는 방법에 있어서 프로그램들 사이에는 기본적인 차이가 있다. 차이점 중 하나는 표현 양식들 사이 또는 그 안에서 연결성이 하는 역할에 있다. 이러한 차이점은 학생들의 도구 사용에서 분명하게 나타난다. PCMP에서는 십진 블록과 같은 구조화된 십진 도구를 사용하지 않지만, 나머지 세 개의 프로그램에서는 구조화된 십진 도구가 중요한 역할을 한다.

구조화된 십진 도구를 사용한 세 개의 프로그램에서는 그 도구를 사용한 방법에서 결정적인 차이가 있었다. STST에서는 십진 블록과 기호를 사용한 연산 간의 연결성에 중점을 두었다. 기호적 절차의 각 단계는 십진 블록에 상응하는 연산과 연결지었다. CBI에서 단계별 맵핑은 특정 절차를 정당화하는 한 방법으로 교실 토의를 사용한다. 그러나 단계별 맵핑에서 일부 학생들에게 블록을 이용한 절차와 기호를 이용한 절차를 동시에 발달시키도록 하지 않았다. 먼저 블록을 이용한 다음에 블록의 절차를 반성함으로써 기호를 사용했다. CGI에서는 블록을 이용한 조작이 일반적으로 기호에 대한 단계별 조작에 연결되지 않는다. 기호적인 절차는 블록을 이용한 더욱 효율적인 변형된 절차로써 나타난다. 학생들이 자신만의 기호적 절차를 만들어내는 과정에서 블록을 통한 연산을 끌어냄으로써, 블록과 기호 사이의 연결을 구성한다.

학생들이 블록을 가지고 어떻게 문제를 해결했는지 설명하도록 하는 것은 십진 블록을 통한 물리적 모델링 전략을 좀더 추상적인 기호적 절차로 확장하는데 결정적인 역할을 한다. 학생들이 10을 조합하고 10을 1로 바꾸는 것에 대해 이야기할 때, 구체물을 이용한 연산에 대한 그들의 구두적 설명은, 구체물을 대신하여 그들이 발견한 기호적 절차와 매우 흡사했다.

네 개의 프로그램에는 구조화된 연결성의 순서에 있어 차이점이 있다. CBI 프로젝트에서는 학생들이 여러 자리 수의 덧셈, 뺄셈과 관련된 문제를 받기 전에, 여러 자리 수의 개념을 발달시키도록 고안된 그룹핑 과제에 상당한 시간을 보내는 반면, 다른 세 개의 프로젝트에서는 여러 자리 수의 개념에 대한 학습은 출발부터 여러 자리 수의 덧셈과 뺄셈을 더욱 통합하였다.

수학적 지식을 확장하고 적용하기

네 개의 프로젝트에 참여한 학생들은 그들의 수학적 지식을 확장하고 적용하는 것을 배운다. 왜냐하면, 네 개의 프로젝트는 모든 지식이 어떻게 생성되는지에 대한 것이기 때문이다. 새로운 절차에 대한 학습은 학생들이 기본적인 수 개념과 절차에 대한 지식을 확장함으로써 새로운 절차를 구성하도록 하는 문제해결과제로 이루어진다. 모든 과제는 문제상황이 함께 제시된다. 결과적으로, 학생들은 나중에 문제를 해결하는데 적용할 수 있는 계산적인 절차를 배우지 않고, 문제를 해결하기 위해 문제의 상황 속에서 절차를 배운다.

반성과 명확한 표현

모든 프로젝트에서 반성은 학생들의 수학적 사고를 발전시키는 데 중요한 역할을 한다. 학생들은 구체물을 조작하거나 초등학교 세기 전략에 대한 반성을 통해 좀더 성숙되고 추상적인 덧셈과 뺄셈 전략을 개발한다. 학생이 반성 활동을 할 수 있도록 하는 최선의 동기 중의 하나는 지속적으로 그들의 해결과정을 명확하게 하도록 하는 교실 규범이다. 규칙적으로 학생들이 어떻게 문제를 해결했는지 설명하고 이 해결방법의 공통점과 차이점은 무엇인지에 대하여 의견을 협상하면서, 학생들은 좀더 반성적이고, 명확하게 자신의 생각을 설명하게 된다.

교실에서 문제해결환경을 확립하는 가장 중요한 요소 중의 하나는, 어떠한 주어진 문제를 해결하기 위하여 학생들이 사용한 전략에 대하여 설명하도록 하는 것이다. 학생들은 교사, 다른 학생들 그리고 반 전체에게 문제를 어떻게 해결했는지를 이야기한다. 대안적인 전략들에 대한 토의는 학생들의 사고를 명확하게 하고 반성하게 하는 기회를 제공할 뿐만 아니라, 대안적인 전략들을 병치하고 전략들 사이의 유사점과 차이점을 토의함으로써 전략들 사이에서 관계를 형성하도록 하는 기회를 제공한다. 또한 학생들에게 그들의 전략을 다른 방식의 다른 문제에 어떻게 적용할 수 있는 지에 대해 토의할 기회를 제공하고, 자신의 전략들이 가치 있다는 것을 다른 학생들에게 전달한다.

이와 같이 대안적인 전략들에 대한 토의는 학생들에게 그들의 사고를 분명하게 표현하는 기회를 제공할 뿐 아니라, 수학적 이해를 발현하는 다른 정신적 활동 네 가지의 형태를 발전시키는 기초를 제공한다.

소유의식

네 개의 프로젝트에 참여한 학생들 모두 개인적으로 문제에 대한 자신만의 해결방법을 구성했다. 교사들은 학생들에게 따라해야 하는 절차를 거의 제시하지 않았다. 교실 규범은 각 학생들이 자신의 해결방법을 설명하는 기회를 갖도록, 각 학생들의 아이디어를 모두가 잘 듣고 중요하게 여기도록 정립되었다. 문제해결을 위해 절차를 구성할 때, 학생들은 그들 스스로 학습에 대한 책임감을 가졌다. 그들은 수학이 의미가 있고, 그것을 이해할 수 있다는 것을 깨달았다.

결론

방법에서 좀 다를지라도 학생들에게 중요한 연결성을 발달하도록 기회를 제공하는 것이 네 개 프로그램의 주요 특징이다. 네 개의 모든 프로그램에서 강조하고 있는 연결성과 학생들이 연결성을 갖도록 돕는 방식이 다르더라도, 상징적인 절차와 학생들이 이미 이해한 좀더 기초적인 표현과 절차를 어떻게 연결하는지 확인하는 것이 가능하다. 모든 사례에서 이러한 연결성을 만드는 것은 일관된 수업의 중점이다.

이 네 개 프로그램의 가장 큰 차이는 연결성을 갖기 위해 사용한 도구와 과제지만, 모든 경우에서 수업의 주된 목적은 과제와 도구가 학생들의 중요한 연결성을 형성하도록 돕는 것이다. 각 프로그램은 학생들이 지식을 확장하고, 수학적 경험에 대해 반성하고, 이미 알고 있는 것을 명확히 하고, 소유의식에 대한 감각을 발달시키도록 교실 규범을 확립했다는 점에서 매우 유사하다.

이 모든 것은 교사들이 학생들의 사고를 이해할 때 가능하다. 그래서 교사들은 학생들이 기존 지식과 연결을 하면서 지식을 확장하는 것을 도울 수 있다. 학생들이 특정한 수학적 아이디어를 어떻게 개발하는지 알아야 하고, 그들이 아는 것과 어떤 과제가 그들의 지식을 확장하고 세련되게 하는데 도움이 되는지 알기 위해 학생들이 문제를 해결하는 방법을 교사들은 계속적으로 들어야 한다. 학생들의 아이디어를 들음으로써, 교사들은 모든 사람들의 생각이 존중되는 교실 규범을 만들기 위해 도움이 되는 모델을 제공한다. 이것은 학생들이 자신의 생각을 가치 있게 생각하고 반성하게 한다. 이 장에서 묘사된 교실처럼 만들기 위해 교사가 해야 할 일이 있다면, **그것은 학생들에게 그들의 생각에 대해서 묻고, 학생들의 생각을 이해하기 위하여 들어야 한다는 것이다.**

더 읽을거리

Hiebert, J., Carpenter, T. p., Fennema, E., Fuson, K., Human, P., Murray, H., Olivier, A., & Wearne, D. (1997). *Making sense: Teaching and learning mathematics with understanding.* Portsmouth, NH: Heinemann.

Cognitively Guided Instruction

Carpenter, T., Fennema, E., & Franke, M. L. (1996). Cognitively Guided Instruction: A knowledge base for reform in primary mathematics instruction. *The Elementary*

School Journal, 97, 3-20.

Fennema, E., Carpenter, T. P., Franke, M. L., Levi, L. W., Jacobs, V., & Empson, S. B. (1996). A longitudinal study of learning to use children's thinking in mathematics instruction. *Journal for Research in Mathematics Education, 27,* 403-434.

Conceptually Based Instruction

Hiebert, J., & Wearne, D. (1993). Instructional tasks, classroom discourse, and student learning in second grade. *American Educational Research Journal, 30,* 393-425.

Hiebert, J., & Wearne, D. (1996). Instruction, understanding, and skill in multidigit addition and subtraction. *Cognition and Instruction, 14,* 251-283.

Supporting Ten-Structured Thinking

Fuson, K. C., & Smith, S. T. (1995). Complexities in learning two-digit subtraction: A case study of tutored learning. *Mathematical Cognition, 1,* 165-213.

Fuson, K. C., & Smith, S. T., Lo Cicero, A. M. (in press). Supporting Latino first graders' ten-structured thinking in urban classrooms. *Journal for research in Mathematics Education.*

Problem-Centered Mathematics Project

Murray, H., Olivier, A., & Human, P. (1992). The development of young students' division strategies. In W. Geeslin & K. Graham(Eds.), *Proceedings of the Sixteenth International Conference for the Psychology of Mathematics Education: Vol. 2*(pp. 152-159). (ERIC Document Reproduction Service No. SE 055 811)

Olivier, A., Murray, H., & Human, P. (1990). Building on young children's informal arithmetical knowledge. In G. Booker, P. Cobb, & T. N. de Mendicuti(Eds.), *Proceedings of the Fourteenth International Conference for the Psychology of Mathematics Education: Vol. 3*(pp. 297-304). (ERIC Document Reproduction Service No. SE 057 623)

제5장

공간에 대한 수학적 이해를 발달시키기 위해 학생들의 직관에 기초하기

Richard Lehrer
University of Wisconsin-Madison

Cathy Jacobson
University of Wisconsin-Madison

Vera Kemeny
University of Wisconsin-Madison

Dolores Strom
University of Wisconsin-Madison

학생들은 공간에 대해 풍부하고 다양한 비형식적 경험을 가지고 학교에 온다. 학생들은 실세계에게 공간과 형태를 보면서 원근, 대칭, 닮음에 대한 직관을 형성한다. 걸어서 이웃집에 갈 때도 학생들은 거리, 방향, 이들의 구성요소(예, 경로)에 대해 추론한다. 그들이 본 것을 그릴 때에도 학생들은 공간적 요소를 사용하여 표현함으로써 의사소통한다. 블록, 이쑤시개, 팅커토이(Tinkertoys)로 구조물을 만들 때, 학생들은 먼저 구조물의 모양이나 형태가 기능적인 면(예, 둥근 형태는 돌릴 수 있지만 대부분의 다른 형태는 돌릴 수 없음)과 구조적인 면(예, 몇몇 구조물은 하중을 견딜 수 있지만 다른 것들은 그렇지 않음)에서 어떤 역할을 하는지를 경험한다. 이와 같은 매일의 경험과, 이러한 경험에 참여하는 동안 계속적으로 발달시켜 온 학생들의 비형식적 지식은 공간, 즉 기하에 대한 수학적 이해를 발달시키는 데 발판이 된다. 예를 들어, 걷기를 통해 형성된 위치감각과 방향감각은 좌표 평면, 나침반 방향, 지도, 활동적 로고 모델과 같은 다양한 방식을 통해 수학적으로 정교화될 수 있다. 이러한 수학적 사고 또한 학생들의 경험에 기초하며(예, 도시 블록의 좌표 평면, 학생 그림의 지도) 동시에 이들 경험은 공간 세계에 대한 수학적 감각을 형성하는데 훌륭한 밑바탕이 된다.

그러나 공간적 경험은 단지 이후 수학적 발달을 위한 기초를 제공할 뿐이다. 본 연구에서는 공간에 대한 수학적 추론 능력이 매일의 상황이나 이른 시기에 전통적인 수학 수업을 통해 접한다 하더라도 서서히 발달해 나간다고 말한다. 공간에 대한 수학적 추론 능력은 저절로 발달하지 않으며, 초등학교에서는 추론의 형태를 충분히 제공하지 않기 때문에, 우리는 초등학교 교사 그룹과 협력하여 수학적 공간과 기하에 대한 이해를 촉진하는 교실을 설계했다. 동시에 우리는 학생들이 장기간에 걸쳐 공간에 대한 추론의 기회를 가질 때, 학습 궤도의 특징을 찾고자 했다. 교사들은 공간과 기하에서 한 가지 이상의 핵심 아이디어를 이해하는 데 도움을 줄 수 있는 문제나 과제를 개발하거나 변형하였다. 예를 들어, 학생들은 변환과 대칭에 대해 배우기 위해 퀼트를 디자인하거나(이 책의 제8장 카푸 참조), 원근과 3차원 구조에 대한 이해를 발달시키기 위해 모형 건물을 위, 옆, 앞에서 본 모양을 그렸다. 교사들은 학생들이 자신의 해결 방법과 이해를 분명히 표현하고 정당화하는 교실 대화를 조직하였다.

우리는 다음 네 가지 관련 영역에서 학생들의 경험을 기반으로 했다: (a) 대규모 공간, 특히 길 찾기-위치, 방향, 크기로 안내, (b) 그림-공간을 시각화, 모델링하기 위해 지도나 관련 방법으로 안내, (c) 공간, 형태와 관련된 원근 및 물리적 경험-차원, 분류, 변환으로 안내, (d) 초기 수-길이, 넓이, 부피의 측정으로 안내. 우리는 초등학교 교실 사례를 통해 학생들의 비형식적 지식이 숙련된 교사의 안내를 받아 어떻게 수학적 이해로 나타나는지 기술하여 본 연구의 접근법을 제시한다.

길 찾기에서 지도화하기까지

걷기 활동을 어떻게 수학적 이해와 관련지을 수 있을까? 2학년을 담당하는 클레멘트 선생님이 만든 간단한 과제를 살펴보자. 교실 바닥에 X라는 마크를 붙인 후, 짝 활동을 통해 교실의 다양한 위치와 방향에서 출발하여 친구에게 X 지점을 찾게 할 수 있는 지시어를 기록하도록 했다. 학생들은 처음에 이 과제가 간단하다고 생각했지만, 곧 방향을 명확히 정하는 것은 간단한 일이 아님을 알아챘다. 예를 들어, "걷다가 방향 바꾸기" 같은 지시어는 친구에게 X가 아닌 곳을 가리키도록 했으며, 발걸음으로 길이를 측정했던 학생들은 곧 친구들의 발걸음이 모두 같은 길이가 아님을 인식하였다.

클레멘트 선생님은 이렇게 작게 시작하여 일 년 내내 다른 수학적 아이디어와 연관시키기 위해 길 찾기 활동 영역을 확장시켰다. 이는 네비게이션(자성이 있는) 나침반과 같은 수학적 도구를 도입하고, 발자국과 같은 수학적 표현 형태를 개발함으로써 길 찾기를 만들었다. 네비게이션 나침반은 방향을 생각하기 위한 새로운 기본 틀을 제공한다: 네비게이션 나침반에서 방향은 지구 자기장에 의해 통제되므로 더 이상 걷는 사람에 따라 상대적이지 않고, 절대적일 수 있다. 발자국이 걷는 활동에서 분리되었기 때문에 학생들은 단순히 거리를 이동하는 수단이 아닌 거리 측정을 위한 발에 대해 추론할 수 있었다(길이 측정에 대한 학생들의 아이디어는 본 장의 마지막 섹션에 기술되기 때문에, 여기서는 더 이상 걷는 발에서 측정하는 발로 발전시키지 않는다).

다른 과제와 도구들도 위치, 방향, 거리에 대한 학생들의 사고를 확장시켰다. 예를 들어, 학생들은 컴퓨터 도구인 로고를 사용하여 자신의 마을, 학교 운동장과 같은 대규모 공간에서 경로를 표시하는 활동을 했는데, 이는 거리와 방향에 대한 반성을 촉진하는데 도움을 주었다. 그것은 축척에 대한 아이디어를 도입시켰다: 컴퓨터 스크린에서 거북이가 이동한 거리는 사람들이 걷는 동안 이동한 거리와 어떻게 관련되는가? 학생들은 이야기를 읽었고(클레멘트 선생님의 교실에서는 수학연결 교량으로서 자주 활용되는 학생들 이야기를 반성함), 이를 바탕으로 가상 마을 지도로 그린 다음, 나침반의 방향과 단위 길이 측정(유니픽스의 한 변의 길이)을 포함하여 제설차의 이동 방향을 기록했다([그림 5.1] 참조).

[그림 5.1] 제설차의 이동 방향을 나타내는 가상 마을 지도(2학년)

또한 이러한 활동 형태는 학생들이 공간에 대한 모델로서 지도에 대한 깊은 이해를 발달시킬 수 있도록 한다. 한 3학년 학생이 학교 운동장 지도 그리기를 시작할 때부터 마칠 때까지의 노력은 이러한 이해의 발달을 전형적으로 보여준다. 라이언이 학교 운동장을 그린 초기 지도는 [그림 5.2 (a)]에서 볼 수 있다. 지도가 그림과 매우 유사하다는 것에 주목하라. 가장 좋아하는 놀이 구조물이 대부분의 공간을 차지한다. 앞서 기술한 것과 유사한 과제에 참여한 후, 라이언은 지도를 수정했다. 수정은 거리, 방향, 각, 축척, 원점에 대한 생각을 반성하고 표현하기 위한 준비 단계 역할을 했다(즉, 지도는 한 점에서 다른 점까지 조금씩 구성되어야 하는가? 아니면 모든 것을 중심점과 관련시켜 그려야 하는가?). [그림 5.2 (b)]는 라이언이 이 문제를 어떻게 해결했는지 보여준다. 네 번째로 수정된 지도는 그림과는 훨씬 다르며 거리, 방향, 축척을 측정하기 위한 규칙을 포함하고 있는 것에 주목하라. 또한 수정된 지도는 대규모 공간을 표현하기 위해서 (극)좌표체계를 만드는 데 거리, 방향과 같은 아이디어를 어떻게 사용할 수 있는지에 대한 이해를 제시한다.

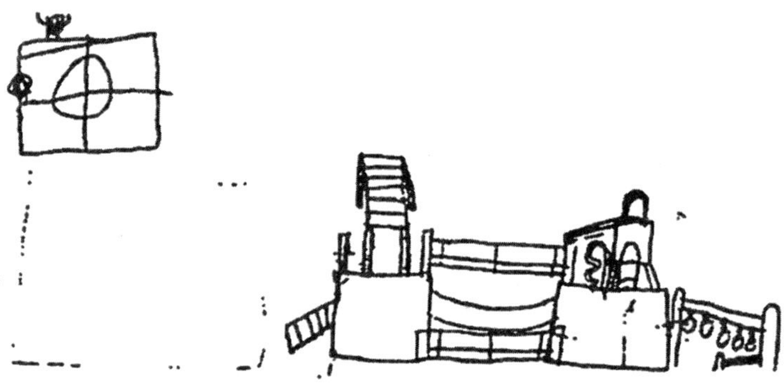

(a)

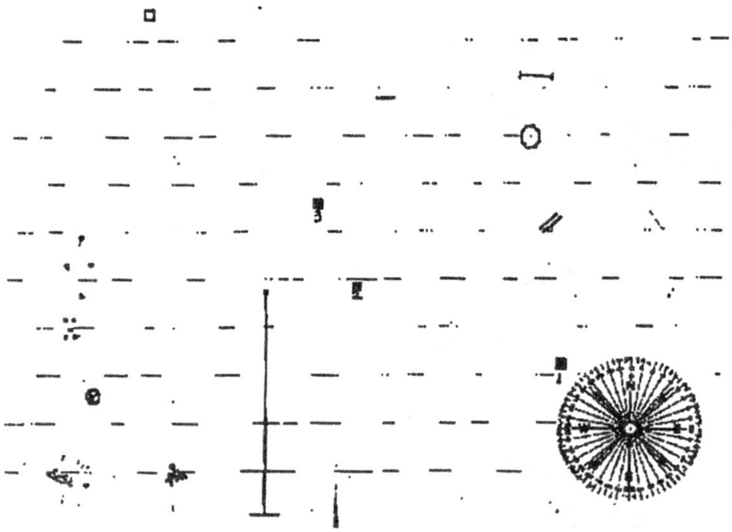

(b)

[그림 5.2] 학교 운동장을 나타낸 라이언의 지도(3학년) (a) 놀이 구조물을 회화적으로 표현하는데 초점을 둔 초기 지도, (b) 거리, 방향, 축적에 대한 이해를 반영하여 최종적으로 수정된 지도

요약

걷고 그리는 경험은 위치, 방향, 거리에 대한 수학적 기술을 발달시키기 위해 출발점의 역할을 한다. 한 위치에서 다른 위치로 가는 방법을 찾으면서, 학생들은 거리와 방향을 측정하는 것과 측정 결과를 나열하여 경로를 표현하는 것을 배운다. 로고의 거북이를 움직여 경로를 나타내는 활동은 학생들이 거리, 방향, 측정에 대한 새로운 이해를 명확히 표현하고, 반성하도록 돕는다. 이러한 이해는 교실, 운동장과 같은 공간을 지도로 그리는데 활용된다. 공간을 지도로 그리는 것은 (극)좌표 체계에 대한 이해의 발달을 촉진하며(예, 라이언의 수정된 지도), 나아가 매일의 경험에서 공간에 대한 새로운 관점이 발달할 수 있도록 돕는다.

그림에서 도형으로

공간에 대한 이해를 발달시키기 위한 거의 모든 시도는 자발적인 발견과 기록의 사용을 포함한다. 학생들의 초기 기록은 대개 그림을 그려본 풍부한 경험과 그들이 본 것을 그대로 표현하려는 노력에 의해 나타난다. 이해를 촉진시키는 교실에서 그리기(비록 혼자만 흥미로울 때가 많지만)는 수학적으로 흥미로운 공간 요소를 선택하여 풍부하게 다루는 표상(즉 다이어그램, 관련 기호 체계)으로 변형될 수 있다. 예를 들어, [그림 5.2]에서 보듯 라이언의 초기 지도에서 최종 지도로 변화하는 과정에서 명확하게 나타난 선택에 대한 결정과 표현 수단을 떠올려 보라. 지도는 겉으로 보이는 것보다 더 많은 것이 변했다. 결국 그것은 운동장을 라이언이 스스로 실행하고 고려할 수 있는 대상으로 만드는 수단이 되었다. 공간을 지도로 표현하는 과정에서 이미 알고 있었지만 검토하지 못했던 위치, 거리, 방향, 축척에 대한 아이디어와 그것을 기호로 나타내는 수단에 대해 생각하는 것은 의미 있는 일이 되었다.

이해의 발달은 종종 라이언처럼 공간에 대하여 기록하는 것을 의미하며, 그 과정에서 수학적으로 중요한 정보는 강조되고 수학적 관련성이 없는 특징은 무시하게 된다. 예를 들어, [그림 5.3]은 멜리사가 그린 시리얼 상자 전개도(삼차원 모양을 만들기 위해 접어야 하는 2차원 그림)의 변화를 보여준다. 1학년인 멜리사가 본 것과 쓴 것 사이의 상호작용에 주목하라. 멜리사가 처음에 그린 전개도로 접으면 시리얼 상자가 나오지 않는 이유를 이해하려고 할 때 면의 수, 면의 합동과 같은 수학적으로 중요한 도형의 성질은 점점 핵심적인 아이디어가 된다. 반면 시리얼 상자의 브랜드명과 같이 수학적으로 관련성이 없는 성질은 고려 대상이 되지 않는다.

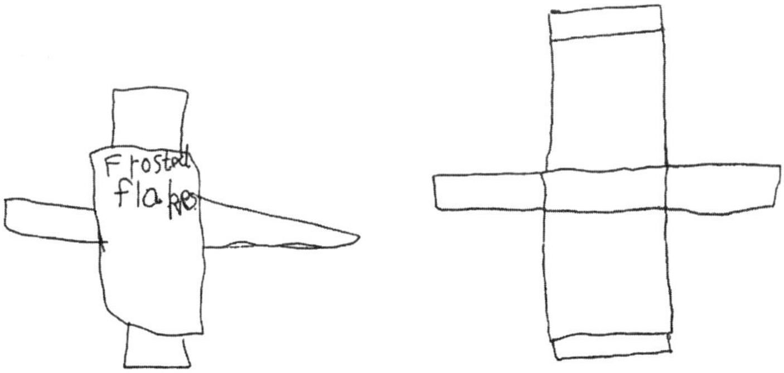

(a) (b)

[그림 5.3] 멜리사의 시리얼 상자의 (a) 초기 전개도, (b) 수정된 전개도(1학년)

실제 대상을 물리적으로 조작하는 것에서 나아가 기록하는 활동은 이해의 발달에 중요한 역할을 한다. 예를 들어, 또 다른 1학년 학생 크리스탈이 만든 정육면체의 전개도들을 보아라([그림 5.4]). 이들 중 일부만 정육면체의 전개도가 되고 나머지는 전개도가 되지 못하는 이유를 신중하게 생각해봄으로써, 크리스탈과 동료들은 입체도형의 모서리가 어떻게 형성되며 입체도형을 면, 꼭짓점, 변의 조합으로 어떻게 나타낼 수 있는지 이해하기 시작했다.

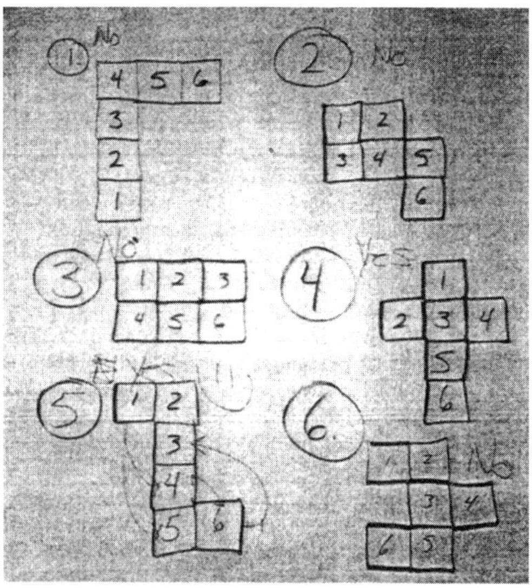

[그림 5.4] 크리스탈의 정육면체 전개도(1학년)

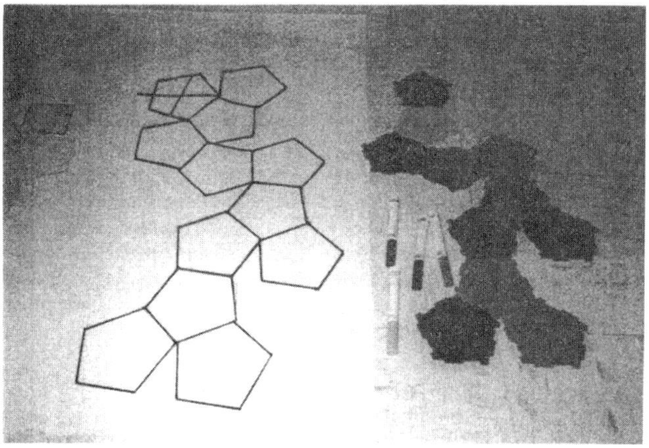

[그림 5.5] 씬의 수퍼 축구 티(1학년)

비록 전개도와 같은 기록의 사용이 중요한 목적을 가질지라도, 교실실행은 엉뚱한 경우가 많다. 앤지의 1학년 학생들은 홀리빌을 표현하는 입체도형 구성 프로젝트를 수행하기 위해 전개도를 그렸다. 씬은 [그림 5.5]와 같이 홀리빌의 건축물을 수퍼 축구 티의 전개도로 그렸다. 이 전개도는 다양한 삼차원 구조를 생성하고 시험하는데 유용한 도구인 폴리드론으로 구성된 것이다. 비록 주어진 맥락은 공상적이고 놀이를 하는 것이었지만, 결과로 나온 입체도형은 정다면체 다섯 개 중 하나였다.

공간 기록은 다른 맥락에서도 중요한 역할을 한다. 클레멘트 선생님의 2학년 교실에서, 학생들은 다양한 삶의 공간(도시, 시골)을 묘사하는 이야기를 읽었다. 살고 싶은 곳에 대해 물었을 때, 대부분의 학생들은 중서부 학교의 다소 시골적인 특징을 반영하는 듯 넓은 시골을 선택했다. 클레멘트 선생님은 교실 앞 칠판에 큰 도시, 넓은 시골이라는 두 개의 제목을 붙였다. 그리고 학생들은 제목 아래에 학습 고리(금속성의 종이 클립)를 둠으로써 그들의 선호 지역을 표시했다. 결과는 말 그대로 막대그래프를 실행한 것이 되었다. 그러나 학생들에게 이 정보를 활용해서 그래프를 그려보라고 했을 때, 다양한 형태의 기록이 나타났다. 몇몇 학생들은 물리적인 형태를 모아 그림을 그린 후, 쉽게 세기 위해 수를 추가시켰다. 그러나 제시된 수와 사물의 세기 사이에 대응이 항상 일대 일은 아니었다. 비록 양과 직사각형 분할 사이의 대응 또한 항상 분명한 것은 아니었지만, 다른 학생들은 직사각형 분할을 이용하여 수를 비언어적으로 표현할 수 있는 가능성을 생각해냈다([그림 5.6 (a), (b)] 참조). 심지어 몇몇 학생들은 축의 방향이 처음에 학습 고리로 나타낸 것을 반영할 필요는 없지만 바뀔 수 있음을 제안했다([그림 5.6 (c)] 참조). 이 학생들은 더욱더 전형적으로 보이는 막대그래프를 구성했지만, 동일한 차원의 직사각형을 사용하는 것에 대한 근거를 즉각적으로 분명하게 제시하지는 못했다. 학생들에게 자신만의 그래프를 그려 보라고 함으로써, 클레멘트 선생님은 학생들이 정보를 의사소통하는 수단으로서 공간과 수를 사용하는 것에 대해 어떻게 생각하는지 확인할 수 있었다. 그러나 너무 이른 조립식 그래프의 사용은 그래프의 기호에 대한 학생들의 사고 범위와 다양성에 대한 정보를 거의 주지 않는다.

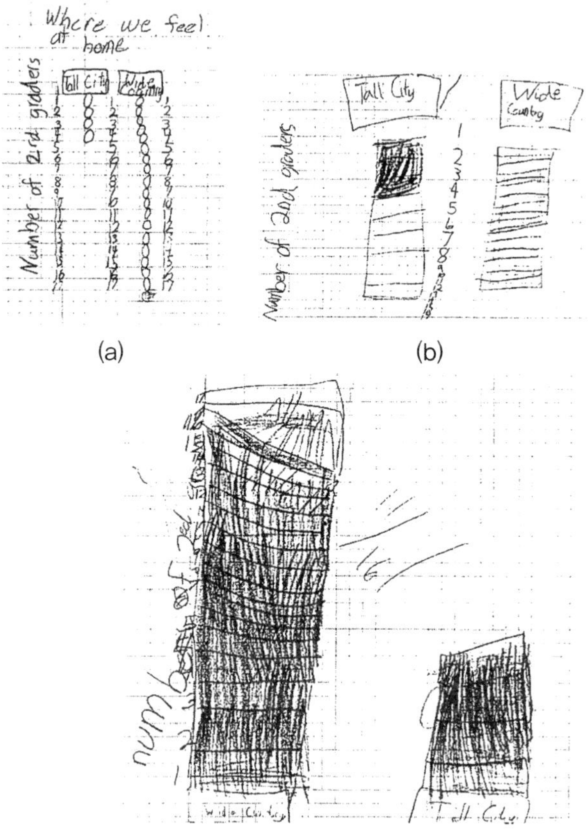

(a) (b) (c)

[그림 5.6] 학급 친구들이 살고 싶은 곳을 나타내는 학생의 해결 방법 (a) 그림과 유사한 표상, (b) 양을 표현하기 위한 직사각형 분할 활용, (c) 양을 높이에 대응시키기 위한 축의 방향 전환

요약

학생들의 그림과 세상을 시각적으로 만들려는 노력들에 의해 수학적 기록은 쉽게 진행되는 것처럼 보인다. 왜냐하면 공간을 기록하는 것은 수학적으로 중요한 아이디어를 드러내고, 선택하며, 유지하기 위한 수단이 되기 때문에, 공간과 모양에 대한 학생

들의 기록은 이해를 발달시키기 위한 기회를 제공한다. 학생들은 실세계에서 혼자 활동하기보다는 초기 기록과 수정된 기록에 의해 표현된 세계를 추론하고 탐구한다. 학생들은 실세계 대상들 사이의 관계를 만들고 그러한 관계를 수학적 기록으로 표현함으로써 수학과 경험을 통합시키며, 실세계 대상과 기록 모두에 대한 이해를 향상시킨다.

형태에 대한 인식에서 개념형성까지

형태는 시각적인 패턴이며, 자연적인 세계(예, 눈송이, 벌집)와 만들어진 세계(예, 건물, 배) 모두에서 이에 대한 증거를 찾을 수 있다. 형태를 수학적으로 이해하는 것은 닮음, 대칭, 축척과 같은 아이디어를 이해하는 것과 관련되며, 증명, 분류, 변환과 같은 수학적 활동을 포함한다. 이러한 아이디어의 대부분은 먼저 모양과 형태에 대한 지각을 통해 비형식적으로 이해하게 된다. 예를 들어, 유아들은 윤곽 및 대칭적인 차이를 인지하며, 아동들은 축소 모형을 가지고 놀이를 하거나 축소 모델을 만들면서 수학적인 닮음을 예상한다. 우리와 함께 활동한 교사들의 교실에서는 모양과 형태에 대한 개념을 발달시키기 위해 비형식적 지식을 기반으로 하였다.

교사들은 다양한 방식으로 학생들의 비형식적 지식을 불러 일으켰다. 투시도를 활용한 교사도 있었고, 포장에서 퀼트에 이르는 다양한 문제를 만드는 것에 학생들을 참여시킨 교사도 있었다. 교사들은 모양과 형태의 성질에 대한 탐구를 촉진시키기 위해 삼각형, 사각형 등의 다각형이나 삼차원 입체도형이 포함된 분류 문제를 자주 활용한다. 이 책에서는 2학년 학생들의 모양과 형태에 대한 탐구 사례를 예시로 보여준다. 우리는 다양한 삼각형을 분류하는 것에 대한 초기의 교실 논의와 삼각형을 실세계의 대상보다는 수학적 대상으로 보는 새로운 관점의 토대를 제공하는 방식에 중점을 둔다.

2학년 교실에서 삼각형을 다루는 목적은 단순히 학생들에게 삼각형을 인지하는 방법을 가르치는 것 이상이다. 사실 대부분의 학생들은 2학년이 되기 전에 사각형, 직사각형, 삼각형과 같은 도형을 알게 되며, 책상과 의자, 자동차와 비행기를 구별해 내는 것과 같은 방식으로 그 도형들을 잘 구분한다. 여기에 요약된 교실 논의의 목적은 학생들에게 일상생활의 비형식적 모양을 토대로 기초적인 도형을 도입하고, 이것을 더욱 더 형식적이고 수학적인 형태로 변화시키는 것이다.

일상생활의 정의를 재구조화하기

2학년 교사 커티스 선생님이 "삼각형이 되려면 어떤 모양을 되어야 하는가?"라는 과제를 제시했을 때, 교실에 있는 학생들은 쉽게 세 개의 변과 세 개의 모퉁이를 생각해냈다. 이렇게 간단한 일상적 정의는 두 가지 방식을 통해 수학적 정의로 전환되기 시작했다. 첫째, 커티스 선생님은 모두가 동의한 규칙(세 개의 변, 세 개의 모퉁이)을 판서하면서 삼각형의 규칙을 목록화하기 시작했다. 이런 그녀의 행동은 과제를 재구조화하는 역할을 했다. 학생들은 암기하고 기억해내는 연습 대신에 정의를 창조하는 활동을 했다. 학생들 각자의 이름이 붙여진 개인적인 아이디어는 칠판 한쪽을 차지했다. 특정 학생의 생각은 아니지만 적절한 정당화라고 여겨진 합의된 아이디어는 앞쪽 칠판의 규칙 목록에 제시되었다. 이러한 칠판의 사용은 개인적이고 비형식적 지식에서 덜 개인적이며 더욱 형식적인 지식으로의 변화를 나타낸다.

삼각형에 대한 직관을 수학적인 것으로 전환시키는 두 번째 방법은 학생들이 그들의 직관적인 지식을 끌어낼 수 있는 상황을 제공하는 것이다. 모든 학생들은 삼각형은 쉽게 분류될 것이라 생각했고, 자신이 제안한 분류에 친구들이 쉽게 동의하지 않는 것을 보고 놀라워했다. 커티스 선생님은 삼각형이 될 수 있는 것과 될 수 없는 것을 제시함

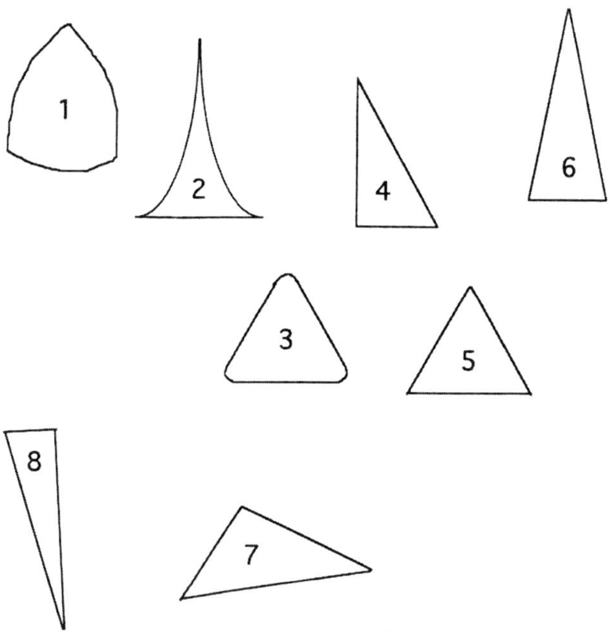

[그림 5.7] 2학년 학생들이 고려할만한 삼각형 후보

으로써 학생들이 동의하지 않는 것들을 더욱 명백하게 드러냈다([그림 5.7] 참조). 선생님은 학생들이 이전에 가장 쉽게 접한 삼각형이 이등변삼각형과 정삼각형이라는 것을 알았기 때문에, 삼각형 후보에 정삼각형과 이등변 삼각형을 포함시켰다. 그러나 유클리드 기하에 의해 삼각형이 아닌 것들(모서리나 꼭짓점이 곡선)뿐만 아니라 비전형적이고 특별한 삼각형도 제시하였다. 또한 삼각형이 일반적인 형태로 놓여있지 않는, 즉 아래를 향하도록 놓인 삼각형도 제시하였다. 이러한 삼각형들의 집합은 논의의 기회를 제공하며, 논의를 통해 학생들은 주어진 도형이 삼각형으로 적합한지 아닌지를 결정하는 명확한 기준이 될 수 있는 수학적 정의를 알게 된다.

닮음을 재고하기

학생들은 일반적으로 방향이 위를 가리키며(밑변이 지면의 아랫변과 평행하게 놓여있고, 밑변 위 꼭짓점이 반대를 향하는), 전형적인 삼각형(정삼각형 또는 양변이 밑변의 길이의 2배를 넘지 않는 이등변삼각형)을 선택하는 경향이 있다. 이러한 선택은 전형적인 삼각형의 방향과 상대적인 변의 길이에 대해 학생들이 암시적으로 가지고 있는 관점을 기반으로 한다. 커티스 선생님은 각 도형이 정의에 합당한지를 질문함으로써 이러한 암시적 관점을 더욱 명백하게 했다. 학생들이 어떻게 자신의 암시적 관점을 반성하게 되는지 주목해라.

커티스 선생님: '삼각형의 모든 변의 길이는 같아야 한다.' 이것이 삼각형의 규칙이 될 수 있나요?

학생들: 아니오, 예, 아니오 ….

베쓰: 빗변만 같으면 돼요.

커티스 선생님: 너는 빗변이 항상 길이가 같아야 한다고 생각하니?

베쓰: 네.

커티스 선생님: 삼각형의 두 변이 일치되니? 길이가 같아?

베쓰: 한 변만요.

커티스 선생님: 베쓰는 아마도 변이 같다고 생각하고 있어요. 좋아요. 질문을 하겠어요. 곡선도 변이 될 수 있나요? [커티스 선생님은 이전의 대화를 요약하면서 질문을 칠판에 대문자로 쓴다.] 베쓰는 곡선은 변이 될 수 없다고 생각하고 있어요. 베쓰는 곡선이 변이 될 수 없다는 것을 규칙으로 만들어야 한다고 말하고 있어요. 또 다른 질문이 있어요. [칠판에 대문자로 적으며] 두 변은 같아야 하나요? 베쓰는 길이가 같아야 하는 변은 [칠판에 대문자

로 적으며] 빗변이라고 했어요.

삼각형에 대한 아이디어를 반성할 때, 학생들은 이미 알려진 삼각형과 닮은 것을 기반으로 한 추론을 넘어 삼각형을 특징짓는 성질에 대한 추론으로 나아갔다. 커티스 선생님은 계속해서 효과적이고 명백한 언어 사용을 촉진시켰다.

커티스 선생님: 베쓰, 이 삼각형들 중 하나를 선택해서 네가 빗변이라고 말했을 때 의미했던 것을 우리에게 말해줄 수 있겠니? [베쓰는 칠판으로 가서 5번 정삼각형을 가리킨다.]

커티스 선생님: 좋아. 네가 빗변이라고 부른 변을 가리켜 보렴. [베쓰는 두 개의 경사진 변을 가리킨다.]

커티스 선생님: 그래. 그러면 다른 변은 뭐라고 부르니?

베쓰: 이거요? 밑변이에요.

커티스 선생님: 삼각형에 대한 규칙 중 하나는 삼각형은 세 변이 있어야 한다는 거예요. [세 변을 각각 가리키며] 변, 변, 변.

베쓰: 하지만 [삼각형 아래 변을 가리키며] 이것은 삼각형의 밑변이잖아요.

커티스 선생님: 왜 그것이 밑변일까? 왜 특별한 이름을 가졌을까? 왜 그냥 변, 변, 변이 될 수 없을까?

베쓰: [밑변을 가리키며] 이 변은 평평하게 누워 있지만 [두 개의 빗변을 가리키며] 이 둘은 올라갈 수 있기 때문에 이것들은 모두 변이예요. [어떻게 변이 경사져 있는지를 몸짓으로 보여준다.]

베쓰는 삼각형을 수학적으로 정의하는 데 있어 수학적으로 수학적 관련성이 적은 빗변, 밑변과 같은 외형적인 특징에 초점을 맞추었다. 커티스 선생님은 베쓰를 비롯한 학급의 학생들이 삼각형이 갖는 특징을 정의하는 것에 관련되는 성질로 관심을 돌릴 수 있도록 하였다. 커티스 선생님은 정삼각형의 세 변은 크기와 형태가 동일하기 때문에 각각의 변은 같은 역할을 하며, 따라서 빗변, 밑변과 같이 구분하여 이름을 붙일 이유가 없다고 말했다. 커티스 선생님은 공통된 이름인 변을 사용함으로써 변의 방향보다는 변 자체에 학생들의 주의를 집중시킬 수 있다고 생각했다.

그러나 베쓰는 여전히 방향과 연관시켜 삼각형의 변을 생각하였다. 커티스 선생님은 방향에 관계없이 적어도 한 쌍의 변은 구분될 수 있는 이등변삼각형([그림 5.7]의 도형 6)에 초점을 두기로 결정했다.

커티스 선생님: 6번 도형은 어떠니? [밑변보다 빗변의 길이가 상당히 긴 이등변삼각형]

베쓰: 이것은 삼각형이 아니에요. 왜냐하면 [긴 변을 가리키며] 이것들은 위로 높이 올라가고 있기 때문에, 그것들은 더 작아져야 해요.

커티스 선생님: 삼각형은 그렇게 높이 올라갈 수 없니?

베쓰: 올라갈 수 있어요.

커티스 선생님: 그래? 그렇다면 왜 6번 도형은 삼각형이 아니라고 생각하니?

베쓰: 삼각형이 맞아요.

커티스 선생님: 삼각형이 맞다고? 네가 6번 도형은 삼각형이 아니라고 말한 것 같은데.

[베쓰는 당황해하며]

커티스 선생님: 좋아. 6번 도형이 삼각형인지 아닌지 확신할 수 없는 거구나?

베쓰: 네.

커티스 선생님: 네가 확신할 수 없었던 것은 변이 위로 올라간다는 것 때문이었어. 6번 도형이 삼각형인지 아닌지 확신이 서지 않는 다른 이유가 있니?

베쓰: 없어요.

커티스 선생님: 변이 너무 높게 올라가는 것이 삼각형이 아니라고 생각하는 이유구나?

이 시점에서 대화는 난관에 부딪힌 것처럼 보인다. 베쓰는 원형을 기초로 분류하는 분명한 관점을 가지고 있고, 이를 변화시키기에 충분히 강력한 증거를 찾을 수 없었다. 커티스 선생님은 다른 학생들이 더 경쟁적이고 전형적인 관점을 제시하기를 바라는 마음에서 학급 학생들을 대화에 참여시켰다. 그러나 학생들은 원형에 기초한 또 다른 대답을 하였다.

커티스 선생님: [모든 학생들에게] 베쓰의 생각에 도움을 줄 수 있는 친구가 있나요? 베쓰는 삼각형의 변이 높이 올라갈 수 있는지, 또 삼각형은 모두 5번 도형과 같아야 하는지 궁금해 하고 있어요. 앨리, 너는 베쓰에게 뭐라고 말해줄래?

앨리: 6번 도형은 너무 날씬해요.

커티스 선생님: 너무 날씬하다고? 삼각형이 너무 높이 올라갈 수는 없고, 너무 날씬해서도 안 된다는 말이니?

베쓰: 삼각형은 좀더 뚱뚱해야 해요.

커티스 선생님: 좀더 뚱뚱해야 한다고? 글쎄, 6번 도형은 [반대쪽 꼭짓점에 근접한 부분을 가리키며] 저기보다 [밑변에 근접한 부분을 가리키며] 여기가 더 뚱뚱해.

대화의 마지막에 커티스 선생님은 6번 도형 내부에 두 개의 짧은 변을 그려 넣어 더 익숙한 이등변삼각형을 만들었다. 커티스 선생님은 베쓰에게 이렇게 하면 6번 도형이 삼각형이 될 수 있는지 물었다. 베쓰는 쉽게 동의했다. 대화의 후반부에 변의 방향 문제가 다시 제기되었다. 그러나 잭슨은 아래쪽에 있는 변에 관계없이(꼭짓점에 대해 회전적인 대칭이 필요) 그 변들이 모두 같게 보일 때만 삼각형이 될 수 있다고 말했다. 이러한 제한점은 잭슨이 정삼각형만을 삼각형으로 받아들임을 의미한다.

잭슨: [손으로 방향을 바꾸는 동작을 나타내며] 삼각형은 모든 변이 이어질 수 있어야 해요. 5번 도형은 어때요? 5번은 모든 변이 이어질 수 있다고 생각해요.

커티스 선생님: 어떤 변이든 밑변이 될 수 있니?

잭슨: 도형 6과 8에서는 모든 변이 밑변이 될 수는 있는 게 아니고 한 변만이 밑변이 될 수 있어요. 삼각형을 이 방향으로 돌리면 [90도 회전하는 것을 보여주며], 이것은 삼각형이 아니에요.

커티스 선생님: 왜?

잭슨: 왜냐하면 그것은 **하나의 특별한 밑변**만 있어서 어떤 방향으로도 돌릴 수 없기 때문이에요.

커티스 선생님: 그러면 삼각형의 밑변이 될 수 있는 것과 그렇지 않은 것에 규칙이 있어야 하니?

잭슨: 모든 변은 밑변이 될 수 있어요.

커티스 선생님: 모든 변이 밑변이 될 수 있다. 그렇다면 이것은 도형 6의 밑변이고, 이것도, 이것도 도형의 밑변이 되는 거야? [커티스 선생님은 긴 옆변을 가진 6번 이등변삼각형의 각 변을 따라 분필로 그린다.]

학생들: 네…. 아니오…. 네…. 아니오.

나중에 커티스 선생님은 잭슨에게 원래의 6번 도형에서 밑변이 될 수 있는 변이 무엇이고, 될 수 없는 변은 무엇인지 보여줄 것을 요구했다. 그는 밑변이 될 수 있는 변은 오직 하나로, 길이가 다른 변을 가리켰다. 잭슨은 이 삼각형은 짧은 변 한 개와 '아주 긴' 변 두 개가 있다고 추론했다. 이러한 논의는 삼각형에 대한 세 번째 질문을 이

끌었다: "삼각형의 변의 길이는 모두 다를 수 있는가?"

커티스 선생님은 잭슨이 그의 주장에 따른 결과를 어떻게 분명히 표현하고 반성하도록 하는지에 주목한다. 잭슨이 자신의 관점을 더 명백하게 재진술하게 하고, 이를 더 발전된 토의를 할 수 있도록 학급 학생들에게 제공함으로써, 잭슨이 수학적인 관점을 확립할 수 있도록 하였다. 커티스 선생님의 수업은 중요한 개념적 도약에 대한 의식을 바탕으로 하며, 이러한 개념적 도약은 학생들이 삼각형의 원형과 외형을 기반으로 추론하는 것에서 벗어나 삼각형의 성질에 의한 정의를 기반으로 추론할 수 있게 한다. 커티스 선생님은 이 수업시간에 학생들이 두 가지 개념적 틀(삼각형의 원형과 성질) 사이의 경계에 대해 탐구할 수 있는 시간을 가졌다고 확신한다. 도형의 성질에 기초한 추론으로 이끌기 위해 어떤 조치를 취하기보다, 학생들로 하여금 삼각형의 분류에 관한 비전형적인 아이디어를 드러내어 그들의 개인적인 개념을 탐구하게 했다. 커티스 선생님은 학생들이 특별한 변(예, 밑변)과 기준이 되는 방향에 대한 그들의 아이디어를 표현하게 함으로써 이러한 개인적인 개념을 잘 사용하였으며, 그 결과 학생들은 삼각형을 분류하기 위한 그들의 생각을 표현하고, 검토할 수 있었다. 따라서 학생들은 삼각형의 성질을 검토하는 동안 그것의 결과에 대해서도 학습하고 있는 것이다. 게다가 학생들은 수학적 정의를 만들고, 그 유용성을 평가하는 역할을 했다. 커티스 선생님은 학생들의 개념적 발달에 초점을 두었기 때문에 날마다 특별한 주제를 꼭 그날 해결해야 할 필요를 느끼지 않았다. 이 사례에서 커티스 선생님은 삼각형에 대한 여러 가지 문제가 해결되지 않은 상태로 남아 있는 것에 개의치 않고, 다음 날 또 다른 과제로 진행할 수 있었다.

삼각형 구성하기

삼각형 구성 과제는 삼각형의 성질을 정의하는 것에 대한 학생들의 이야기를 통해 계획되었다. 커티스 선생님은 학생들이 삼각형의 성질에 대한 새로운 아이디어를 삼각형을 만든 사람과 학급의 친구들에게 시각적으로 보여주기를 바랬다. 학생들은 삼각형을 만들기 위해 다른 길이의 종이 막대를 몇 개 선택했다. 길이가 같은 종이 막대를 선택한 학생들도 있고 길이가 다른 종이 막대를 선택한 학생들도 있었다. 그들은 만들어진 삼각형을 다양한 방향으로 회전시켰고, 이렇게 방향에 변화를 주면 삼각형이 갖는 성질에 영향을 미치는지에 관해 이야기했다. 교실 대화의 초점은 이러한 조작적 대상(만든 삼각형)에 대한 학생들의 지각으로부터 앞서 나왔던 삼각형의 성질(세 변과 세 꼭짓점)로 바뀌었다.

새디라는 학생은 같은 길이의 종이 막대 두 개로 삼각형을 만들었다: 새디는 우선 두 개의 종이 막대로 직각을 만든 후 세 번째 종이 막대를 붙였는데 삼각형이 되기에는 너무 길이서 구부려야 했다. 새디는 자신이 만든 것이 삼각형이라고 주장했다. 커티스 선생님과 학급 동료들은 새디를 설득하고자 했다. "너는 그렇게 생긴 삼각형을 본 적이 있니?"라고 묻자, 새디가 "아니오, 하지만 그것은 중요하지 않아요. [칠판을 가리키며] 보세요. 이것은 [각 꼭짓점을 가리키며] 세 개의 꼭짓점과 [각각의 종이 막대를 가리키며] 세 개의 변을 가졌어요."라고 말했다. 비록 새디가 만든 삼각형이 전통적인 유클리드 기하의 정의에 위배된다 할지라도, 이는 삼각형의 원형이 아닌 성질을 통해 도형을 인식하고 있음을 보여주며 이는 수학적 논의(공리에 기초한 추론)라는 강력한 형태로 나아가는 첫 단계가 된다.

그럼에도 불구하고 학생들은 배운 것을 반성할 때, 여전히 핵심적인 문제 "무엇이 삼각형인가?"에 대해 의견을 나누었다. 대부분의 학생들은 삼각형을 회전시키면 어떤 것도 변하지 않아 더 이상 방향을 고려할 필요가 없다는 것에 수긍하고, 자신이 말한 삼각형의 특징은 방향에 관계없음을 받아들였다. 그러나 변의 길이 문제와 모든 변이 직선이어야 하는가의 문제는 여전히 논의의 쟁점으로 남겨졌다. 남겨진 문제는 대부분 핵심적인 것이지만, 우리의 관점에서 중요한 성취 목표는 학생들을 도형의 성질에 기초하여 도형을 분류하는 것의 가치를 이해하도록 하는 대화에 참여시키는 것이다. 교실 대화는 도형에 대한 학생들의 일상 언어를 도형의 성질과 가정에 대한 수학적 언어로 변형시킬 수 있는 수단을 제공한다.

남은 학년 동안, 이 학생들은 삼각형에 대해 반성할 수 있는 기회를 더 많이 가졌다. 그들은 그물 그리기, 퀼트 만들기, 폴리드론 조각으로 입체도형 만들기와 같은 과제에서 삼각형을 사용하였다. 그러한 과정에서 삼각형을 조합하여 정사각형, 직사각형을 비롯한 사각형을 만들게 하는 삼각형의 성질은 무엇인지에 대한 내적 논의가 일어났다. 삼각형의 성질에 관한 대화는 이러한 과제를 수행하는 중에 간간히 포함되었으며, 학년 말에 학생들은 다양한 종류의 삼각형을 구분할 수 있을 뿐만 아니라 삼각형과 다른 다각형을 구분 짓는 성질을 익숙하게 말할 수 있게 되었다.

요약

삼각형을 친숙한 도형이라고 생각하기 시작할 때, 학생들은 삼각형을 세상의 사물과 같이 다루게 되었다. 삼각형은 지면이나 다른 표면에 수평적으로 배열된 정삼각형이었으며, 삼각형으로 분류될 가능성이 있는 도형은 이러한 원형 이미지에 대한 대응과 관련 있다. 그러나 학생들은 같은 모양을 가진 모든 도형을 삼각형으로 분류하지 않는다는 것을 발견하고 놀라워했다. 실제로 삼각형인지 아닌지는 규칙을 따름으로써 판단할 수 있다. 규칙은 일상적인 언어로 표현된 설명(예, 세 개의 모퉁이)을 수학적 정의를 구성하는 성질로 바꾸어 준다. 커티스 선생님은 학생들에게 가능성 있는 규칙이나 성질을 만든 다음, 이러한 성질에 따라 [그림 5.7]에 나타난 다양한 도형을 분류하여 이 성질의 결과를 탐구하도록 하였다. 학생들은 삼각형의 성질을 개발하고 탐구하는 것뿐만 아니라 정의를 수학적 대상으로 만드는 방식을 이해하기 시작했다. 예를 들어, 새디의 사례를 떠올려 보자. 종합적으로 말해 이러한 교실의 사례는 삼각형의 정의에 완전히 도달하지는 않지만, 그 과정에서 할 수 있는 활동을 보여준다. 그럼에도 불구하고 학생들은 모든 사람들이 자신들이 인식한 것의 본질을 어느 정도 공유할 수 있다고 생각하는 방식과 같이 도형을 성질과 정의의 지참자로 간주할 수 있는 기회를 가졌다.

세기에서 측정으로

측정은 양을 공간과 통합시켜서 기하와 공간에 대한 이해를 발달시키는데 쉽게 이용할 수 있는 수단이 된다. 여기 제시된 교실 사례는 이해의 발달을 보여주며, 또한 공간 감각과 수 감각을 통합시키는 측정 교수법을 보여준다. 커티스 선생님은 단지 기능의 숙달보다는 이해의 개발을 통해 길이 측정에 대한 중요한 아이디어를 명확히 하려는 의도로 나선형 과제를 개발하였다. 이때, 그녀는 측정에 대해 학생들이 생각하는 방식에 대한 자신의 지식을 이용하였으며 자와 같은 측정 도구에 대한 학생들의 기대와 세기에 대한 학생들의 개념을 기반으로 하였다.

어린 학생들의 길이 측정에 대한 이해를 촉진하는 과제를 개발할 때, 커티스 선생님은 자와 같은 도구를 이용하여 설계할 때 그것에 내재된 주요한 측정 개념을 활용하는 것이 효과적임을 알게 되었다. 자는 연속적으로 길이 단위를 배열하고, 0점과의 거리에 따라 수치를 부여하며, 또 다른 점은 기준이 되는 거리 단위의 누적된 양에 따라 쉽게 읽을 수 있도록 설계되었다(예, 10cm). 불운하게도, 자를 사용하는 대부분의 수학적 활동은 사용자가 빤히 들여다보기 쉽다. 다시 말해, 자를 사용하는 사람들은 길이를 결정하는 다음과 같은 설계 과정을 이해할 수 있어야 한다. 자의 단위는 동일하고 관습적이다. 단위의 분할로 연속량을 표시한다(예, $3\frac{3}{8}$cm). 읽혀진 수치는 단위를 반복함으로써 도달된 거리이다. 이 중 마지막 설계 과정은 측정의 시작점이 임의적일 수 있음을 제안한다(예, 0과 10 모두 측정의 출발점으로서 역할을 할 수 있다. 0과 10 사이의 거리는 10과 20 사이의 거리와 같다). 종합적으로 이렇게 당연히 받아들여지는 이해는 길이 측정을 위한 비형식적 지식이 된다.

그러나 어린 학생들은 이러한 가정을 이해하지 못하기도 한다. 1, 2학년 학생들은 종종 자에 집착하는 활동을 한다. 예를 들어, 자를 이용할 수 없는 상황에서 1학년 학생들은 자와 유사한 모양을 그리고, 자에 임의로 수치를 붙인 다음, 이들 수치 중 하나를 읽어 타당한 측정을 한다. 각 면에 인치와 센티미터 단위가 표시된 자를 주고 주어진 자보다 더 긴 대상의 길이를 찾는 문제를 해결하게 할 때, 2학년 학생들은 인치와 센티미터 단위를 결합하여 문제를 해결하기도 한다. 2학년보다 자를 능숙하게 사용하여 감출 수는 있지만, 3, 4, 5학년 학생들 역시 덜 전형적인 문제가 주어졌을 때(예, 0이 아닌 다른 숫자에서 길이 측정을 시작하는 경우) 2학년 학생들과 같은 경향을 보였다. 이러한 관찰을 통해 우리는 단순히 길이를 찾기 위해 자를 능숙하게 사용하는 것만 강조하지 않고, 길이 측정에 대한 학생들의 이해를 돕는 것이 중요하다고 확신하였다.

측정은 무엇인가?

커티스 선생님은 측정에 대한 학생들의 암묵적인 지식을 얻어내는 것으로 첫 수업을 시작했다: "측정은 무엇인가?" 원자력 발전기의 힘을 측정하는 것에서부터 사람의 키를 재는 것까지 학생들의 반응이 매우 다양하게 나왔다. 세상의 많은 다양한 면을 측정할 수 있다는 사실을 밝힌 후, 커티스 선생님은 학생들이 측정 개념에 대해 생각할 것을 강조했다. 대부분의 학생들은 자를 사용했고, 자 없이 측정하는 것에 대해서는 확신할 수 없다고 언급했다. 커티스 선생님은 측정의 의미에 대한 생각을 하게 함으로써 학생들의 비형식적 지식을 수학적 지식으로 바꾸려는 노력을 시작했다.

커티스 선생님: 인치를 잊으세요. 야드도 잊으세요. 자도 잊으세요. 그것들은 도구들이에요. 그것들은 측정을 하는 것이지요? 측정이 의미하는 것은 무엇인가요? 측정을 위한 **규칙**은 무엇인가요?

애비: 수를 사용해요.

니콜: 수를 기록해요.

비록 학생들은 측정이 수와 관련된 활동이라는 것을 알았지만, 그들은 수가 어떤 역할을 하는지에 대해 확신하지 못했다. 커티스 선생님은 학생들에게 발을 사용해서 책꽂이의 길이를 어떻게 측정할 수 있는지 질문함으로써 '우리가 알고 있는 것'에 주의를 집중시켰다. 커티스 선생님은 다양한 보폭으로 책꽂이를 따라 걷고, 수 세기를 하는 것을 보여주었다: "1(긴 보폭), 2(짧은 보폭), 3(긴 보폭), …." 길이 측정을 위해 보폭과 같은 신체 활동을 도입하는 것은 측정 활동을 일상의 활동과 관련시킨다(길 찾기에 관한 앞 절 내용 참조). 커티스 선생님은 측정에서 통일된 단위를 사용해야 한다는 생각을 암묵적으로 위반하여 학생들이 길이 측정에 관해 더 명시적으로 표현할 수 있게 하는 상황을 설정하였다.

학생들은 즉시 선생님의의 보폭에 이의를 제기하였다. 잭은 "보폭이 같지 않아서 셀 수 없어요. 어떤 것은 길고, 어떤 것은 짧아요."라고 말했다. 갈레나 역시 동의했다. 커티스 선생님은 같은 보폭으로 걸었기 때문에 아마도 자신의 방법이 유용할 것이라고 말했다. 다니엘은 "아니에요. 인치는 모두 똑같은 크기에요. 양쪽 발을 사용하세요."라고 말했다. 그는 자리에서 일어나 양쪽 발을 교차하며 책꽂이를 따라 걸어가면서, 자신의 방법이 타당한 이유를 설명했다. "양발은 그 크기가 똑같아요. 한 발은 [대략 손으로 3피트를 나타내며] 이 정도 길이인데, 다른 발이 [발 한 쪽의 길이를 대략 손으로 나타내며] 더 짧다면 모를까…" 다니엘의 설명을 듣고 양발을 이용하여 책꽂이의 길이를 측정한 후에, 학급 학생들은 측정을 위한 규칙을 논의하기 시작했다: "같은 크기를 반복해서 재야 한다."

학생들은 동일한 단위가 필요하다는 것에 만장일치로 동의하였다 하더라도, 커티스 선생님은 계속적인 단위 반복의 본질을 주의 깊게 검토하지 않았다는 것을 인식하였다. 학생들이 책꽂이의 길이를 측정하기 위해 기준 단위(발자국)를 누적하는 것처럼 보이긴 했지만, 한 발 뒤에 바로 나머지 발을 놓는 과정은 타일붙이기 아이디어(단위로 거리를 채워 나가는 것)을 분명하게 드러냈다. 전체 숫자가 아닌 단위를 연속적으로 배열하여 거리를 측정하기 때문에, 단위는 측정되는 대상을 따라 겹치지 않게 늘어놓아야 한다. 길이 측정에서 이러한 면을 더 부각시키기 위해, 커티스 선생님은 과학책을 측정 단위로 사용하여 책꽂이 길이를 불완전하게 채워 나갔다. 즉 책을 놓을 때 의도적으로 책 사이에 틈을 남겨 두었으며 이 간격은 일정하지 않았다. 지난해에 단위길이(예, 유니픽스 큐브, 막대 등)를 사용하여 측정할 때, 많은 학생들이 단위 사이의 틈을 고려하지 않는다는 사실을 알게 되었기 때문이다. 이는 일부 학생들이 주어진 길이를 타일붙이기 하는데 필요한 단위의 수를 나타내는 것이 아니라, 사용한 단위를 표시하는 것(예, 7번째 단위)으로서 수치를 생각하고 있음을 말해준다.

커티스 선생님은 측정 규칙을 참조하여 "실제의 길이를 주의 깊게 기록"("7번째 책"과 같이 숫자와 책을 일대일대응시켜가며 세었다는 것을 의미함)하고, "책은 모두 같은 크기"라는 것에 주목하여 책의 수를 세었다. 일부 학생들은 11권 과학책 길이를 측정하는 것이 유용하다고 확신하였지만, 커티스 선생님은 대부분의 학생이 그렇지 않기를 바랐다. 다니엘은 다시 격해져서 "[책 사이 틈을 가리키며] 이것의 길이는 얼마다."라고 말하는 것이 불가능하기 때문에, 과학책은 서로 붙어서 연결될 필요가 있다고 주장했다. 더 많은 탐구가 있은 후, 처음에 11권 책의 길이를 측정하는 것이 유용하다고 확신했던 두 명의 학생은 다니엘의 주장이 설득력 있음을 알아냈다. 그러나 그들은 책으로 타일붙이기를 했을 때 발생되는 다른 문제점을 언급했다: "과학책이 충분하지 않아요." 이 사실을 알아챈 두 학생은 곤경에 빠졌다.

애나는 다음과 같이 제안했다.

> 너는 11권의 책이 있어. [책꽂이의 한 쪽 끝에서부터 정렬되어 있는 11개의 책을 가리킨다.] 마음속으로 11을 기억하고, [손가락으로 보여주면서] 그것을 표시해봐. 그런 다음 앞에서부터 놓인 책을 가져와서 [11번째 책의 끝을 가리키며] 여기부터 시작하여 다시 놓으면, 이것은 1이 아니라 12, 13, …이 돼.

애나의 반복에 대한 이해는 다른 두 학생들에게 자에 단위가 고정되어 있거나, 교실 바닥에 단위가 가지런히 정렬되어 있다 하더라도 이동되거나 변할 수 있다는 것을 인식하게 하였다. 이 사례에서 반복되는 단위는 직선거리를 채우는데 한 번 사용했던 과학책을 몇 번이고 다시 사용할 수 있음을 의미하며, 반복되는 단위는 횟수에 상관없이 두 학생이 과학책으로 측정할 때 이룰 수 없었던 개념적 도약에 활용될 수 있다.

학생들의 반복에 대한 인식이 확장되고 나면, 또 다른 문제가 발생한다: "남아 있는 작은 공간으로 무엇을 해야 하는가?" (그 틈은 과학책의 정수 배로 해결할 수 없다.) 학생들은 과학책의 부분에 대해 설명할 필요가 있다고 결정했지만, 이 문제를 해결하지 못한 채 수업이 끝났다.

개인적인 단위: 부분과 전체

다음 수업 시간에 커티스 선생님은 각 학생들에게 같은 길이의 대여섯 색종이 막대를 주었다. 각 학생의 색종이 막대에는 본인의 이름을 붙였고, 학생들은 각자의 색종이 막대를 사용하여 교실에 있는 다양한 사물의 길이를 측정했다. 이 활동을 하는 동안 학생들은 반복, 동일 단위, 타일붙이기와 같은 아이디어를 다시 떠올릴 수 있었지만, 이것은 합의된 측정 규칙의 일부분이므로, 부분 단위로 측정하는 문제를 해결하는데 대부분의 시간이 할애되었다. 커티스 선생님은 모든 대상이 각자의 색종이 막대 정수 배로 측정될 수는 없다는 것을 확신하였기 때문에 이런 문제를 제시하였다.

부분 단위를 가지고 측정하는 문제는 또 다른 학습 기회를 제공했다. 학생들은 각 색종이 막대를 나누는 방법과 나누어진 부분을 표현하는 방법을 결정해야만 했다. 대부분의 학생들은 $\frac{1}{2}$을 만들기 위해 색종이 막대를 두 부분으로 나누었고, 또 다시 반으로 나누어 $\frac{1}{4}$을, 다시 반으로 나누어 $\frac{1}{8}$을 만들었다. 반복된 분할 활동은 분수에 대한 감각을 정교화시켰다. 예를 들어, 앤디는 다음과 같이 기록했다: $\frac{1}{4}$은 $\frac{1}{2}$(원래의 종이 막대를 반으로 접은 것)의 $\frac{1}{2}$이다. 앤디는 두 개의 $\frac{1}{2}$을 다시 반으로 접은 후, 펼쳐서 똑같은 부분이 네 개가 됨을 보여주었고, $\frac{1}{4}$이라고 표현했다.

부분 단위는 학생들이 전체 단위 1보다 작은 길이를 측정할 수 있게 했지만, 그것은 영점 또는 출발점, 측정 규모에 관한 또 다른 개념적 문제를 제기했다. $2\frac{1}{2}$ 단위 길이를 갖는 사물의 길이를 측정한 많은 학생들이 종종 그 결과를 $3\frac{1}{2}$이라고 보고하였다. 학생들은 3은 측정할 때 단위가 세 번 사용되는 것을 나타낸다고 생각하고 전체 단위의 $\frac{1}{2}$이 사용되는 것을 인지하여 $3\frac{1}{2}$이라고 추론하였다. 시작점과 끝점 어느 한 쪽에만 초점을 두기보다 두 점 사이의 관계에 주의를 집중시키는 문제는, 학생들이 단위의 수를 단위의 서수적인 위치와 관련시켜 세는 것이 아닌 간격의 거리를 나타내는 양으로 생각하도록 하였다.

개인적인 테이프 측정 도구: 단위 표기

지금까지 학생들은 교실에 있는 사물의 길이를 측정하기 위해 다양하고 물리적인 단위들을 사용하였다(예, 발, 과학책, 종이 막대). 커티스 선생님은 반복, 단위, 출발점, 부분과 전체 관계와 같은 핵심적인 개념을 개선하기 위해, 학생들에게 개인적인 측정 단위를 사용하고 자신에게 가장 유용한 방법으로 테이프에 표시하여 개인적인 테이프 측정 도구를 만들도록 하였다. 이 과제는 학생들이 길이 측정의 표기를 발달시키게 하였고, 측정 규칙과 그러한 규칙이 측정 도구를 만드는데 어떤 시사점을 주는가에 관심을 집중시켰다. 많은 학생들은 $\frac{1}{2}$, $\frac{1}{4}$, $\frac{1}{8}$을 구별하기 위해 몇 개의 부분 단위를 사용하여 개인적인 테이프 측정 도구에 자신들의 단위를 붙였다. 테이프 측정 도구를 만드는 것은 학생들이 일반적인 자의 "표기 방식이 어떤 점에서 좋은지"를 생각해 볼 수 있게 했다. 다른 학생들은 테이프에 단위를 표시하는 중간 단계를 생략하고, 간단하게 개인적인 단위를 측정 도구로 사용하여 종이 막대에 길이를 표시했다. 이 학생들에게 측정 활동은 상징적인 것이다: 이러한 표시의 누적이 단위를 반복하는 물리적인 활동을 대체할 수 있다. 테이프 측정 도구를 만드는 과정을 통해 학생들은 처음에 잘 알고 있다고 생각했던 도구를 만드는 활동에 참여할 수 있었고, 그 결과 학생들은 이들 도구의 기능에 대해 이해할 수 있는 기회를 가졌다.

테이프 측정 도구를 만드는 활동은 기준 단위의 필요성과 같은 추가적인 논의거리를 제공한다. 커티스 선생님은 학급 학생들이 같은 대상을 측정할 때, 그들의 다양한 측정 단위를 어떻게 조화시킬 것인가의 문제, 또는 피트나 인치 단위를 주로 사용하는 지역의 목공소에 개인적인 단위를 사용하여 문을 만들어 달라고 주문한다면 어떤 일이 생길 것인가의 문제를 제기하였다. 학생들은 이러한 기능적인 관점에서 표준 단위의 역할을 인식하는 것처럼 보였다. 낸시가 말한대로, 커티스 선생님이 목수에게 자신의 테이프 측정 도구를 주면, 목수는 "카르멘스(커티스 선생님의 개인적인 측정 단위)"를 사용하여 목재를 재단할 것입니다." 낸시는 다음과 같이 계속해서 말했다: "그런 다음 목수는 창문을 만들기 위해 누군가에게 유리를 주문해야 하는데, 주문을 받은 사람은 '48 카르멘스 너비'를 뭐라고 생각하겠는가?" 아미드는 크게 웃었고, 학생들은 그러한 결정이 임의적인 것과 상관없이, 모든 사람들이 길이의 표준 단위에 동의하는 것이 최선의 방법이 될 것이라고 결정내렸다.

상대적 길이

길이 측정에 대한 최종 과제에서 학생들은 두 물고기 화석의 뼈 사진을 보았는데, 그 중 한 물고기는 나머지 물고기에게 잡아먹힌다. 커티스 선생님은 학생들에게 큰 물고기의 길이는 14피트라고 말한 다음, 작은 물고기의 대략적인 길이를 찾아보라고 했다. 이 과제는 단순하게 각각의 사물을 측정하기보다, 두 사물 사이의 관계를 찾기 위한 길이 측정에 초점을 둔다. 또한 과제는 학생들에게 사진의 물고기 길이와 실제 세계에서 각각의 길이 사이의 관계를 표현하도록 했다.

사라는 두 물고기를 나란히 펴서 비교하면 작은 물고기는 5피트 정도 될 것이라고 '눈으로' 예측했다. 또 다른 학생은 손가락을 사용하여 작은 물고기의 시작점과 끝점을 표시하고, 큰 물고기가 되려면 작은 물고기를 몇 번 정도 세어야 하는지를 추정하여 사라의 생각을 평가했다. 그 학생은 큰 물고기 안에 작은 물고기가 3번 이상 포함되는 것을 발견하였고, 5를 3번 더하면 15, 즉 14보다 큰 수가 나오므로 작은 물고기의 길이는 5피트보다 작을 것이라고 설명했다. 수업 시간 내내 학생들은 이와 같이 큰 물고기 길이에 대해서 작은 물고기를 측정 단위로 사용하여 몇 배가 되는지 그 수치를 찾는 전략을 적용하였다. 수업 시간 동안, 커티스 선생님은 작은 물고기의 길이가 얼마나 될 지 추측하고, 그 추측을 검증하기 위한 전략을 추론하는 방법을 찾는 등의 정신적 수학에 학생들이 참여할 수 있는 기회를 제공하였다.

예를 들어, (낸시는 작은 물고기 길이가 2피트라면, 큰 물고기 안에 작은 물고기가 7번 포함된다는 말이기 때문에 2피트가 될 수 없다고 말했었다.) 커티스 선생님은 2피트라는 제안을 거부하는 것에 대한 반응으로, 물고기의 길이가 4피트라면 맞는지 물었다. 많은 아이들은 손을 들었고, 그 중 크리스틴은 작은 물고기를 $\frac{1}{4}$(반의 반)로 나누기를 제안했다. 그런 다음, 작은 물고기가 실제로 4피트라면, 작은 물고기를 $\frac{1}{4}$한 것이 14개만큼 있으면 큰 물고기의 길이와 같아야 한다고 말했다. 크리스틴은 손가락을 사용하여 일정한 간격을 유지하면서 자신의 방법을 학급 학생들에게 보여주었다. 학급 친구들은 크리스틴의 생각에 동의하였지만, 손가락을 가지고 만든 단위가 일정할 수 있는지 의문을 제기했다("네 손가락은 계속 움직이고 있어!"). 또 다른 친구 잭은 작은 물고기의 길이가 4피트라면 "큰 물고기 안에 작은 물고기가 3번 포함되어야 해." 라고 말했다. 잭은 손가락을 사용하여 학급 친구들이 했던 것과 유사한 방법으로 확인한 후, 큰 물고기 안에 작은 물고기가 3번 이상 포함됨을 알아냈다. 따라서 학급 학생들은 작은 물고기의 길이는 4피트보다는 길지만 5피트보다 짧다고 결론내렸다. 이러한 추론은 실제로 걷거나 책을 끝에서 끝까지 놓아 보지 않고도 길이 측정에 대한 학생들의 아이디어를 불러일으켰다. 그들은 나선형 수업을 통해 학생들의 길이 측정에 대한 이해에 의미 있는 변화가 있었음을 증명해 보였다. 이전에 직접 활동을 통해서 신체적으로 이해했던 것을 지금은 상징적으로 이해하며, 학생들은 길이 측정에 대한 추론을 하기 위해 그들의 발달된 기호와 표기를 활용할 수 있게 되었다.

요약

커티스 선생님이 개발한 과제의 배열은 학생들이 길이와 길이 측정에 대한 자신들의 비형식적 지식을 점진적으로 정교화, 수학화할 수 있도록 하였으며, 기호 체계를 만들기 위한 토론의 장을 제공했다. 커티스 선생님은 학생들의 일반적인 측정 개념을 포함한 활동에서 출발하여, 이전의 활동에 내재되어 있던 핵심적인 개념을 명확히 하는 방향으로 학생들을 안내하였다. 커티스 선생님의 과제는 단위, 반복과 같은 다양한 측면의 측정 개념을 강조하였고, 학생들에게 측정에 대한 새로운 이해를 수학적 모델에 맞추어 조정하는 기회를 제공했다. (화석 물고기의 상대적인 길이를 찾는 것과 관련된) 마지막 과제에서 사진에 나타난 사물의 길이를 비교하는데 인지적 도구로 수학적 모델이 사용되었다.

이 과제에서 활동과 지각을 바탕으로 한 처음의 이해는 주로 단위를 표기하고(예, 테이프 측정 도구 만들기), 측정 규칙을 명확하게 표현하는 것을 통해 드러나고 수학화 된다. 커티스 선생님의 교실에서 학생들은 단지 자를 능숙하게 사용하게 된 것이 아니라, 동일한 단위의 반복, 영점, 단위 분할과 같은 중요한 수학적 사고를 특징으로 하는 길이 측정에 대한 이론을 발달시켰다.

종합적으로 말해, 이러한 길이 측정 과제에 참여하는 동안 학생들의 이해는 직관에서 출발하여 직접 했던 활동들과 문제를 해결하는 동안 개발한 표기를 기반으로 하였음을 보여주었다. 커티스 선생님이 개발한 과제는 일상 세계에서 겪은 학생들의 경험을 경험의 수학적 표상과 조화시키는 데 있어 충분한 구조와 제한점을 제공하였다. 또한 학생들의 사고에 대한 자신의 지식을 바탕으로, 학생들이 교실 활동을 하는 동안 일어나는 이해를 발달시키기 위해 발전적인 기회—심지어 그 기회가 사전에 계획되어 있지 않았다 하더라도—가 있다면, 이에 생산적으로 대응하였다.

결론

우리는 초등학교의 기하 교육을 재설계하기 위한 프로그램 개발에 착수했으며, 그 결과 어린 학생들은 수에 관한 수학을 발달시키고 있는 중에도, 공간 수학을 발달시킬 수 있는 기회를 갖게 되었다. 학교수학의 초기에 공간과 기하를 포함하고, 그것을 수학 교수·학습의 핵심적인 부분으로 유지하는 것은 수학적 이해의 발달을 위해 매우 중요하다. 대수의 사례와 매우 유사하게(이 책의 제8장 카풋 참조), 중학교에서 집중적으로 다루게 되기까지 기하의 역할을 무시하는 교수 방식은 모두를 위한 수학적 이해를 발달시키는 데 치명적인 요소가 되기 쉽다. 그러한 접근은 비교적 최근의 전통 이외의 분명한 정당성을 거의 가지지 못한 채, 공간과 기하를 잃어가며 분석을 지지하게 된다.

학생들의 매일 매일의 공간 경험은 수학을 발달시키는 데 풍부한 토대를 제공한다. 그러나 건축물을 세울 때 단순히 재료를 충분히 쌓기만 해서는 안 되는 것과 마찬가지로, 공간에 대한 이해는 학생들의 직관을 기반으로 하기만 하면 해결되는 단순한 문제가 아니다. 이러한 교실의 교사들은 여러 가지 방식으로 학생들을 안내한다. 교사들은 학생들이 본 것을 표상하는 자신만의 방식을 고안하도록 한다. 이러한 표상은 단순히 표현하는 것이 아니라 이해를 발달시키기 위한 도구가 된다. 학생들이 삼차원 구조물의 모습을 더 잘 이해하기 위해 전개도라는 표상을 어떻게 이용하였는지, 여러 방식으로 길이를 나타냄으로써 측정을 위한 개념적 기초를 어떻게 발달시켰는지, 큰 공간, 작은 공간에 관계없이 위치와 방향을 모델화하는 지도를 어떻게 그렸는지 생각해보라.

교사들은 또한 교실 담화를 조직한다. 담화와 공간이 관련이 없는 것처럼 보일지라도, 이들 교실에서 사물과 형태, 자신이 살고 있는 공간에 대해 말하는 것은 학생들이 수학적으로 중요한 공간 요소들(예, 도형의 성질)을 확고히 할 수 있게 하는 수학적 언어의 발달을 돕는다. 또한 언어는 처음에 지각적으로 알고 시각적으로 공유되었던 것을, "무슨 일이 일어날 것인가를 알기 위해" 전달하고 공유하고 조작할 수 있는 수학적 대상으로 변형시키는 도구가 된다. 이러한 변형의 첫 번째 단계는 본 장의 삼각형과 관련된 대화 — 처음에는 일상적인 언어로 알고 있었던 도형의 측면들이 수학적 정의를 내리기 위해 고쳐지고, 새로이 변화됨 — 처럼 담화를 통해 자주 나타난다.

이해는 또한 우리가 알고 있는 것과 그것을 알게 되는 방식에 관한 태도를 발달시키는 것과도 관련되기 때문에, 교사들은 종종 학생들에게 처음에 알고 있던 것과 이번 학습을 통해 중요하게 변화되었다고 생각하는 것을 말하게 하는 것으로 수업을 마무리한다. 예를 들어, 3학년 입체도형의 전개도에 대해 말한 애드리안은 다음과 같이 회상했다: "작년에 우리는 전개도에 대해 모든 것을 안다고 생각했지만, 실제로 우리는 많은 것을 알지 못했어요." 멜리사가 덧붙였다: "저는 주어진 입체도형을 만들 수 있는 전개도를 모두 찾기 위해 우리가 고안한 알고리즘을 사용할 생각을 못했지만, 이제는 알고리즘을 사용해서 가능한 전개도를 쉽게 찾을 수 있어요." 이와 같은 교실 재구조화는 학생들의 학습 이력에 대한 감각을 발달시키고, 수학적 사고자로서 정체성을 확립할 수 있도록 하였다.

NOTES

LOGO는 부분적이거나 본질적인 기하를 촉진하기 위해 화면상의 거북이 아이콘을 조작하는 학생용 컴퓨터 프로그래밍 언어이다. 예를 들어, 학생들은 거북이의 움직임을 프로그래밍하여 사각형을 정의할 수 있다.

더 읽을거리

Lehrer, R., & Chazan, D. (Eds.). (1998). *Designing learning environments for the development of understanding of geometry and space*. Mahwah, NJ: Lawrence Erlbaum Associates.

Lehrer, R., Randle, L., & Sancillo, L. (1989). Learning pre-proof geometry with Logo. *Cognition and Instruction, 6*, 159-184.

제6장

중학년 수학에서 학습 촉진하기

Judith Sowder
San Diego State University
Randolph Philipp
San Diego State University

우리가 제시하는 이해를 통한 학습이 이루어지는 교실에서 교사들은 학생들에게 가르칠 수학과 수학에 대한 학생들의 생각을 이해할 수 있어야 한다. 중학년을 담당하는 교사들은 스스로 상호관련성이 있는 개념들과 학생들이 그러한 개념의 이해를 개발시키는 방법들을 깊이 있게 이해해야 한다는 뜻이다. 첫째, 학생들은 범자연수의 개념과 추론을 유리수의 개념과 추론으로 확장해야 한다. 이러한 확장은 단위(범자연수)의 역할에 대한 깊은 이해, 단위 분할의 수학적 중요성, 유리수 연산을 수행하는 데 사용할 수 있고 연결될 수 있는 다양한 표현 방법에 따라 달라진다. 둘째, 덧셈보다 곱셈 상황의 인식이 더 자연스럽기 때문에 이 수준에서는 수학에 있어서 중심적인 역할을 할 다른 유형의 추론이 필요하다. 셋째, 앞에서 언급된 것과는 다른 중요한 아이디어지만, 밀접한 관련이 있는 또 다른 아이디어는 많은 수학적 상황에서 비율의 역할을 이해하는 것이다. 교사들이 개념의 복잡성과 추론의 관련된 형태를 이해하고, 이러한 아이디어에 대한 학생들의 이해와 추론의 신장에 대해 적절한 기대를 형성할 기회를 가질 때, 교사들은 학생들의 통찰력과 오개념을 다룰 수 있고, 주제를 벗어나는 것을 인식하고 붙잡을 수 있으며, 이해를 촉진하기 위한 적절한 과제와 도구, 표현을 선택할 수 있다.

교사가 이러한 지식을 가질 때, 그의 교실에서 일어나는 일은 일반적인 중학년 교실에서 일어나는 일과 현격하게 다르다. 학생들의 수학적 이해의 발달에 미치는 교사들의 수학적 지식의 효과를 입증하기 위해, 우리는 교사들이 가르치는 수학을 재개념화했을 때 중학년 수학 교실에서 어떤 일이 일어나는지에 중점을 둔다. 다음 두 사례의 담임교사는 개념의 상호 관련성에 대한 이해와 수학적으로 진보할 필요가 있는 개념과 기술을 개발하도록 학생들을 이끄는 수업을 계획하고 실행하기 위한 방법에 대한 이해 모두를 갖추고 있다.

이 사례에서 학교는 매우 이질적이고, 이러한 많은 차이점은 수학적 토의 수준, 학급 경영, 학생 간의 상호작용의 결과로서 언급될 수 있다. 그러나 거기에는 또한 근본적으로 유사한 점도 있다: (a) 학생들은 교수학적으로 적절한 수학적 과제에 도전하고 그것을 해결하는 기회와 격려를 제공 받는다, (b) 교실 풍토는 위협적이지 않고 학생들의 아이디어와 방법은 존중되고 가치가 인정된다, (c) 교사들은 자신의 학급을 발전시킬 수 있는 교육과정 체제와 관련된 특정한 목적에 적합한 과제를 선택한다.

사례 1

상황과 배경

첫 번째 사례는 작은 교외 초등학교 A 교사의 6학년 교실에서 학년말에 일어난 일이다. 이 학교는 모든 교사에게 행정과 학부모의 지원을 제공하였다. 반 학생들은 대부분 중산층이었고 소수민족 학생들도 극소수 있었지만 분포는 다양하지 않았다. A 교사의 교직 경력은 15년이고 많은 기간 동안 수학을 가르치는 데 필요한 전문성을 신장하고자 그와 관련된 다양한 활동에 참여했다. 이 사례에서 기술된 교실의 풍경에서(우리가 관찰했던 A 교사 교실의 수많은 사례 중 전형적인 모습) A 교사는 수학을 가르치는 데 필요한 지식의 수준이 높았으며, 학생들의 반응과 학생들의 성취 수준에 대한 이해에 따라 수업을 계획하였다. 이 사례에서 A 교사는 분수와 범자연수의 나눗셈을 가르쳤다. A 교사는 동수누감(예, 12는 3이 몇 개 있는가?)이나 등분제와 포함제(예, 12를 똑같이 3 부분으로 나눈다면, 각 부분은 몇 개인가?)의 상황에서 적절하게 사용되는 나눗셈 연산을 이해하고 있었다. 이 수업에서 A 교사는 등분제와 포함제로서의 분수를 제시하기로 결정했다. 또한, A 교사는 유리수의 분수적 표현을 몫으로 나타낼 수 있다는 점, 즉 유리수의 분수적 표현을 나눗셈으로 나타낼 수 있다는 것을 이해하고 있었다. A 교사는 중학년에서는 몫으로서의 분수를 이해하는 내용이 비중 있게 다루어지지 않는다는 것을 알고 있었지만 학생들이 몫으로서의 분수 의미를 이해하기 원했다. 그녀는 분수와 분수의 나눗셈이 학생들이 이해하기에 특히 어려운 연산이라는 것을 알고 다음과 같은 주제 순으로 지도하기로 하였다. 먼저 (범자연수)÷(분수)를 가르친 후에[선수 학습], (분수)÷(범자연수)를 가르치고[본 학습], 마지막에는 (분수)÷(분수)를 가르치기로 하였다[후속 학습]. 각각의 사례에서 A 교사는 학생들에게 일상생활과 관련지으며 문제를 생각해보도록 하였다. 그런 다음, 학생들은 패턴을 생성할 수 있을 만큼의 충분한 문제를 학습하였으며, 패턴에 기초한 규칙을 만들고, 마지막에는 다른 문제에 자신의 규칙을 적용하도록 하였다.

이 과제들은 전통적인 분수 나눗셈 수업을 넘어 학생들에게 나누기와 동수누감의 상황에서 더 어려운 문제를 순차적으로 해결하도록 하였다. 놀라운 요소를 포함하고 있어 표기법이 특히 재미있었다: 여기서 사용되는 나눗셈을 나타내는 분수 표기법은 번분수(즉 분수의 분모 또는 분자에 분수가 있거나 분모, 분자 모두에 분수가 있는 분수) 형태였다.

(범자연수)÷(분수)의 나눗셈에 대한 이전 수업에서 A 교사는 일반적인 분수 나눗셈 표기법인 $2 \div \frac{1}{2}$과 나눗셈의 뺄셈표기를 사용하였다.: 2에는 절반이 몇 개나 있는가? 여기에 기술된 이전 수업에서 수업의 마지막 5분 동안 A 교사는 칠판에 다음과 같이 쓰고, 학생들에게 이것의 의미를 생각해서 쓰게 하였다.

$$\frac{\frac{1}{2}}{2}$$

학생들은 번분수를 본 적이 없었다. 토의 후 번분수 표현의 의미에 대한 여러 의견이 제시되었지만 어떠한 합의점에도 도달하지 못했다. A 교사는 학생들이 먼저 분수 나눗셈 문제를 규칙에 의존하지 않고 생각해보도록 하였다. 학생들이 제시한 답(예, “2 중에 $\frac{1}{2}$을 나타내는 분수예요.”, “저는 2와 $\frac{1}{2}$이라고 생각해요.”, “저는 2의 $\frac{1}{4}$이나 $\frac{1}{2}$이라고 생각해요.”, “2에 대한 $\frac{1}{2}$의 비”)은 A 교사가 제시한 표기법의 개념을 완전히 이해하지 못했음을 나타낸다. 이 수업에서 교사가 중점을 둔 것에 관한 정보가 다음 절에 제시되어 있다.

수업

이 사례에 제시된 수업 부분은 약 25분이다. A 교사는 다음과 같은 수를 쓰는 것으로 수업을 시작하였다.

$$\frac{3}{1}\ \frac{2}{1}\ \frac{1}{1}$$

그리고 학생들에게 "각각의 유리수에서 자연수를 찾아보세요."라고 물었다. 그리고서 "각각의 유리수를 연산으로 보는 다른 방법은 없을까요?"라고 물어보았다. 일부 학생들이 "3을 1로 나누기보다는 1을 3으로 나누었어요."라고 말하자, A 교사는 이전 문제를 학생들에게 상기시켰다. 한 개의 쿠키를 3명이서 나누는 것을 $\frac{1}{3}$ 또는 $1 \div 3$으로 기호화하면서, 이 예시 $\frac{3}{1}$이 결국 $3 \div 1$을 의미한다는 것을 학생들이 이해하도록 이끌었다. 그런 다음, 학생들은 다음과 같이 나타내면서 이와 같은 논리를 사용하여 말하였다.

$$\frac{\frac{1}{2}}{1}$$

이때, 다음과 같은 토의가 벌어졌다.

비키: 그래서 이것은 쿠키 한 개와 반쪽 사람이 있다는 것을 말해요. 아니에요. 제 말은 반 개의 쿠키와 한 명의 사람이 있다면, 한 사람이 먹을 수 있는 쿠키가 얼마큼인지를 의미해요. 그러면 그 사람이 전부를 갖게 됩니다.

A 교사: "전부"가 무엇을 의미하나요?

비키: 그 사람은 쿠키 전부인 반 개를 얻었어요.

A 교사: 그렇다면 $\frac{\frac{1}{2}}{2}$ ($\frac{1}{2}$ 나누기 2)은 무엇을 뜻하나요? 우리는 반 개 쿠키를 계속해서 더 많은 사람과 나누어 갖는다면 어떤 일이 일어나는지 살펴볼 거예요. 그래서 $\frac{\frac{1}{2}}{2}$ ($\frac{1}{2}$ 나누기 2)은 무엇일까요? [잠시 후] 잭, 각각의 사람들이 쿠키를 얼마큼 가질 수 있나요?

잭: 한 개요. [잠시 후] 아니, 쿠키의 두 조각이요.

A 교사: 쿠키의 두 조각이라고? 각 사람이 반씩 가진 것을 의미하나요?

잭: 사람들은 각각 쿠키의 $\frac{1}{4}$을 가졌어요.

A 교사: 좋아요. 이번에는 $\frac{1}{2}$을 3으로 나누어 봅시다.

카렌: 6이예요. 왜냐하면 다른 반쪽도 3조각이 되니까요.

A 교사: 전에 우리가 쿠키를 가지고 한 것처럼 그림을 그려서 확인해 봅시다. [A 교사는 학생들에게 그림으로 그려보게 한 후, 학생들의 활동 결과 관찰하

며 교실을 둘러보다가 OHP 위에 [그림 6.1]과 같은 도형을 그린다.]

리사: 다른 반쪽 역시 3조각을 가졌으니까 $\frac{1}{6}$이예요.

A 교사: 다른 반쪽 역시 3조각이 될 수 있어서 6조각 또는 $\frac{1}{6}$이예요. 각각의 사람들은 쿠키의 $\frac{1}{6}$을 갖게 되지요. 지금부터는 같은 반쪽을 4명에게 나누어 주세요. 그것은 팬케이크처럼 큰 쿠키라고 생각하세요.

[그림 6.1] $\frac{1}{2}$을 3으로 나누는 것을 나타냄

[학생들은 이 문제를 해결하고 나자 교사는 $\frac{1}{2}$을 5, 6, 7, 8로 나누었을 때를 예상해보고 자신들이 사용했던 비형식적인 규칙을 말해보게 했다.]

쉬나: 저는 사람의 수를 두 배 했어요.

로버트: 그냥 그것을 한 번 더 더해요.

A 교사: 또 다른 사람은 없나요? [잠시 후] 선생님은 규칙에 흥미가 있어요. 분모에 상관없이 $\frac{\frac{1}{2}}{N}$ ($\frac{1}{2}$ 나누기 N)은 무엇인가요?

빌리진: N의 두 배예요.

A 교사: 그렇다면, 두 배를 수학적으로 어떻게 말할 수 있을까?

샌디: 곱하기 2요.

A 교사: 그러면 답은 $2N$인가요? 각각의 사람들이 $2N$개의 조각을 가지나요?

카렌: 아니요. 각각의 사람은 $\frac{1}{2N}$조각을 갖게 되요.

A 교사: 이것처럼?

$$\frac{\frac{1}{2}}{N}=\frac{1}{2N}$$

[교사가 위와 같이 칠판에 적고, 모든 학생들이 자신들의 풀이방법과 비교 확인한 후 이렇게 표현하는 것에 대해 동의한다.]

우리는 방금 대수적인 규칙을 적었어요. $\frac{\frac{1}{2}}{100}$은 무엇인지 생각해봅시다.

수업이 진행되면서 교사는 분자를 $\frac{1}{3}$로 바꾸었고 학생들은 $\frac{1}{3}$을 1, 2, 3 그리고 N으로 나누었으며, 필요에 따라 쿠키 그림을 사용하였다. 이러한 각각의 사례들을 통해 N에 관한 규칙을 일반화한 후 이 규칙을 공식화했다.

$$\frac{\frac{1}{K}}{N}=\frac{1}{K}\div N=\frac{1}{KN}$$

그런 다음, 학생들에게 다음과 같은 도전적인 문제를 주었다.

$\frac{\frac{2}{3}}{N}$의 규칙을 찾으시오.

학생들은 수업이 끝날 때까지 이 문제를 풀었다. A 교사는 수업 시간 내내 교실을 돌면서, 이 문제를 해결하기 위해 학생들이 무엇을 쓰고, 그리는 지를 기록하고 학생들이 잘못된 방법으로 문제에 접근할 때면, 멈춰 서서 학생들의 대화를 들었다.

수업 후

학생들은 지금 (범자연수)÷(분수), (분수)÷(범자연수)를 학습하였다. A 교사는 모든 학생은 아니지만, 이번 시간을 통해 대부분의 학생들이 분수의 나눗셈과 분수 형식의 나눗셈을 표기법으로 나타내는 것에 대해 잘 이해했다고 말하였다. 학생들은 (분수)÷(분수)를 풀 준비가 되었다. 세 가지 사례의 토의 후(예, 제수로서의 분수, 피제수로서의 분수, 제수와 피제수로서의 분수)에 교사는 분수든 범자연수든 관계없이 모든 수에 대한 나눗셈에 대하여 일반화할 수 있는 수업을 계획하였고, 수를 서로 곱하도록(올바른 몫을 얻기 위한 역수로 곱하는 추론: 역연산 추론) 하였다.

본 수업의 수학에 대한 논의

본 수업은 분수로 표현된 유리수와 유리수 나눗셈에 대하여 다루었다. 학생들은 전에 나눗셈이 두 가지 상황에서 적절히 사용될 수 있음을 배웠다: 똑같이 나누는 상황이나 동수누감의 상황. 첫 번째는 어떤 것을 분할하고 나누는 상황이다. 예를 들어, 친구들과 사탕을 공평하게 나누기 위해, 각 친구들이 사탕을 얼마나 갖게 될 지를 알아보기 위해 한 번에 한 개씩 나누어 줄 수 있다. 결국 학생들은 사탕의 수를 친구의 수로 나누면 각각의 친구들이 받을 사탕의 수를 알 수 있다는 것을 학습하게 된다. 이것은 학생들에게 나눗셈을 소개하는 가장 일반적인 방법이다. 동수누감인 두 번째 상황에서는 사탕을 세어서 내놓는 것처럼 하나의 사탕이 다른 것에 몇 번 들어 있는지를 알아서, 바구니에 몇 개의 사탕이 있는지 아는 것이다. 이 사례에서, 더 이상 뺄 수 없을 때까지, 바구니에 들어 있는 개수만큼 뺄 수 있다. 이 상황은 곱셈을 동수누가로 생각하는 것처럼 나눗셈을 동수누감으로 볼 수 있다.

이러한 학생들은 일찍부터 범자연수의 두 가지 유형의 나눗셈 상황에 익숙하다. 이러한 수업은 분수를 포함한 나눗셈 상황까지 확장시켰다. 전통적으로 학생들은 이러한 상황에 상관없이 분수의 나눗셈을 학습했고, 제수나 피제수에 분수가 있으면 제수의 역수를 취하여 곱하는 규칙(역연산)을 배웠다. 이러한 규칙을 사용하여 문제를 해결하기 쉽지만, 왜 그러한 규칙이 만들어졌는지에 대해 이해하기는 결코 쉽지 않다. 교사 스스로도 왜 이러한 규칙이 적용되는지 이해하지 못하기 때문에 소수의 교사들만이 이 부분에 대하여 설명할 수 있다: 아마도 교사들은 왜 그러한 규칙이 적용되는지 배운 적이 없을 것이며, 전통적으로 교과서에서도 규칙에 대한 설명이 정확히 제시되지 않고 대충 얼버무려 제시되었다. 학생들에게 자신이 배우는 수학을 이해할 수 있기를 기대하는 교실에서 규칙은 특히 골칫거리이다. 학생들은 스스로 규칙을 알아낼 수 없다. 그들에게는 잘 배열된 과제와 다소 재미없고 쉬우며 간단한 규칙을 만드는 데 필요한 일반화가 필요하다.

비록 이 수업에서 나눗셈의 의미를 모두 사용될 수 있었지만, A 교사는 학생들이 나눗셈의 의미를 일반화할 수 있게 하기 위하여 쿠키의 분할과 분배를 선택했다.

$$\frac{\frac{1}{K}}{N} = \frac{1}{KN}$$

혹은 대안으로

$$\frac{1}{K} \div N = \frac{1}{KN}$$

$\frac{1}{K}$은 N명의 사람들이 나누어 갖는 쿠키의 조각이다. 전날, A 교사는 (범자연수)÷(분수)를 하기 위해 동수누감의 개념을 사용했다. 그래서 $3 \div \left(\frac{1}{2}\right)$을 제시하고, 학생들에게 3에 $\frac{1}{2}$이 몇 번 들어 있는지를 물었다. 학생들은 아무것도 남지 않을 때까지

$\frac{1}{2}$을 빼서 6이라는 답을 찾았다(즉 $\frac{1}{2}$을 6번 뺌). 분모를 바꾼 동형의 문제들을 해결한 후에 다음과 같은 일반화된 식을 만들었다.

$$K \div \frac{1}{N} = KN$$

한편, 교과서는 다른 의미의 분수를 사용할 수 있다는 것을 간과하는 듯했다. $\frac{3}{4}$은 보통 전체를 네 부분으로 나눈 것 중 세 부분을 나타내는 것으로 사용되며, 학생들은 다른 의미를 생각해볼 기회가 거의 없다. 이 수업에서 A 교사는 학생들에게 분수의 다른 의미를 제시하였다: 나눗셈을 나타내는 일반적인 방법. "두 사람이 $\frac{1}{2}$의 쿠키를 나누면 각각 얼마만큼을 가지는가?"라는 문제는 다음과 같이 나타낼 수 있다.

$$\frac{1}{2} \div 2 \text{ 또는 } \frac{\frac{1}{2}}{2}$$

2로 나누는 것을 나타내는 두 번째 번분수도 첫 번째 표기법으로 나타내었다.

수업의 마지막에 학생들에게 각 수에 대한 참고단위를 생각하게 하는 상황을 제시하였다.

아래에 제시된 분수의 참고단위는 무엇인가?

$$\frac{\frac{1}{2}}{2} \text{ (즉 몫은 } \frac{1}{4}\text{)}$$

먼저, 우리는 "$\frac{1}{2}$의 참고단위는 무엇인가?"라고 묻는다. 답은 쿠키 전부다(여기서 전체 쿠키는 $\frac{1}{2}$이다). "2의 참고단위는 무엇인가?" 2는 사람의 수를 나타내기 때문에 참고단위는 사람이다(여기서는 두 사람이 있다). "몫 $\frac{1}{4}$? 이 수의 참고단위는 무엇인가?" 역시 쿠키다($\frac{1}{4}$의 쿠키). 그러나 이번에는 사람을 고려해야 한다: 한 사람당 $\frac{1}{4}$의 쿠키. $\frac{1}{2}$의 쿠키가 나누어 갖는 사람의 수와 상관이 없는 반면, $\frac{1}{4}$의 쿠키는 $\frac{1}{2}$의 쿠키를 나누어 가질 사람 수를 고려해야 한다. (주의: 한 사람당 먹는 쿠키나 각 가방에 들어가는 사탕, 시간당 거리 같은 문제는 비율의 개념으로 유도된다.)

나눗셈과 관련된 많은 어려움은 각 수에 내포되어 있는 참고단위에 대한 이해 부족으로부터 생긴다. A 교사가 학생들에게 각각의 수의 참고단위를 알도록 돕는 것으로 보아 A 교사가 나눗셈의 어려움을 인지하고 있다는 것을 알 수 있다. 그러면 다음의 수는 무엇을 뜻하는가?

$$\frac{\frac{1}{2}}{2}$$

우리는 쿠키의 반을 가질 것이고 두 사람에게 나눠 줄 것이다: 한 사람당 갖는 쿠키는 얼마인가? 여기에 사용된 나눗셈의 분할과 분배의 의미는 나타낼 수 있는 단위 방식에 영향을 미친다. A 교사가 동수누감의 의미를 사용했다면 참고단위를 다르게 보였을 것이다. 예를 들어, 한 번에 쿠키를 2개씩 주는데 내가 쿠키를 6개 가지고 있다고 가정해보자. 나는 쿠키를 몇 번 받았겠는가? 나는 쿠키 2개씩 3번 가져왔기 때문에 나는 쿠키를 3번 받았다. 그러나 쿠키 6개 대신에 쿠키 $\frac{1}{2}$을 가지고 있다고 가정해보자. 나는 쿠키를 몇 번 받을 수 있는가? 이번에 나는 $\frac{1}{2}$ 안에 2가 몇 번 있는지를 묻고 있다. 이것은 다음과 같이 표현된다.

$$\frac{\frac{1}{2}}{2} \text{ 또는 } \frac{1}{2} \div 2$$

$\frac{1}{2}$의 참고단위는 역시 전체 쿠키이고. 여기서 2의 참고단위는 한 번에 받는 쿠키이며 몫 $\frac{1}{4}$의 참고단위는 쿠키는 아니지만, 내가 받을 수 있는 전체 쿠키(2)의 일부이다. 그래서 쿠키 1개의 $\frac{1}{4}$이 아니라 쿠키 2개의 $\frac{1}{2}$에 대해 말하고자 한다: 나는 한 번에 받은 쿠키의 $\frac{1}{4}$을 가지고 있다. 이 두 상황의 차이점은 미묘하다. A 교사가 이 두 상황을 완전히 이해하지 못했다면, 학생들을 혼동시키기 쉽다.

학생들의 정신적 활동

카펜더와 레허러(이 책의 제2장)는 논의된 이해를 이끄는 다섯 가지 정신적 활동(관계 구성하기, 수학적 지식을 확장하고 적용하기, 수학적 경험을 반성하기, 아는 것을 명확하게 표현하기, 자신만의 수학적 지식 만들기)을 제시했다. A 교사의 교실에서 이러한 정신적 활동이 어떻게 발달되는지 보여주기 위해, 먼저 과제, 도구, 규범적 관행을 조사한 다음 본 수업과 수업 후 활동의 상황을 고려하면서, 특히 이 다섯 가지 활동을 중점적으로 살펴본다.

교실: 과제, 도구, 규범적 관행

과제와 도구 분명히 A 교사가 선택한 과제는 여러 날에 걸친 교실 토의가 가능하고, 분수 나눗셈에 대해 일반화된 규칙을 이끌 수 있다. 이 특정 사례에서 A 교사는 학생들이 분수의 나눗셈을 이해하는 데 교과서의 과제가 도움이 되지 못한다고 생각했기 때문에 교과서를 안내하지 않았다. 그래서 A 교사는 분수의 나눗셈에 대하여 학생들 스스로 지식을 구성할 수 있도록 돕고자 과제를 설계하고, 배열하였다. 게다가 나눗셈의 두 가지 의미를 구체화할 수 있는 상황을 제시하기로 결정하고, 나누기와 동수누감의 상황이 어떻게 나눗셈으로 유도되는지 보여줄 수 있는 과제를 제시하였다. 결국, 나눗셈을 해석하는 학생들에게 분수의 표기법을 상기시킴으로써 나눗셈 그 자체를 표현할 수 있는 기회를 가졌다. 이 수업에서 표기법은 중요한 도구였다. 쓰고 그리는 것, 역시 중요한 도구였다. 학생들은 과제가 제시되는 동안 쓰고 그렸고 A 교사, 역시 학생들이 만들어낸 요점을 보여주고 요약하기 위해 OHP에 쓰고 그렸다.

규범적 관행 카펜더와 레허러가 제2장에서 제시한 것처럼 과제와 도구 혼자서는 이해를 발달시키지 못한다. 특정 수업에서 규범적 관행은 과제와 도구에 의해서 생겨난 반응의 형태를 결정한다. A 교사의 6학년 교실에서 규범적 관행은 잘 확립되었다. 모든 학생들은 자신들에게 던져진 질문의 올바른 답이 하나가 아닐 수 있다는 것, 자신이 제시한 답에 대하여 추론할 수 있어야 한다는 것, 교구가 자신들의 생각을 돕는다면 언제든지 구체물과 계산기를 사용할 수 있다는 것, 모든 답과 추론은 고려되어 존중받는다는 것, 자신이 옳은지 그른지를 말하지 못하지만 대신 좋은 추론을 통해 스스로 확신할 수 있어야 한다는 것 그리고 마지막으로 수업 후에 수학 수업과 관련된 내용 중에 바라는 점에 대하여 적어야 한다는 것을 알고 있다. 앞에 제시된 모든 관행 중에서 가장 중요한 규범은 이러한 관행들이 수학을 이해하는 데 필요한 것이라는 점을 가정했다는 것이다. 이러한 많은 관행들은 사례에 나타나 있다.

연속적인 수업의 한 부분으로서 수업

관계 구성하기 이 수업은 학생들이 분수, 나눗셈, 분수의 영역 내에서 일어나는 나눗셈 방법, 분모로 분자를 나누는 분수 그 자체에 대해 이해하는 일련의 수업 중 하나이다. 각각의 수업에서 학생들에게 익숙한 상황이 수업에 사용되고 학생들을 이해시킨다. 학생들은 선수학습을 통해 알게 된 지식을 사용하여 분수 나눗셈에 대한 통합된 지식을 구성한다. 카펜더와 레허러가 제2장에서 지적한 바와 같이, 모든 관계가 생산적인 것은 아니다. 예를 들어, 분수의 나눗셈을 역수의 곱과 연관 짓는 전통적인 방법은 기본적인 이해 없이 오직 기계적인 규칙으로만 이끌어 비생산적이다.

수학적 지식을 확장하고 적용하기 A 교사는 신중하게 고려된 양을 표현하는 분수를 포함하는 나눗셈 상황의 유형에 대한 학생들의 사전 지식을 연결하고 확장하기 위하여 과제를 고안하였다. 분수의 나눗셈은 쿠키를 나누는 간단한 상황과 분배를 위한 점점 더 복잡한 상황을 형식화하여 학습하기 때문에, 학생들은 분수의 나눗셈이라고 불리는 나중의 분배 상황을 좀더 쉽게 인식한다. 두 가지 분수 상황에서 나눗셈 기능은 분수와 나눗셈에 대한 개념적인 이해와 함께 발달된다. 생성된 규칙은 이전의 규칙에 통합되고, 결국 분수의 나눗셈에 좀더 일반적으로 사용할 수 있는 규칙이나 알고리즘으로 유도된다.

수학적 경험을 반성하기 상황은 학생들에게 최근에 해결된 문제를 고찰하고 새로운 상황으로 확장하도록 제시되었다. A 교사는 필요하다면, 이전에 응용했던 경험을 상기시킴으로써 학생들이 이 과정을 해결하는 것을 돕는다. 예를 들어, A 교사는 수업을 시작할 때, 세 사람이 한 개의 쿠키를 나누 것에 대한 의미와 이 상황을 나타내는 표기법을 학생들에게 상기시켰다. 일반화가 형성되면, 학생들은 규칙이 이전에 제시되었던 모든 상황에 적합한지를 고찰할 필요가 있다. 이 단계에서, 문제에 대한 고찰은 오류를 인식할 수 있도록 한다: 각각의 사람은 $2N$개의 쿠키를 가진 것이 아니라 $\frac{1}{(2N)}$개의 쿠키를 가졌다.

$$\frac{\frac{2}{3}}{N}$$

위에 제시된 규칙을 찾으려는 학생들의 노력은 자신이 했던 것과 역수의 곱 알고리즘이라는 궁극적인 일반화를 이해하기 위해 준비한 것들을 고찰하게 했다.

아는 것을 명확하게 표현하기 수업 시간에 학생들은 각각의 분모를 바꾸어 문제를 해결해봄으로써 궁극적으로는 일반화에 도달하게 하는 질문에 답함으로써 자신의 현재 이해 상태를 분명하게 표현해야 한다. 또한 학생들은 제시된 문제의 순서에 따라 각각의 문제에 대한 자신의 생각을 기록하고, 문제에 대한 이해를 돕기 위해 그림을 그린다. 교사는 교실을 순회하면서 학생들이 적은 것과 그린 것을 관찰하고 학생들이 범하는 오류와 수업을 얼마나 이해하고 있는지 유심히 살펴본다. 결국, 학생들은 다음의 규칙을 발견하게 되었다.

$$\frac{\frac{2}{3}}{N}$$

이런 문제에 대한 학생들의 생각은 쓰기를 통해 분명해졌고, 다음날 토의를 통해 더욱 분명해졌다.

▌자신만의 수학적 지식 만들기 모든 학생들은 A 교사가 제시한 문제의 배열을 통해 생각하였다. 교사의 신중한 질문은 학생들이 점점 복잡한 과제에 답할 수 있도록 한다. 학생들이 모두 각각의 새로운 문제를 쓰고 그것을 그림으로 나타내려고 한 사실은 학생들에게 일반화를 개인적으로 이해할 수 있는 기회를 주었다. 예를 들어, 모든 학생들은 오직 이전에 해결했던 문제들을 검토한 후에 다음과 같은 일반화에 동의했다.

$$\frac{\frac{1}{2}}{N} = \frac{1}{2N}$$

A 교사는 수학을 기억해야 할 규칙이 아니라 이해할 수 있다는 기대감을 학생들이 형성하게 했다는 점에서 훌륭했다. 이러한 기대는 학생들이 스스로 수학을 이치에 닿게 했기 때문에 그것에 대한 소유 의식을 갖게 했다. 학생들은 그것을 이해했다.

사례 2

상황과 배경

K 교사는 도심 학교에서 5학년을 가르친다. 그는 32명의 학생을 담당하며 그 중 17명은 멕시코, 소말리아, 아이티, 동남아시아에서 최근에 이주해왔고 영어를 제2언어로 사용한다. 이 중 3명은 실제로 영어를 전혀 못한다. K 교사는 학생들을 좋아하고, 뛰어난 학급 경영 능력을 갖고 있었기 때문에, K 교사의 학급에는 학급 경영을 어렵게 만드는 학생들이 다른 학급에 비해 훨씬 많았다(게다가 영어가 모국어가 아니라는 사실이 과제로 남겨졌다). 그렇지만 학습 환경은 좋은 편이었다. 가능한 범위 내에서 영어 구사 능력이 부족한 학생과 영어를 모국어로 사용하는 학생을 짝지어 주었다. 많은 수의 학생들은 주의집중 시간이 짧아서 K 교사는 학생들을 참여시킬 수 있는 전체 학

급 토의 및 소그룹 활동과 손으로 직접 해야 하는 개별 과제를 활용하였다.

K 교사는 이 수업에서 선택한 수학 과제를 학생들이 어느 정도 이해하는지 확신할 수 없었지만, 그가 참여했던 교사-개발 프로젝트의 세미나에서 배운 것을 바탕으로 초등학교의 학생들이 곱셈적 추론의 경우를 비교해보는 경험이 거의 없어 모든 상황을 덧셈으로 다루는 경향이 있다는 점은 확실할 수 있었다. 예를 들어, 학생들은 오렌지주스 2컵과 물 3컵을 섞은 것이 오렌지주스 4컵과 물 5컵을 섞은 것과 같은 맛이 날 것이라고 말할 것이다. 그 이유는 두 사례의 경우에 모두 물이 오렌지주스보다 1컵 더 많기 때문이다. 학생들은 곱셈적 비교($\frac{2}{3}$와 $\frac{4}{5}$의 비율)보다는 덧셈적 비교(각각의 경우에서 동등한 차이)를 하는 경향이 있다.

K 교사는 학생들의 덧셈적 추론을 곱셈적 추론으로 바꿀 수 있고 특별한 상황에 적절한 추론의 형태를 인식하도록 돕는 적절한 과제를 생각하였다. 전날, K 교사는 학생들에게 다음의 문제를 제시하였다.

> 사만타는 은행에 20불을 저금했고, 3개월 후에 40불을 받았다. 제르메인은 은행에 30불을 저금하고, 3개월 후에 55불을 받았다. 누가 더 많은 수익을 얻었나요?

모든 학생들은 제르메인이 더 많은 수익을 얻었다고 생각했다. 그 이유는 제르메인은 초기 투자비용에서 더 많은 돈을 받았기 때문이거나(덧셈적 추론) 3개월 후에 단순히 더 많은 돈을 받기 때문이었다. 그때 한 학생이 사만타가 두 배 수익을 얻었고 제르메인은 그렇지 못했다는 데에 주목하게 되고(곱셈적 추론), 제르메인이 더 많은 수익을 얻었다고 말했다. 이 학생은 학급의 학생들에게 그의 추론을 설명했지만 다른 학생들은 여전히 제르메인이 더 많은 수익을 얻었다고 확신하였다. K 교사는 학생들이 그 이유에 대해 생각할 시간을 가질 때까지 다른 문제를 제시하지 않기로 하였다.

본 수업

이 수업에서 K 교사는 문제를 바꾸었다.

	투자	3개월 후
제키 은행	20불	40불
졸란다 은행	10불	30불

당신은 60불을 가지고 있다. 그 돈을 제키 은행에 투자할 것인가? 졸란다 은행에 투자할 것인가? 아니면 어디에 투자하든 별 차이가 없는가?

이 문제를 학급에 제시한 후, K 교사는 학생들에게 답을 물어보았다.

레이크: 제키 은행에 투자할 거예요.

칼리: 맞아요. 제키 은행에 투자할 거예요.

제시카: 제키 은행에 투자하면, 20불을 얻을 수 있기 때문이에요.

로렌스: 저는 졸란다 은행에 투자할 거예요. 그래야 더 많은 돈을 얻을 수 있어요. 만약 20달러를 졸란다 은행에 투자하면 60불을 얻을 수 있지만, 제키 은행에서는 단지 40불만 얻을 수 있어요.

K 교사: 로렌스, 다른 친구들이 너의 설명을 이해하지 못한 것 같은데, 표를 만들어 설명해줄 수 있니?

(**유의:** 로렌스는 이 학급으로 온 지 며칠 되지 않았다. 전에는 특수학급에 있었다. K 교사는 로렌스가 학습 부진이 아닌 장애가 있어서 특수학급에 있었을 것이라고 생각했다. 그는 학급에서 장애로 보이는 행동을 하지 않았다. 사실, 이번 시간에는 로렌스가 약간 잘했다고 말했다. K 교사는 나중에 로렌스를 교실 토의에 참여시킬 것이라고 말했다.)

로렌스는 칠판으로 걸어가서 머뭇거리며 첫 번째 칸에는 20불짜리 세 번, 두 번째 칸에는 40불짜리 세 번 표시하였다. 그런 후, 40불을 모두 더해 120불을 구하였다. K 교사는 옆에서 로렌스가 요약하는 것을 도왔다.

K 교사: 네가 제키 은행에 20불을 세 번 투자하면 120불을 받게 돼. 졸란다 은행에 관한 표도 작성할 수 있니?

로렌스는 두 번째 표를 작성하는 것에 대해 혼란스러웠지만 도움을 받아 첫 번째 칸에는 10불씩 여섯 번, 두 번째 칸에는 30불씩 여섯 번을 적었다. 그는 여섯 개의 30불을 더해서 180불을 썼다.

K 교사: 졸란다 은행에 60불을 투자하면 얼마를 받을 수 있니?

로렌스: 180불요.

K 교사: 그렇다면, 너는 돈을 어디에 투자할 거니?

로렌스: 졸란다 은행이요.

K 교사: 로렌스, 너의 말에 친구들도 동의하는지 물어 보렴!

일부 학생들은 동의했고, 일부는 그렇지 않았다. K 교사는 학생들 모두에게 로렌스의 "쾅당"(바닥에 충격을 가함으로써 좋은 활동에 대해 깨닫게 하는 것)을 주었다. 교사는 표에 "로렌스의 해결"이라는 명칭을 붙이고 동의하지 않는 학생들에게 물었다. 그는 항상 그랬던 것처럼, 토의가 끝나기 전에, 학생들이 다양한 해결방법과 답에 대해 계속해서 토의할 수 있도록 하였다.

제르메인: 제키 은행에 일주일 동안 10불을 투자하면, 180불을 얻게 돼.

레이크: 아니야. 나는 생각을 바꿨어!. 로렌스의 답에 동의해. 제키 은행에서는 돈이 두 배가 되지만, 졸란다 은행에서는 3배가 돼.

설리: 느린 방법과 빠른 방법이 있기 때문에 제키 은행이 더 나아. 20불이 40불이 되는 것이 빠른 방법이야.

다른 학생들은 졸란다 은행은 시간이 너무 많이 걸리기 때문에, 제키 은행이 더 낫다고 주장하였다. K 교사는 학생들에게 원한다면 졸란다 은행에 10불씩 여러 번 투자할 수 있다고 말했다. 그리고 학생들에게 각각의 은행에 100불을 투자하면 얼마나 얻을 수 있는지를 그룹별로 알아보라고 하였다. 토의는 활발하게 이어졌다. 학생들은 많은 과제를 해결해보고, 자신의 해결방법에 대한 강한 확신을 가졌다. 수업이 끝날 때쯤, 대부분의 학생들은 졸란다 은행에 투자할 것을 결정했지만, 여전히 네 명의 학생은 제키 은행이 더 낫다고 생각했다.

수업 후

K 교사는 일부 학생들이 이러한 상황에서 각각의 경우 20불의 차이보다는 2 : 1과 3 : 1과 같은 비의 비교를 통해 곱셈적인 추론을 시작하고 있다는 것을 알게 되었다. 그는 학생들이 이 문제에 관해 전날 했던 것보다 더 많이 향상되었다고 느꼈다. 그룹활동을 통한 논의과정에서 모든 학생들이 은행에 한꺼번에 10불보다 더 많은 금액을 투자할 수 있다는 것에 대해 이해했다고 생각했다. 그러나 그는 처음 금액이 얼마였는지보다는 3개월 후 받을 금액이 얼마인지에 대해 관심을 갖는 학생 수에 놀랐다. 그는 곱셈적 추론이라 불리는 다른 발전된 상황을 나중에 소개하더라도 어떤 수를 선택하고 어떻게 비교 상황을 만들지에 대해 미리 계획하기로 하였다.

본 수업의 수학에 대한 논의

K 교사는 덧셈적 추론보다는 곱셈적 추론이 좀더 생산적으로 보여질 수 있는 발전적

상황이라는 것을 깨닫게 되었다. 곱셈적으로 추론하기 시작한 학생들을 위해 발전적인 상황의 예를 사용하기로 결정하였다. 그는 은행투자가 학생들에게 일상의 경험이 아니라는 것을 깨닫고, 발전적 상황을 포함하는 몇 가지 다른 상황들을 먼저 고려하였다. 그러나 그는 어떤 은행 투자할 것인지에 대해 명확히 할 수 있고, 돈은 학생들에게 흥미 있는 주제라는 것을 알기 때문에 은행 투자가 좋은 예가 될 것이라고 결정하였다. 그러나 그는 어떤 학생들을 대상으로도 이와 비슷한 과제를 사용해본 적 없었고, 그들의 사고를 예상할 수도 없었다. 학생들은 덧셈적 추론도 곱셈적 추론도 아닌 오직 최종적으로 받게 될 액수만을 생각했다. 그들의 추론 수준은 아직도 심각한 원시 수준에 있었다. 시도해보지 않은 과제로 학생들이 과제 수행 중에 직면하게 될 어려움들을 모두 예측하는 것은 어려운 일이다. 특히, 이 수업에서 중점을 두고 있는 두 가지 유형의 추론과 같이 교육과정의 일반적인 특징이 아닌 영역의 경우는 더욱 그렇다.

그러나 학생들이 중학년의 주된 내용인 비율과 같은 문제를 이해할 수 있다면, 분명 곱셈적 추론을 할 수 있을 것이다. 그러나 아쉽게도, 학생들은 비율적 과제를 거의 이해할 수 없다. 학생들은 단지 비율이 포함된 모든 상황에 적용할 수 있는 분수의 나눗셈과 같은 규칙을 학습하였다: 그들은 두 개의 비를 같게 하고 네 개의 빈 칸 중 세 개를 채운 후, 역으로 곱하고 나누어 답을 얻었다. 사실, 많은 학생들은 비가 같은 두 개의 양을 인식하지 못하고, 그저 네 개의 숫자와 관련된 문제(세 개는 주어져 있고 네 번째 수를 찾는 문제)로만 본다. 비례에 대해 개념적으로 이해하는 학생은 거의 없다. 아마도 K 교사가 이 사례에서 사용한 유형의 과제를 먼저 해결해본다면, 학생들은 좀더 비례적 추론 과제를 해결할 준비를 할 수 있을 것이다.

학생들의 정신적 활동

이 절에서, 우리는 다시 한 번 본 수업과 관련된 과제, 도구, 규범적 관행을 살펴보고, 수업의 일부를 살펴본 후, 제2장에서 카펜더와 레허러가 제시한 다섯 가지 유형의 정신적 활동을 구체적으로 살펴볼 것이다. 다섯 가지 유형의 활동은 각각 이 수업에서 나타났지만, A 교사의 수업에서와 같은 방법으로 나타나지 않았다.

교실: 과제, 도구, 규범적 관행

과제와 도구 K 교사가 사용했던 두 가지 과제를 비교하는 것은 가치 있는 일이다. 사만타와 제르메인의 저금을 다룬 첫 번째 과제에서 K 교사는 일부 학생들이 사만타의 돈이 두 배가 되는 반면에 제르메인은 그렇지 못하다는 것과 자신들의 추론에서 다른 점을 확신한다는 것을 합리적으로 인식한다고 생각하였다. 그러나 한 명의 학생만이 이 사실을 인식했다. 대부분의 학생들은 사만타는 20불만을 얻은 반면 제르메인은 25불을 얻었다고 말하였다. 놀랍게도 소수의 학생들은 3개월이 지났을 때 제르메인은 총 55불을 받게 되지만 사만타는 40불만을 받기 때문에 제르메인이 더 나은 거래를 했다고 주장하였다. 앞서 진술된 문제는 간단한 질문(누가 더 많은 수익을 얻는가?)을 하고 있기 때문에 그 자체에 더 많은 논의거리가 제공되지 않았다. K 교사는 이 시점에서 문제를 바꾸거나 새로운 문제를 제시해야 했지만, 현명하게도 과제에 대해 더 많이 생각할 수 있도록 학생들이 상황에 대해 더 많이 생각할 수 있는 새로운 상황을 설계하였다. 새로운 과제는 이 사례의 수업의 중점이었다.

질문의 표현이 문제를 개별화하였다: 각각의 학생들은 자신이 투자할 은행을 결정하였다. K 교사는 비록 차이가 나더라도(모든 사례에서 20불), 최종 액수 또한 쉽게 비교(처음 투자액의 2배와 처음 투자액의 3배)할 수 있도록 신중하게 수를 선택하였다. 또한 두 번째 투자는 처음의 2배로 하여 2배, 3배의 효과를 비교하기 쉽게 하였다. 즉 20불 투자는 10불을 2번 투자한 것으로 생각할 수 있다. 여기에서 2배, 3배는 이전 문제의 비보다 토의하고 비교하기 쉽다. K 교사는 궁극적으로 학생들이 더 어려운 숫자 조합이 있는 문제를 쉽게 해결할 수 있기를 원했지만, 학생들이 처음 곱셈적 추론을 학습을 할 때 수가 학생들의 이해를 방해하지 않아야 한다고 믿고 있었다. 이 문제는 간단하게 투자할 돈의 액수를 바꾸어 그룹 활동으로까지 확장시켰다. 표면적으로 두 과제는 크게 다르지 않아 보이지만, 실제로 두 번째 과제는 일부 학생들에게 더 많은 투자를 하도록 이끌었고 새로운 문제에 대해 더 많이 질문하고, 더 많은 해결방법을 제시하고, 확장시킬 수 있는 기회를 제시하는 쪽으로 다소 변화되었다. 두 번째 과제는 수업 전반에 걸쳐 풍부한 과제였고, 학생들의 사고를 변화시킬 수 있었다.

문제는 다양한 계층의 학생들이 접근하기 쉬워야 한다는 것 또한 중요하다. 사실 특별한 교육을 받는 학생들은 우선적으로 근거를 제시한 올바른 답을 찾는다. 이러한 학급에서 학생들의 다양성은 교사들에게 문제가 될 수 있지만, K 교사는 수업 과제를 신중하게 선택함으로써 학생들을 지속적으로 집중시킬 수 있었다. 이 수업에서 칠판은 중요한 도구였다. K 교사는 보통 OHP만 사용했지만, 이 수업에서는 칠판에 해결방법을 제시하고자 했고, 나중에 방법을 비교하고 토의하기 위해 그대로 남겨두었다. 로렌스의 첫 번째 해결방법에서 K 교사는 금액을 더 쉽게 비교할 수 있도록 각 은행에 관한 두 개의 표를 만들어 보게 하였다. 또한 소집단 활동을 할 때에는 학생들은 자신의 생각을 조직하기 위해 표를 사용했다.

규범적 관행 K 교사의 교실에서 규범적 관행은 학생들이 열린 토의와 의견 공유를 하면서 부적절하고 방해가 되어 의욕을 꺾는 행동을 조화롭게 하기 위하여 설계된 관행들이었다. K 교사의 사례에서 특히 흥미로운 것은 일반적으로 선택된 전통적인 과제(예: 알고리즘 연습, 개별 자습 등)보다 수학적인 이해를 발달시키는 과제에 중점을 두는 동안에 모든 것을 달성할 수 있었다는 것이다. 그 이유는 과제를 통해 학생들이 갖고 있는 방해 행동을 더 많이 통제할 수 있기 때문이다. K 교사의 수학 수업에 학생들은 높은 참여와 관심을 보였다. 수학 학습은 문제해결과 거의 동의어였다. 학생들은 자신의 답을 설명하도록 배웠고 완전히 비합리적인 답을 제시함에 있어서도 다소 덜 충동적이게 되었다. 교실에서 전체 학급 토의와 소그룹 활동이 종종 이루어졌다. 이것은 수업의 속도를 변화시킬 뿐만 아니라 영어가 모국어가 아닌 학생들에게 통역할 학생을 지목하여 토의하고 질문할 기회를 주었으며, K 교사는 교실을 순회하며 각 학생들의 학습 과정을 관찰하고 필요한 도움을 제공하는 데 시간을 할애하였다.

순서의 일부로서 수업

관계 구성하기 이 학급에서 대부분의 아이들은 아마 곱셈적 추론을 요구하는 상황에서 덧셈적 추론을 적용하였을 것이다. 앞서 언급한 오렌지주스 문제와 같은 유사한 문제들을 학생들에게 풀어 보게 하면, 이 연령의 학생들, 심지어 그보다 더 나이가 많은 학생들조차 문제에 답하기 위해 곱셈적 추론보다 덧셈적 추론을 사용하여 틀린 답에 이르게 된다는 충분한 증거가 될 것이다. 이 교실에서 학생들은 문제의 곱셈적 추론의 본질만을 이해하기 시작하였다. 그것은 금액들 간의 차이도 아니고 투자 후 최종적으로 받게 될 금액도 아니다. 오히려 처음과 마지막 금액 사이의 곱셈적 관계이다. 돈을 세 배하는 것이 두 배하는 것보다 낫다. K 교사는 학생들에게 이 상황에서 세 배가 두 배보다 낫다고 말할 수 있었지만 학생들의 추론 방법을 발달시키기 위해 다른 곱셈적 상황을 적용할 수 있다고 믿었고, 학생들 스스로 적절히 세 배하는 것과 두 배하는 것을 깨달아야 한다고 여겼다. 이 수업에서는 지식의 새로운 유형의 구조가 생겨난다. 다음 수업에서 또 다른 곱셈적 상황으로의 연결이 형성될 것이고, 결국 무엇이 일어나는지 표현하기 위해 비를 형식화하는 것을 유도할 것이다(이 사례에서 비는 2 : 1과 3 : 1이다).

수학적 지식을 확장하고 적용하기 K 교사는 오늘 수업 상황을 신중하게 선택하였다. 돈과 관련되었기 때문에 학생들에게 흥미를 줄 수 있는 실생활 환경 관련 문제의 선택은 적절한 수학적 관계를 구성하는데 도울 뿐 아니라, 아직 접하지 않은 다른 발전적인 문제를 위한 초기 형태로서 작용할 수 있다.

▌수학적 경험을 반성하기 학생들에게 자신의 학습을 반성하도록 하는 것은 K 교사의 교실에서는 어려운 일이었다. 그는 많은 수의 비영어권 학생들과 문제 행동이 있는 학생들을 가르치고 있었다. 그는 학생들을 혼자서 활동하게 하고 배운 것을 쓰게 하는 것이 성공할 수 없음을 알았다. 그래서 K 교사는 이러한 학생들이 학습하는 데 있어서 도움이 될 만한 대안을 찾고자 고심하였다. K 교사는 일부 학생들에게 추론과 함께 답을 제시하게 하고, 이것에 이름을 써서 칠판에 붙임으로써 교사는 학생들에게 어느 방법이 더 낫다고 생각하는지 물어보았다. K 교사는 학생들에게 그들이 생각하는 방법이 더 나은지 물었다. 학생들은 자신이 선호하는 방법을 결정하기 위해서 서로 다른 해결방법의 추론을 검토해야만 했다. 그런 다음, 학생들은 유사한 문제를 해결하기 위해 소그룹 활동을 했다. 이것은 졸란다 은행에 투자하는 것이 왜 더 나은지를 다시 한 번 반성할 수 있는 좋은 기회였다.

▌아는 것을 명확하게 표현하기 영어능력이 너무 부족해서 수업에 참여하기 어려운 소수의 학생을 제외한 학생들은 수업에 열심히 참여하였다. 학생들은 칠판에 그들의 해결방법을 제시했고 몇 가지 해결방법이 옳은지, 그른지, 왜 그런지에 대해 학급 토의를 했다. 소집단 문제에 대해서도 강렬하고 열띤 토의가 이루어졌다. 모든 학생들이 문제를 어떻게 해결해야 하는지를 말하고 싶어 하는 것 같았다.

▌자신만의 수학적 지식 만들기 수업 시작할 때쯤, 대부분의 학생들이 제키 은행이 더 나은 수익을 낸다고 믿었다. 그러나 수업이 끝날 때쯤에는 네 명을 제외한 모든 학생들이 졸란다 은행이 더 많은 수익을 낸다고 확신했다. 이러한 변화는 K 교사가 학생들에게 어떤 은행이 더 나은지를 말하게 한 것이 아니라 같은 금액을 각 은행에 투자했을 때, 발생할 결과를 표를 만들어 상황을 통한 추론을 하도록 했기 때문이다. 비록 학생들이 결론을 일반화하고 그것을 다른 상황에 적용할 수 있는가는 분명하지 않지만 적어도 그러한 방향으로 가는 것은 좋은 출발점이다. 수업이 끝날 때쯤에, 이러한 확신은 개인적이었고 자신이 옳다는 것에 대해 논쟁하고 그에 대한 증거를 충분히 제공하게 되었다. 대부분의 학생들은 처음 투자 금액과 마지막에 받게 되는 금액의 차이를 단순히 살펴보는 것으로는 불충분하다는 것을 인식하였다.

되돌아보기

각 사례에서, 수업의 중점이 된 수학적 과제는 특별한 수학적 이해를 발달시키기 위해 교사들에 의해 고안되었다. 모든 사례에서 적절하게 확장되고 신중하게 설계된 과제, 수업시간 내내 제시된 활동들, 결론을 이끌어내는 모든 사례들은 학생들이 개별적으로 지식을 구성하게 하였다. 두 사례에서 제시된 모든 과제들은 교과서에 제시된 것이 아니었다.

그러나 교과서 문제가 흥미를 유발하지 않거나 수학적 이해를 발달시킬 수 없게 설계되었다는 말은 아니다. 중요한 것은 과제가 교사가 고안한 것이든 교과서에서 선택한 것이든 간에, 교사는 발달시키고 싶어 하는 수학적 이해가 무엇인지 그리고 어떻게 과제가 이러한 이해를 이끌 수 있는지를 알아야 한다는 것이다. 비록 현저히 다른 환경이었지만, 두 사례는 수학과 학생들이 수학을 배울 때 나타내는 방법에 대해 이해하고 있는 교사들이 수학적 이해를 발달시키기 위한 정신적 활동을 학생들이 접할 수 있는 기회를 제공하는 교실 규범이 확립된 범위 내에서 어떻게 적절한 과제와 도구를 제공할 수 있는지 기술한다.

이 사례 속 두 명의 교사들은 자신이 가르치는 수학에 대해 깊은 이해를 하고 있었기 때문에, 이 교사들의 교실에서 일어나는 일들은 대부분의 같은 학년의 수학 교실에서 우리가 경험한 것과는 상당히 다르다. 또한 대부분의 교사들이 스스로 경험한 것과도 다르다. 제시된 사례들이 중학년 교육과정에 기초하여 개념적으로 가르치기 위해 합리적인 것처럼 보이지만, 교사들은 스스로 중학년 수학에 대해 다시 논의하고, 재개념화 하면서 수학적 지식의 본질과 교수법적의 효과를 높이기 위해 필요한 활동의 본질을 이해할 기회를 가져야 한다.

더 읽을거리

Philipp, R, Flores, A., Sowder, J. T, & Schappelle, B. P (1994). Conceptions and practices of extraordinary mathematics teachers. *The Journal of Mathematical Behavior*, *13*(2), 155-180.

Sowder, J. T, Philipp, R A., Armstrong, B. E, & Schappelle, B. (1988). *Middle-grade teachers' mathematical knowledge and its relationship to instruction*. Albany:State

University of New York Press.

Soweder, J. T, & Schappelle, B. P (Eds.). (1995). *Providing a foundation for teaching mathematics in the middle grades*. Albany: State University of New York Press.

제7장

통계의 이해

Susanne P. Lajoie
McGill University

다른 수학 주제와 비교했을 때, 통계는 수학교육 과정에서 다소 새로운 주제이다. 최근의 연구는 언제, 어떤 통계 내용을 가르칠 것인가를 명확히 하는 것뿐만 아니라 그러한 내용에 대한 통계적 이해를 어떻게 가르치고, 평가하는가에 주안점을 둔다. 수학 교실에서 통계가 큰 비중을 차지하지 않는다는 것을 고려하여, 본 장은 단지 통계적 이해를 촉진하는 교실을 만들기 위한 대략의 틀과 함께 통계 교수·학습이 어떤 모습이어야 하는지에 관한 밑그림만을 제공할 뿐이다. 통계적 이해와 관련하여 이러한 밑그림을 제공하는 것은 더 나은 수업과 이 분야에서의 더 발전된 연구를 촉진시키기 위함이다. 앞으로 기술할 '의미 있는 통계 프로젝트'(Authentic Statistics Project: ASP)는 교실에서 어떻게 통계적 이해를 촉진할 수 있는지를 보여주는 한 예가 되며, 여기서 보여주는 모든 교실 사례는 ASP를 수행하고 있는 8학년 교실의 모습이다. 카펜더와 레허러가 제시한 이해의 관점(제2장)이 ASP에서 어떻게 지지되는지와 관련하여 매우 상세한 설명이 이어진다.

의미 있는 통계 프로젝트(ASP)

ASP는 통계가 K-12학년 교육과정에 통합되어야 한다는 주장의 결과로 만들어졌다. ASP는 K-12학년에 통계가 도입됨으로써 학생들이 실생활에서 의사결정을 내리는 데 도움을 줄 수 있을 것이라고 전제한다. ASP는 의미 있는 통계 조사 과정에서 학생들이 독립적으로 활동할 수 있도록 통계적 지식과 기능을 갖추게 하는 것을 목표로 한다. ASP 교실은 8학년 학생들을 위해 설계되었고, 이 학생들은 완성하는데 2주 정도 소요되는 단원을 세 명이 한 그룹이 되어 컴퓨터로 작업할 수 있는 공간에서 서로 협동하여 활동한다(한 교실당 보통 8개의 작업 공간이 있음). 교사(수학 교사와 ASP 연구에 참여하는 대학원생 연구 보조원)는 학생들의 질문에 답하거나 조사 과정이 잘 진행되도록 도움으로써 발달을 촉진하는 역할을 한다.

ASP는 일반적으로 그래프 단원 다음에 도입되는데, 그래프 단원에서는 그래프를 데이터 제시와 관련지음으로써 학생들의 그래프에 대한 사전 지식을 기초로 학습한다. 학습 과정을 촉진하기 위하여, ASP는 여러 가지 실세계 문제에 개념을 적용하는 예를 제공함으로써, 통계 개념과 통계 조사 과정을 공고히 한다. 학생들이 기술 공학을 사용하여 통계 조사를 할 때 필요한 기능을 점진적으로 학습할 수 있도록, 수업이 연속적으로 설계되어 있다. [그림 7.1]은 ASP 수업의 구성 요소뿐만 아니라 그것들이 연속적으로 진행되는 과정을 보여준다. ASP에서의 학습은 다음 두 가지 단계로 진행된다: (a) 지식을 습득하는 단계(학생들이 안내서와 여러 예들을 통해 지식을 습득하는 단계), (b) 제작 단계(학생들이 자신들의 통계 조사를 설계하고, 수행하는 단계).

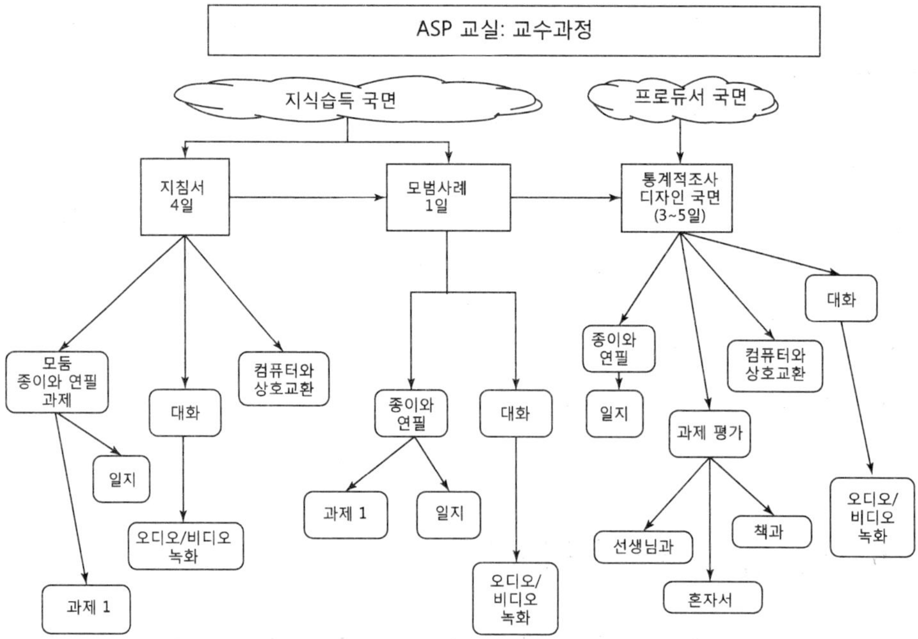

[그림 7.1] ASP 교실의 교수과정

지식 습득

안내서 안내서는 학생들이 새로운 통계 개념과 절차뿐만 아니라, 데이터를 그래프로 표현하고, 분석하기 위해 특정 컴퓨터 소프트웨어의 사용법을 알도록 하기 위한 것이다. CricketGraphTM, MyStatTM2는 그래프를 그리는 절차 및 통계 분석 과정의 전형적인 예를 보여주기 위해 사용되는 컴퓨터 소프트웨어다. 이 소프트웨어들은 통계적인 목적을 위해 컴퓨터를 사용해야 하는 일련의 과제를 통해 학생들을 안내하는 안내서와 함께 사용된다. 우리는 현재 기술 통계를 위한 HyperCardTM 더미를 구안하여 테스트하고 있다. 이 소프트웨어는 데이터를 그래프로 표현하고, 분석하기 위해 엑셀을 사용하는 유사한 과제들을 통하여 학생들을 안내하고 학생들이 해결해야 할 실제적인 문제들의 시연을 포함한다.

안내서의 설명은 모든 학생들이 유사한 문제 배열을 통해 비슷한 예제와 활동을 이해할 수 있도록 표준화되어 있다. 이것의 주된 교수 기법은 학생들이 자신들만의 프로젝트를 만드는데 필요한 지식과 기능의 견본을 제공하는 것이다. 따라서 개념을 정의하고, 다양한 상황에서 이러한 개념을 사용하는 예제를 보여준다. 학습자들 특히 개념의 추상적 성질 때문에 이해에 어려움을 겪는 학생들에게 개념의 뜻을 명백히 설명해주는 구체적인 예를 제공하는 것은 안내서의 중요한 특징이다. 예를 들어, 통계학은 특정 질문에 답하기 위해 수집된 데이터를 기술하고, 예측하는 것으로 소개된다. 안내서는 하나의 문제 상황에서 통계를 수행하는 과정에 있는 학습자를 돕기 위한 예시 연구 문제도 제공한다.

통계적인 절차는 신문과 컴퓨터 소프트웨어의 예를 통해 모델화된다. 예를 들어, 유권자 여론 조사, 스포츠 통계 그리고 유명한 영화에 대한 박스 오피스 등을 통해 막대 그래프, 원그래프, 백분율을 설명한다. 소프트웨어 응용 프로그램은 학생들이 통계적, 수치적, 시각적인 것 등의 다양한 방법으로 데이터를 표현할 수 있도록 해준다. 일반적으로 교사가 문제를 어떻게 해결하는지 시연해보임으로써 학생들은 어떻게 해결할 것인지에 대한 표상을 관찰하고 구성하게 된다. 일단 통계적 개념 및 절차가 모델화되고 나면, 학생들은 자신들의 지식과 기술을 새로운 문제에 적용하게 되고, 또 학생들이 자신들의 지식을 확장할 수 있도록 다양한 상황이 제공된다.

본보기들의 자료 일단 학생들이 관련된 지식과 기능을 습득하고 나면, 학생들은 자신만의 통계 프로젝트를 설계하고, 실행함으로써 통계에 대한 이해 여부와 조사 과정을 보여주어야 한다. 학생들은 과제와 과제의 평가 방법을 확실히 이해하기 하기 위해서, 컴퓨터상에서 사용할 수 있는 모범 자료관을 활용해야 한다(이 소프트웨어는

Hypercard 2.1과 Quick Time 소프트웨어를 이용하여 설계되었다).

자료관은 다른 학생들이 어떻게 이러한 추상적인 요소를 수행하였고, 어떻게 평가받았는지를 보여준다(통계적 요소들의 콘텐츠는 [그림 7.2], 데이터-분석 요소의 예는 [그림 7.3]을 보아라). 디지털로 만들어진 학생 활동 비디오클립을 통해 학생들은 각자 통계적 과정을 점검하고, 이러한 과정과 관련된 자신의 지식에 대해 생각해볼 수 있다. 예를 들어 일반 실행 버튼을 클릭하면, 다음과 같은 연구 문제를 수행하는 다른 반 학생의 비디오클립을 볼 수 있다: "당신이 가장 좋아하는 패스트푸드 음식점은 어디입니까?" 상위 비디오클립을 보면, "하비스, 버거 킹, 맥도날드, 라플루어 중 당신이 가장 좋아하는 패스트푸드 음식점은 어느 것입니까?"로 질문을 바꾸어 말하는 그룹이 나온다. 후자의 비디오클립은 무수히 많은 답이 나올 수 있는 개방형 질문을 하기보다 샘플이 되는 명확한 기준을 추가함으로써 기준을 더욱 분명히 하고 있다. 이러한 예를 본 후, 학생들은 두 질문의 차이에 대해 토의하고, 추론한다. 학생들은 자신들의 통계 프로젝트를 시작하기 전에, 이러한 평가 기준을 내면화하며, 특정 통계 개념의 의미를 떠올리기 위해 언제든지 컴퓨터를 확인할 수 있다. 우리는 학생들의 수행 표본을 통해 명백한 평가 기준을 제시함으로써 학습이 더 용이해질 수 있다는 것을 전제로 한다. 학생들이 자신들에게 무엇이 요구되는지 알고 있을 때, 그러한 기대를 충족시키고, 자신들의 발달을 평가하며, 다른 학생들의 활동과 자신의 활동을 비교하기 더 쉬워질 것이다. 이러한 지식을 갖춘 후, 학생들은 그들만의 프로젝트를 위해 그룹으로 모여 활동하게 된다.

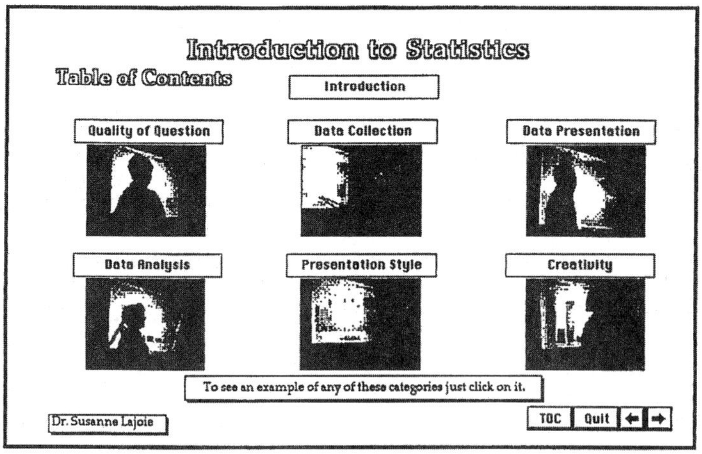

[그림 7.2] 통계의 수행 규준을 위한 콘텐츠의 하이퍼카드 표

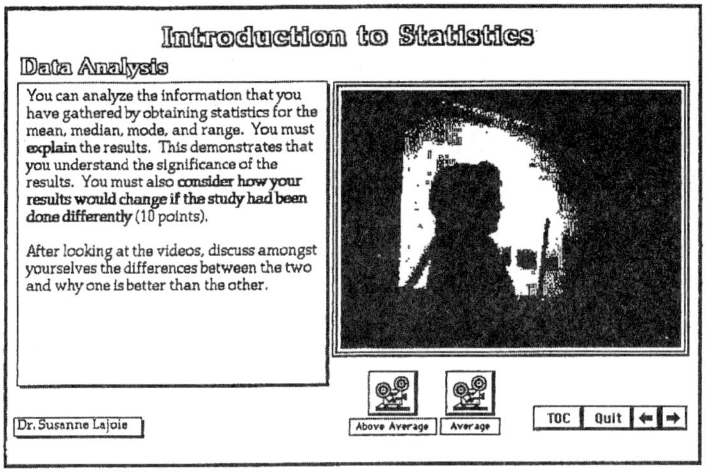

[그림 7.3] 데이터 분석 수행 규준의 예

제작 단계

세 명의 학생으로 구성된 디자인 팀은 함께 통계 조사를 계획하고, 수행하며, 반 전체 학생들에게 그들의 결과를 발표한다. 학생들은 컴퓨터를 사용하여 데이터를 그래프로 그리고, 분석하며, 결과물을 발표한다. 제작 단계에서 학생들은 데이터 수집 과정의 방향을 제시할 수 있는 명백한 연구 질문을 구성하기 위해 팀으로 활동한다. 학생들은 통계 조사 과정에서 자신들의 이해에 대해 의사소통하고, 이러한 과정을 통해 팀 내의 추론과 문제해결 활동이 촉진된다. 의견을 논의하고, 이러한 논의 결과에 따라 행동이 정해진다. 연구 계획에 대한 합의에 이르고 나면, 많은 작업이 (구성원들 간에) 공유되긴 하지만, 개인별로 구성원들이 전체 과정에 어떻게 참여할 것인가를 결정한다. 예를 들어, 데이터를 컴퓨터에 입력하는 것은 구성원 한 명이 하지만, 데이터를 어떻게 수집하고, 입력하며, 그래프로 그리고, 분석, 해석하는가에 대해서는 모든 구성원이 관여한다. 데이터 수집을 할 때, 질문지와 인터뷰 목록을 만들고, 이것에 따라 데이터를 수집하며, 실제로 직접 실험을 하거나(예, 좋아하는 음료에 대한 맛 테스트) 컴퓨터 데이터베이스를 이용하는(예, 플레이오프에서 어떤 팀이 이길 것 같은지 예측을 할 때 하키 데이터베이스를 이용) 과정에서 구성원 모두가 함께 협력한다. 구두 프레젠테이션에 사용할 그래프 형태와 통계 결과를 결정하기 전까지 그룹 구성원들은 많은 아이디어들을 검토한다. 이러한 결정은 사전에 이루어지며, 이는 모든 팀원이 학급 프레젠테이션에 책임감을 갖게 한다.

교사는 학생들의 질문에 답하거나, 학생들이 자신의 행동에 따른 특정 결과를 즉각적으로 고려하게 함으로써 제작 활동을 돕는다. 예를 들어, 학생들은 연구 질문에 대해 브레인스토밍을 할 때, 종종 교사의 승인을 바란다. 또 그룹이 연구 질문에 대한 답을 찾는데 어려움이 있을 때, 교사가 관여하기도 한다. (전자의 경우) 교사는 질문을 표현할 다양한 방법을 제안하거나, (후자의 경우) 질문에 답할 조사 대상 집단을 명확히 하도록 요구하기도 한다. 또 다른 학생들은 데이터 입력을 어떻게 조직해야 하는지, 데이터에 적합한 그래프는 무엇인지, 그리고 그래프를 어떻게 수정해야 하는지와 관련하여 질문을 하기도 한다. 교사는 종종 그러한 질문을 처리하는 다양한 방법을 학생들에게 보여준다. 가장 중요한 것은 교사가 샘플과 관련하여, 또는 데이터를 기술하기 위한 표현 유형이나 통계적 결과를 위한 해석 유형과 관련하여 그 결과가 주는 의미로 학생들의 관심을 이끌 수 있다는 것이다.

디자인 팀이 구조화되어 있는 ASP 교실에서, 교사는 한 번에 오직 세 명의 학생만을 돌본다. 1 : 3 교사 대 학생 비율은 교사가 학생들에 대해 개별적인 관심을 더 기울일 수 있게 하며 관찰하기, 모델이 되기, 지도하기, 서서히 개입을 줄이기 등의 교사 역할을 용이하게 한다. 교사는 학생들에게 지식과 기술의 모델이 되며, 학생들이 배운 것을 연습할 수 있도록 지도한다. 교사는 학생들이 연구 질문을 설계하고, 데이터를 수집하며, 그래프를 그리고 분석할 때, 팀 활동을 관찰한다. 학습자를 지도할 때 적절한 수준의 도움을 줄 수 있도록 학생의 기술 습득 수준에 대한 평가가 필요하다. 주로 그룹의 토론을 듣고, 학생들의 활동을 관찰함으로써 평가가 이루어진다. 학생들을 점점 독립적인 학습자가 되게 하는 것은 교육의 중요한 목적 중 하나이므로 교사는 서서히 조언하는 것을 줄이며, 그룹이 점점 능력을 갖춤에 따라 교사의 도움이 사라지도록 해야 한다.

교실 도구로서 컴퓨터

통계적 이해를 촉진시키기 위한 교실에서는 학생, 교사, 컴퓨터 사이의 복잡한 상호작용이 이루어져야 한다. 통계 조사 과정에서 컴퓨터를 사용하는 것은 ASP 교실의 교사와 학습자 모두에게 도움이 된다. 컴퓨터는 각 조사 단계를 편리하게 하며 이해를 돕는다. 학생들은 컴퓨터를 통해 그들에게 의미 있는 질문의 통계적 가설을 만들고, 이를 검증할 기회를 얻는다. 또한 학생들은 어떤 때라도 컴퓨터를 통해 그들이 세운 다양한 가설에 대한 답을 재빨리 찾을 수 있다. 따라서 학생들은 직접 데이터를 그래프로 그리고 계산하는 대신, (컴퓨터를 이용해서) 데이터가 어떻게 그래프로 표현되는지 데이터를 원그래프나 막대그래프로 표현하는 것이 의미가 있는지 알아볼 수 있다.

컴퓨터로부터 즉각적인 피드백을 얻을 수 있기 때문에, 학생들은 그들이 생각하기에 옳은 것과 실제로 옳은 것 사이의 관계를 구성할 수 있다. 컴퓨터의 빠른 속도와 정확성은 많은 이점을 제공한다. 매일 학생들이 기억할 수 있는 양의 한계를 줄여준다. 학생들은 데이터를 표현하는 그래프 여섯 개를 하루 종일 그리는 대신, 이 그래프들을 그리는데 15분만 사용하면 되므로 시각적 표상의 의미에 대해 곰곰이 생각할 수 있는 시간을 더 많이 갖게 된다. 나머지 시간은 ASP 교실에서 컴퓨터가 제공하는 그래프의 의미를 해석하는데 활용되며, 이를 통해 효과적인 방법으로 이해를 촉진시킬 수 있다. 더욱이 교사는 학생들에게 통계적인 기술들을 도와주는 대신, 데이터 해석을 돕는데 더 많은 시간을 활용할 수 있다.

ASP와 이해를 통한 교수·학습

ASP는 특히 이해를 통한 수학 학습 시 요구되는 다양한 정신적 활동에 학생들을 참여시키기 위해 고안되었다. 앞으로 ASP가 관계 구성, 지식의 확장 및 적용, 반성을 위한 도구 사용, 자신의 생각과 학습한 것에 대한 명확한 표현을 어떻게 촉진할 수 있는지에 대해 논의하고자 한다. 실제 교실의 예화를 제공하고, 학생들의 활동에 대해 논의함으로써 이에 대해 각각 기술할 것이다.

ASP 교실에서 관계 구성하기

ASP에서 학생들은 교사와 컴퓨터의 도움을 받으며 새로운 관계를 구성한다. 교사는 학생들의 사전 지식을 확인함으로써 통계적 이해를 촉진하며, 이러한 사전 지식은 통계 개념들 간의 관계 형성을 돕는다. 학생들은 새로운 개념을 학습할 때, 자신이 알고 있는 것을 기반으로 이해를 구성하려고 끊임없이 노력한다. 만약 이러한 지식이 부족하다면 학생들은 그 간격을 메울 수 있는 정보를 적극적으로 찾게 된다. 교사는 학생들에게 적절한 정보를 제공함으로써 그 간격을 메우도록 돕는다. 이어지는 몇 가지 예화는 교실 수업에서 학생들이 관계를 형성하고, 이해를 향상시킬 수 있도록 돕는 방법을 보여준다(모든 이름은 가명이다).

예를 들어, 한 수학 교사는 그래프에 대한 학생들의 사전 지식을 통해 통계에 대한 이해를 구성하도록 했다. 교사는 학생들에게 신문에서 찾은 통계 또는 그래프 관련 정보를 소개하거나, 이를 새로운 개념(예, 데이터)과 연결지을 수 있도록 교실 논의를 도움으로써 관계 구성 및 이해를 촉진했다. 그렇게 하면서 교사는 학생들이 통계와 관련된 후속 단원에서 새로운 내용을 학습할 수 있는 구조를 형성하도록 도왔다.

▌교실사례: 대푯값 평균 대 평균 다음의 예화에서 교사는 8학년에서 학습한 수학 개념인 대푯값 평균과 통계 개념인 평균 사이를 연결시키기 위해 학생들이 사전에 가지고 있는 수학 개념 지식을 끌어냈다. 학생들은 산포도와 같은 그래프를 사용함으로써 두 개념을 연결시킬 수 있었고, 컴퓨터 소프트웨어의 도움을 받아 그 두 개념 간의 관계를 구성할 수 있었다. 다음의 대화를 이해하기 위해 몇 가지 배경 정보가 필요하다. [그림 7.4]의 그래프는 ASP의 컴퓨터 지침서 단계에서 한 쌍의 학생들이 만든 것이다.

학생들은 5월 중 매일의 최소, 최대, 평균 기온이 포함된 기온에 대한 산포도를 그리기 위해 컴퓨터 데이터베이스를 사용했다. 학생들은 데이터베이스로부터 적절한 파일을 선택했고, 산포도로 데이터를 표현하기 위해 소프트웨어를 활용했다. 교사는 학생들에게 5월의 평균 기온을 선으로 연결하는 인터폴레이트 기능 사용법을 지도했다. 교사와 두 명의 학생이 한 그룹으로 구성되어 컴퓨터 앞에 앉았다.

교사: 인터폴레이트. 그것이 무엇을 의미하는지 알고 있니?
웨이드: 아니오.

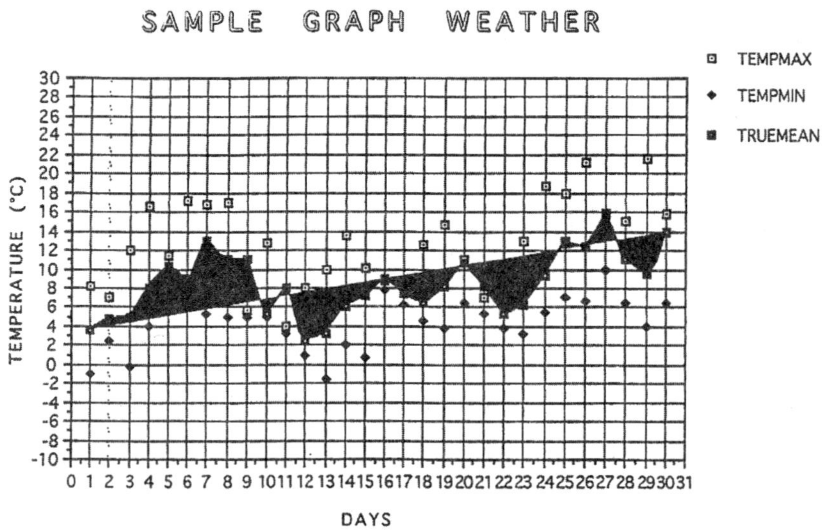

[그림 7.4] 5월 평균 기온을 찾기 위해 산포도에서 인터폴레이션 기능 활용하기
(컴퓨터 기반 학생 활동)

교사: 좋아. 이제 나타나는 선을 보면 그것이 무엇을 의미하는지 알 수 있을 거야.

웨이드, 타이론: 아!

교사: 왜 중간의 선을 연결했다고 생각하니? 중간의 선은 무엇일까?

웨이드: 아, 평균 기온인 것 같아요.

교사: 맞아, 그것은 평균 기온이야. 최대와 최소 기온의 대푯값 평균을 포함하고 있지. 그것이 바로 인터폴레이트가 의미하는 것이야.

타이론: 네.

웨이드: 최대와 최소 기온이 함께 대푯값 평균을 만들었기 때문인 거죠?

교사: 그래, 훌륭해.

타이론: [산포도의 점들을 가리키며] 그래서 가운데 있는 모든 점은 대푯값 평균을 의미하나요?

교사: 그래, 그것은 대푯값 평균이고, [그래프에서 가운데 선을 가리키며] 이것은 평균이야.

이 대화는 통계학습 상황에서 교사와 학생들, 컴퓨터 사이의 복잡한 상호작용의 예를 보여준다. 이러한 상호작용은 수업에서 상대적으로 이른 시기에 이루어졌던 ASP의 컴퓨터 지침서에 따른 과정에서 나타났다. 교사는 일련의 질문을 통해 논의를 이끌었다. 학생들이 인터폴레이션을 이해하지 못했을 때, 교사는 그래프에서 일어나는 변화를 관찰하도록 조언했다. 교사는 관련된 질문을 함으로써 학생들이 의미 있는 관계를 구성하는데 도움을 주었다. 나머지 교사의 대화 부분은 학생들이 올바른 방식으로 사고하고 있는지 확인하고, 피드백하는데 할애되었다. 학생들이 좀더 능력을 갖출 수록 교사는 조언하는 것을 줄여 나갔다.

컴퓨터는 학생들이 입력한 정보에 따라 산포도를 만들어 주기 때문에 학습 과정에서 파트너 역할을 한다. 컴퓨터는 학생들이 이전에 알고 있던 것과 새로운 지식 사이의 관계를 구성하도록 돕는 장치로서, 인터폴레이트 기능[참고: 둘 이상의 변수에 대한 함숫값을 알고서, 그것들 사이 임의의 변수에 대한 함숫값이나 그 근삿값을 구하는 방법]을 제공했다. 컴퓨터는 그래프를 그리는 것과 같은 낮은 인지 수준의 기능을 지원한다는 점에서 인지적 파트너로서의 역할을 했고, 그 결과 학습자는 대푯값 평균과 평균 사이의 관계 형성과 같은 높은 수준의 사고를 할 수 있었다. 인터폴레이트 기능은 학생들로 하여금 인터폴레이션이 이 평균값을 나타낸다는 것을 연결 지을 수 있게 한다. 이러한 연결은 교사가 학생들에게 "중간의 선은 무엇일까?"라고 질문했을 때,

웨이드가 "평균 기온이에요."라고 답한 대화에서 확인할 수 있다. 타이론은 "가운데 있는 모든 점이 대푯값 평균을 의미해요."라고 말함으로써 이를 구체화시켰다.

산포도를 통해 그룹화되지 않은 데이터(최소, 최대기온)와 그룹화된 데이터(평균을 나타내는 인터폴레이트 선) 모두를 볼 수 있기 때문에, 산포도는 그 자체로 관계를 구성할 수 있는 상황을 제공했다. 이러한 관점에서, 통계 개념에 대한 의미 구성 및 그 사이의 관계 형성을 돕는데 산포도와 같은 그래프를 활용할 수 있다. 이러한 관계 구성은 지식의 통합 및 구조화를 촉진하며, 결과적으로 통계에 대한 개념적 이해를 발달시킨다. 학생들이 컴퓨터 지침서를 통해 이러한 기본 통계 개념을 습득하고 나면, 이 지식을 스스로 설계하는 통계 프로젝트로 확장시킬 수 있다.

ASP 교실에서 지식을 확장하고 적용하기

기본 개념과 기능을 습득하고 나면 학생들은 이러한 지식을 자신이 설계한 실험에 적용함으로써 컴퓨터 지침서를 통해 향상된 이해를 확장시킨다. 문제 해결에 중점을 두는 교실은 학생들이 통계뿐만 아니라 통계와 관련하여 무엇을 할 수 있는지에 대해 학습하도록 돕는다. 이것과 관련하여, 학생들은 한 상황에서 학습한 것을 새로운 상황에 확장시키는 것을 배우게 된다.

교실사례: 맥박 비율 탐구 ASP에서는 학생들이 문제해결상황에 몰두할 수 있도록 실제적인 문제가 제공된다. 예를 들어 평균을 최빈값, 중앙값, 범위와 연결짓는 맥박 수 과제에 대한 예화를 통해, 중심적인 경향(예: 평균, 중앙값, 최빈값) 및 변화 정도(예: 범위)를 측정하는 것들과 관련된 개념을 배울 수 있다. 학생 각각이 적극적으로 참여할 수 있는 문제해결상황을 통해 학생들의 지식은 확장된다. 학생들은 그룹으로 활동하여 맥박에 대한 데이터를 수집하였으며, 컴퓨터 소프트웨어를 사용하여 그룹의 맥박 수 평균을 계산했다. 일단 학생들이 함께하는 그룹 내에서 평균 개념을 이해하고 나면, 과제를 전체 학급이 참여하는 상황으로 확장하여 학생들이 지식을 더 넓은 맥락에 적용시킬 수 있도록 한다. 학생 개인의 맥박 수를 칠판에 기록하고, 교사는 개별 그룹의 평균에 대한 교실 토의를 이끌었다. 뒤이어 학급 맥박 수의 범위에 대한 논의와 함께 중앙값과 최빈값에 대한 논의가 이루어졌다. 각각의 그룹은 컴퓨터를 사용하여 학급 평균을 계산함으로써 그룹 평균과 학급 평균을 비교할 수 있었다. 그 다음 학생들은 소프트웨어를 이용하여 학급의 데이터를 그래프로 나타내고, 분석한 결과와 비교했다. 예를 들어 막대그래프보다 원 그래프가 더 효과적이라고 생각한 학생은 재빨리 두 개의 그래프를 그려 둘을 비교함으로써, 자신의 가정을 검증했다. 교사는 학생

들로 하여금 데이터 표현 양식의 차이에 대해 논의하게 했고, 데이터가 주는 의미를 생각해 보도록 했다. 하지만 궁극적으로 학생들은 스스로 적절한 연결과 관계를 구성해야 했고, 그들의 지식을 새로운 문제로 확장시켜 나가야 했다.

▌교실사례: 하키 팀 비교하기 스스로 만든 프로젝트를 수행하는 것은 통계에 대한 지식을 확장시키는 학생의 능력을 실제로 평가하기 위한 것이다. 다음의 예는 ASP 그룹이 그들의 지식을 통계 조사의 데이터 분석 요소로 어떻게 확장시켜 나가는지 보여준다. 이 그룹은 두 개의 하키 팀(NHL, 연방 하키 리그), 몬트리올 캐내디언스(Habs)와 보스톤 브루인스가 24년간 상대 팀을 이긴 횟수를 비교하는데 관심이 있었다. 두 팀에 대한 데이터는 21개 하키 팀에 대한 12개의 변수 정보를 저장하고 있는 NHL 통계 컴퓨터 데이터베이스를 통해 얻을 수 있었다. 이 그룹은 캐내디언스와 브루인스가 24시즌 동안 이긴 횟수를 나타낸 새로운 데이터베이스 파일을 만들었다. 학생들이 적절한 데이터를 선택하고, 그것을 복사하여 새로운 데이터 파일을 만들어 낼 수 있도록 공학을 충분히 이해해야 하는 사실은 매우 중요하다. 학생들은 소프트웨어 지식과 통계에 대한 지식 모두를 보여주었다:

교사: 최빈값을 어떻게 찾았니?

리사: 순서대로 놓아야 한다는 것을 알았어요.
[소프트웨어를 사용하여 데이터의 열을 정렬하는 방법에 대한 논의가 뒤를 이었다.]

교사: 좋아, 그래서 지금 너는 데이터를 가지고 무엇을 하고 싶니? 네가 방금 그것을 정렬했는데, 그래서 무엇을 할 거니?

리사: 분석을 할 거에요.
[분석은 학생들이 통계의 몇 가지 유형을 수행할 수 있게 하는 선택사항이다.]

교사: 좋아, 그리고 또?

리사: 이제, 우리는 평균과 최빈값, 그외 여러 가지를 찾을 거예요.

교사: 좋아, 하지만 우리가 Mystat 프로그램으로 분석할 때 최빈값을 찾을 수 있을까?

리사: 그냥 눈으로 확인할 수 있으니까 그럴 필요가 없어요.

교사: 맞았어. 하지만 네가 분석을 원한다면, 평균과 범위는 계산할 수 있어. 넌 데이터를 가지고 있으니까 먼저 캐내디언스의 최빈값이 얼마인지 결정한 후 분석하도록 해. 일단 이것이 되면 …

리사: [제시에게] 좋아, 분석하자.

제시: 평균, 최솟값, 최댓값, …

리사: 넌 아직 아무것도 선택하지 않았어.

제시: 뭐라고?

리사: 지금 선택을 눌러 봐. 그리고 캐내디언스로 가서 선택을 또 눌러. 캐내디언스에서 브루인스로 가. 아니야, 우리는 클리어 변수로 가야 해.

제시: 좋아.

리사: 아니, 클리어로 가서 눌러, 선택으로 가. 좋아, 지금은 캐내디언스로 가. 다음 선택으로 가.

제시: 여기?

리사: 너는 선택을 누르지 않았어. 선택으로 가서 눌러.

제시: SD 평균은 뭐야?

리사: 모르겠는데.

교사: 표준편차를 의미해.

리사: 우리는 그걸 잘 모르니까, 생각하지 말자. 좋아, 계속해.

제시: 평균

리사: 이야, 캐내디언스가 더 많아!

제시: 지금 그래프를 찾아서, 만들어야 해.

여기서 주고받은 25번의 대화 중, 76%는 학생들이, 24%는 교사가 한 말이다. 첫 번째 예화의 컴퓨터 지침서 단계에서보다 통계 프로젝트를 수행하는 상황에서 학생들이 만들어 낸 대화가 급격하게 증가함에 주목해보라. 학생 대화는 데이터-분석 개념과 데이터-분석 소프트웨어 도구를 학생들이 어떻게 관계짓는지 보여준다. 문제해결상황에서 개념과 컴퓨터 도구를 동시에 학습했을 때, 이러한 관계를 형성하는 것은 그리 놀라운 일이 아니다. 대화를 통해, 데이터를 정렬하고, 분석 기능을 통해 평균을 구하며, 데이터를 단지 훑어봄으로써 최빈값을 찾는 것과 같은 개념을 학생들이 이해하고 있음을 알 수 있고, 또 그들이 두 평균을 비교하는 방법을 알고 있음을 확인할 수 있다. 학생들은 두 하키 팀이 이긴 횟수의 최빈값을 찾기 위해 오름차순으로 정렬하면 가장 많이 나타나는 수가 무엇인지 알 수 있다는 것을 이해했다. 소프트웨어를 사용하여 개별 팀별로 오름차순 정렬을 했고, 다음 분석을 수행하기 전에 새로 정렬된 파일을 저장했다. 리사가 "분석을 해보자."고 말했다. 분석을 선택한 후, 그것과 관련하여 무엇을 할 수 있는지에 대해 많은 논의가 있었다. 리사는 최빈값을 찾기 위해서는 컴퓨터가 필요하지 않음을 알고 있었다: "그냥 눈으로 확인하면 돼." 제시는 평균, 최솟값, 최댓값을 말했지만, 리사는 어떠한 것도 선택되지 않았음을 알아챘고, 캐내디언스와 브루인스라는 변수를 선택할 때까지 어떤 분석도 이루어질 수 없다는 것을 알았다. [그림 7.5]를 보면, 원하는 통계치의 종류가 '☒'로 표시되며, 따라서 평균, 최솟값, 최댓값, 범위가 선택되었음을 알 수 있다. 분석 결과 또한 [그림 7.5]에서 확인할 수 있다. 리사는 시즌당 이긴 평균 횟수가 브루인스보다 캐내디언스가 더 많다는 의미로 "캐내디언스가 더 많아!"라고 말했다. 또한 마지막 제시의 말 "그래프를 만들어야 해."는 통계 조사의 전체 과정에 대한 제시의 이해를 보여준다(즉, 우리는 분석을 했다. 지금 이 정보를 그래프로 어떻게 표현할까?). 여섯 번의 교사 대화 중 네 번은 학생의 다음 행동을 촉진하는 질문이었고, 한 번은 학생들이 바르게 하고 있는지 확인하는 것이었으며, 마지막 하나는 학생들이 몰랐던 정보를 충분히 설명해주기 위한 것이

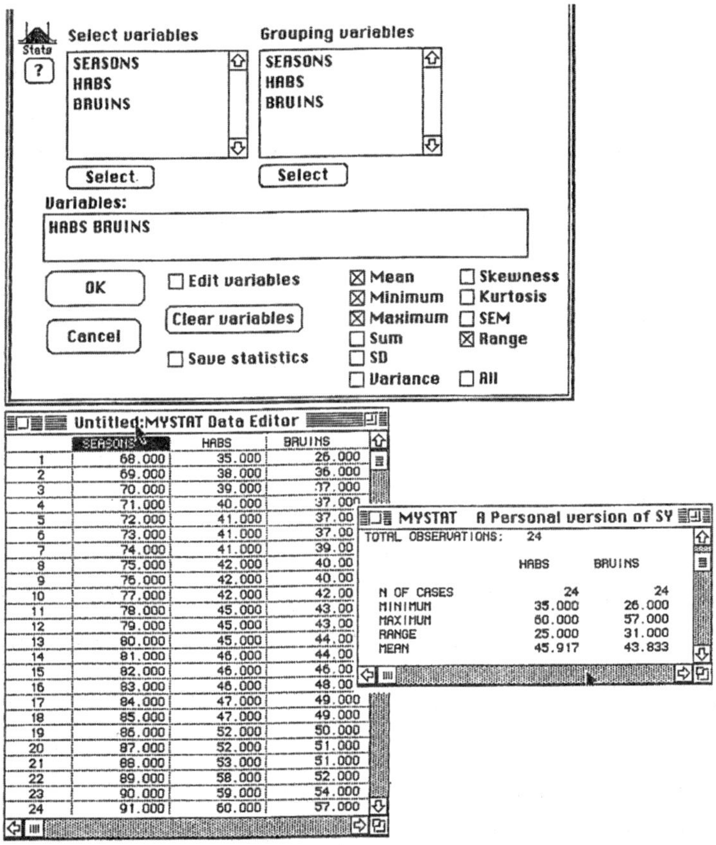

[그림 7.5] MYSTAT에서 분석과 Stats 기능을 사용하여 두 하키 팀이 이긴 횟수의 평균 구하기

었다(예, SD는 표준편차를 의미한다).

학생들은 컴퓨터가 분석에 도움이 될 때나 그렇지 않을 때나, 그들의 이해를 명확히 보여주었다. 학생들은 가장 빈번히 나오는 데이터를 찾기 위해서, 눈으로 확인하기 전에 컴퓨터로 데이터를 정렬함으로써 최빈값을 쉽게 찾아냈다. 학생들은 평균을 찾기 위해 공학을 어떻게 사용하는지 이해하고 있었고, 평균을 통해 캐내디언스가 브루인스보다 더 잘 하는 팀이라는 가정을 증명할 수 있었다. 학생들은 몬트리올 출신이기 때문에 캐내디언스가 더 잘 하는 팀이기를 원했다. 학생들은 표준편차라는 용어를 이해하지 못했다. 표준편차에 대한 지식이 없이는, 평균을 해석하는데 한계가 따른다.

다음은 조사의 후반부에 학생들이 데이터를 그래프로 나타낸 뒤 나누는 대화이다:

교사: 글쎄, 이것을 보고 무엇을 알 수 있니?

제시: 이때는 캐내디언스가 더 많이 이겼다는 것을 알 수 있어요. 여기는 두 팀이 비슷하고, 또 여기는 캐내디언스가 브루인스보다 더 많이 이겼어요.

교사: 좋아. 그런데 변수의 범위는 작아? 아니면 커?

리사: 작아요.

교사: 맞아. 그것은 무엇을 의미하지?

리사: 값들이 매우 가까이 붙어 있음을 의미해요.

위 대화는 그래프를 그리면서 조사를 진행해 나가는 과정에서 학생들의 이해가 좀 더 완전해짐을 보여준다. 초기에 학생들은 표준편차가 무엇인지 알지 못했고, 캐내디언스가 더 잘 하는 팀이라고 대담하게 말했다. 데이터를 그래프로 나타내고 난 후, 그들은 두 팀이 이전에 생각했던 것보다 이긴 횟수에 별 차이가 없음을 알게 되었다.

제시와 리사는 교실 프레젠테이션을 할 때, 프로젝트를 하면서 배운 지식과 기능을 데이터 분석에 대한 논의에 적용하고, 확장시키는 능력에 대해 이야기했다. 제시와 리사는 동료들에게 하키 팀의 원 데이터 파일을 보고, 이상 값을 확인한 후, 두 NHL팀 중에 어느 팀이 이긴 평균 횟수가 더 많을지 예상하고, 측정해보게 함으로써 그들을 데이터 분석 과정에 포함시켰다. 그 다음 동료들이 측정한 것과 자신들이 분석한 것을 비교해보았다. 이 전략은 다양한 통계 개념을 도입하기 위해 컴퓨터 지침서의 맥박 수 과제에 사용된 방법과 유사하다는 것에 주목해보라. 학생들은 문제를 해결하기 위해 먼저 그룹으로 함께 활동한 다음, 교실 데이터를 수집하고, 그 결과가 그룹의 결과와 유사한지 비교했다. 제시와 리사는 지식을 통계 프로젝트를 만들어 가는 새로운 상황에 적용하고, 문제해결활동에 학급 학생들을 참여시킴으로써 맥박 수 과제에서 습득한 지식을 확장시켰다. 그들의 결과물을 보여주기 위해 사용한 전략은 수업에서 사용된 것과 유사하다.

ASP 교실에서 학생들의 반성을 위한 도구

ASP 활동에서, 학생들은 여러 번의 자기 관찰을 통해 자신의 통계적 이해를 반성한다. 앞서 기술된 본보기 자료들은 전반적인 통계 과정을 반성하고, 통계적 이해를 새로운 문제에 확장시킬 수 있는 상황을 제공한다. 반성 과정을 돕기 위해, 일지 쓰기도 활용된다.

구조화된 일지를 통해 반성 촉진하기 학생들은 계속적인 기록을 통해 자신의 사고를 반성할 수 있다. 일지 쓰기는 학습자가 자신의 통계 활동을 점검하는데 초점을 둘 수 있게 하는 장치다. 일지는 통계 조사를 설계하는 동안 학생들의 통계에 대한 지식, 추론, 계획, 반성을 지원하기 위해 길잡이를 포함하고 있으며, 학생들은 문제를 해결하는 동안 특정 시점에 일어난 자신의 추론 내용을 기록해야 한다. "인구는 무엇을 나타내는가?", "평균은 무엇이고, 어떻게 계산하는가?", "왜 범위를 계산해야 하는가?"와 같은 지식 길잡이는 학생들이 컴퓨터 지침서에 따라 학습할 때, 교실에서 습득한 새로운 용어들을 반성하게 한다. 학생들은 다른 길잡이를 통해 통계 절차에 대한 이해를 명확히 표현할 수 있다(예, 통계 실험을 수행하는 다섯 단계에 이름을 붙여라). 추론 길잡이는 학생들이 데이터와 그래프에 대해 생각해보게 한다(예, 네가 그리려는 그래프 중에서 그룹의 발표 목적에 가장 적절한 것은 무엇인가?). 계획 길잡이는 통계 조사에서 나타나는 아이디어에 초점을 둔다(예, 구성원들이 그룹 프로젝트에 대해 갖고 있는 아이디어를 나열하라: 샘플이 대표성을 갖기 위해 얼마나 많은 사람이 필요한가?, 수집한 데이터를 어떻게 보여줄 것인가?, 어떤 통계 절차를 사용하기를 원하는가?, 어떤 분석을 시도했는가?). 반성 길잡이는 그룹이 자신들의 이해를 평가하도록 촉진한다(예, 어떠한 의문이 드는가?, 이해하지 못한 것은 무엇인가?, 그룹의 연구 결과를 통해 장차 어떤 연구를 할 수 있을 것인가?).

이러한 길잡이에 대한 반응은 다양하며, 이 반응을 통해 통계 조사 전반적인 과정에 대한 그룹의 반성 정도를 알 수 있다. 조사와 관련된 프로젝트를 하는 그룹은 특정 결과를 좋아하는 사람과 좋아하지 않는 사람의 수, 그 평균을 알 필요가 있다고 반성했다. 또 다른 그룹은 그들이 수집한 데이터를 어떻게 표현하는지, 어떤 유형의 그래프가 유용한지, 그 정보가 무엇을 의미하는지에 초점을 두었다. 이와 같이 외적으로 나타나는 학생들의 반성은 자신의 사고 과정을 보여주기 때문에 학습자에게 중요하며, 또 학생이 이해하는 것과 그러한 이해가 시간이 지나면서 어떻게 변화하는지를 보여주기 때문에 교사에게도 유용하다.

반성은 또한 과제가 완성된 후에 일어날 수도 있다. 다른 사람의 수행을 관찰한 후, 한 그룹은 자신들의 활동을 개선할 수 있다고 판단했고, 그렇게 하길 원했다. 자기 관찰과 반성은 학생들이 독립적인 학습자가 되도록 돕는 방법을 잘 보여준다.

ASP 교실에서 명확하게 표현하기

수업을 통해 통계적 문제해결기술을 시각적으로 볼 수 있다. 각 그룹의 학생들은 그들의 프로젝트를 교실 학생들에게 발표하며, 그들이 모범 자료들에서 모델로 제시된 각각의 수행 기준을 어떻게 충족시키는가에 대해 논의한다. 학생들은 LCD OHP를 사용하여 데이터 파일, 그래프, 분석 결과를 학급 학생들에게 보여준다. 마지막으로 학생들은 데이터를 해석하고, 질문에 답한다. 각각의 그룹은 핵심적인 질문을 능숙하게 처리함으로써 그들의 논증 능력을 보여준다. 교실은 추측과 결론을 설명하기 위해 지식을 명확하게 표현하고, 대안적인 전략을 논의하는 공동체장이 된다.

학생들은 종종 특정 전략을 선택한 이유와 선택 배경에 대해 설명해야 한다. 학생들 각자가 원하는 방식으로 자신의 지식을 표현하는 것은 매우 중요하다. 학생 개개인마다 자신의 통계적 이해를 보여줄 수 있는 이상적인 방식이 있을 것이다. 일부 학생은 글로 쓰는 것보다는 말로, 형식적 대화보다는 그림을 그렸을 때 자신의 지식을 더 잘 표현하는 경향이 있다. 심지어 개방형 과제에서 쓰기 과제가 쓸 수 있는 글의 양을 제한할 경우 추론 능력이 드러나지 않을 수도 있다.

자신의 통계적 지식을 표현하는 것에는 그래프를 그리고, 분석하는 것 또한 포함된다. 이러한 결과물은 그 자체로 학생들의 통계적 이해를 보여준다. 그러나 그래프 자체가 보여주는 것에 더하여, 학생들은 특정 그래프나 분석의 밑바탕에 있는 가정을 설명함으로써 자신의 지식을 표현할 수 있는 추가적인 기회를 얻을 수 있다.

새로운 기술공학은 문제 상황, 표현 방법, 전략이 사용되는 방식을 변화시킨다. ASP는 기술공학을 사용할 때 새로운 기호나 상징들이 어떻게 진화되는지를 보여주는 좋은 예이다. 학생들은 컴퓨터 소프트웨어를 사용하여 자신의 이해를 분명히 표현한다. 컴퓨터로 데이터 파일을 구성하고, 그래프를 그리며, 분석을 실행한다. 통계적 이해를 드러내는 이러한 기록들은 컴퓨터 파일로 저장된다. 학생들이 컴퓨터상에서 하는 모든 행동들도 컴퓨터 스크린 녹화를 통해 저장될 수 있다. 기술공학을 이렇게 활용함으로써, 학생들이 컴퓨터상에서 수행하는 모든 활동을 나중에 재생시켜 분석해볼 수 있다. 화면 녹화는 학생들이 통계 문제를 해결할 때 행동을 시각화하여 통계 연구 과정을 기록하는 양식이다. 학생들이 말로 표현하는 것과 더불어 이러한 공학적 도구를 사용하면, 학생들의 추론을 더 잘 이해할 수 있게 된다.

스크린 녹화로 만들어진 그룹 비디오테이프를 통해 그룹을 이해하기 위한 기초적인 정보를 얻을 수 있고, 통계 프로젝트를 진행하면서 컴퓨터를 사용할 때 나타난 학생들의 추론 과정을 더 잘 그려볼 수 있다. 또한 그룹의 사전, 사후 지필검사에 대한 반응, 과제, 일지를 통해 그룹의 통계적 이해에 대해 더욱 확실히 알 수 있다(예, "그룹은 일지에 연구 문제 설계 과정을 자세히 설명하고 있는가?", "프로토콜은 그래프 그리기와 통계적 조작에 대한 그들의 이해 또는 오해를 드러내는가?").

교실사례: 가장 좋아하는 패스트푸드 음식점에 대한 조사 결과 구두 보고 이 사례에서 학생들은 어떻게 조사를 수행했는지를 설명할 때 구두로 그들의 지식을 명확히 표현했다. 하지만 구두 발표에서 학생들의 통계적 이해를 가장 잘 드러내는 것은 구두 발표 뒤에 이어지는 질의응답 시간이다. 질의응답이 이루어지는 동안, 교사와 동료들은 발표자에게 무언가를 분명히 하거나 구체화할 것을 요구하는 질문을 얼마든지 할 수 있다. 학생들이 오해하거나 혼동하고 있는 부분이 가장 잘 드러나는 때가 바로 이 시간이다. 예를 들어 한 그룹의 학생들은 가장 좋아하는 패스트푸드 음식점에 대한 조사 결과를 표현하기 위해 막대그래프를 사용하여 빈도 데이터를 나타냈다([그림 7.6]). 하지만 학생들은 그 결과를 비율의 관점에서 설명했다.

발표를 지켜 본 동료들은 그래프에서 나타나는 정보와 학생들이 말로 설명하는 정보 사이의 모순 때문에 혼란스러워했다. 다음의 대화는 이러한 혼돈을 보여준다.

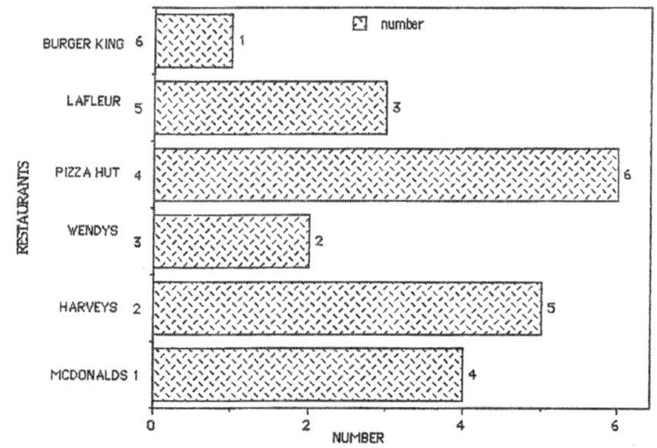

[그림 7.6] "가장 좋아하는 음식점"에 대한 조사 결과를 막대그래프로 표현하기
(컴퓨터 기반 학생 활동)

교사: 어떻게 비율을 알게 되었니? 도표에 쓰여 있니? 음, 그래프 아래의 숫자는 비율을 나타내는 거야? 그것이 의미하는 게 뭐니? 너는 비율에 대해 말하고 있지만, 우리는 비율과 관련된 기호나 라벨을 찾을 수가 없어. 그래프 아래의 x축에 "수"라고 적혀 있는데 그것이 실제로는 비율을 나타내는 건지 궁금해.

캐빈: 어….

교사: 네가 말하고 있는 것과 막대그래프에서 각각의 막대 끝에 쓰인 수 사이에 관계가 있어.

짐: 음, 네, 저 알 것 같아요.
[논의가 계속되면서 이 그룹이 직접 비율을 계산했고, 그 과정에서 실수가 있었음이 드러났다.]

교사: 글쎄, 그럼 21분의 4는 40%가 아니잖아.

캐빈: [짐에게] 네가 알게 된 것을 말해 봐.

교사: 만약 4명이 맥도날드를 선택했다면 21명 중의 4명은 40%가 아니야.

캐빈: 아, 짐?

교사: 여기 있는 수들은 21이 되지 않으니까 퍼센트가 될 수 없어. 이해하겠니?
[교사는 21은 퍼센트가 아니라 전체 수라는 사실을 언급하고 있다.]

캐빈: 짐?

고드: 글쎄, 여기 내가 가지고 있는 원래 자료에 버거킹은 19%에요.

교사: 뭐라고?

고드: 그리고 라플로어는 24%에요.

교사: 그건 캐빈이 말하고 있는 것이 아닌데.

고드: 피자헛은 10%고, 웬디즈는 29%, 하베이는 14%, 맥도날드는 4%에요.

짐: 잠깐만, 피자헛은 10%가 될 수 없어, 특히 웬디즈가 50%라면 말이야. 네가 뭐라고 말해도 25%가 되어야 해.

이 대화를 통해 학생들은 질문에 답함으로써 자신의 지식을 설명할 기회를 갖게 되었음을 알 수 있다. 사례에서 학생들은 막대그래프보다 원그래프를 사용했다면, 혹은 추가로 원그래프를 그려 보았다면 피할 수 있었던 계산 오류를 보였다. 학생들은 그들의 데이터를 보여주기 위해 막대그래프를 사용했지만, 막대그래프는 단지 분류 항목에 대한 빈도수만을 나타낸다. 몇 가지 근거로 학생들은 직접 비율을 계산했고, 발표하면서 그 계산 결과를 보여주었다. 학생들이 왜 빈도수보다 비율을 논의하기로 했는지,

또 비율을 시각적으로 더 잘 보여줄 수 있는 원그래프 대신 왜 막대그래프를 선택했는지는 명확하지 않다. 그래프 선택 이면의 가정과 추론은 오직 질문을 받고, 답할 때에만 드러난다. 게다가 그러한 질의응답이 없다면, 교사는 학생이 그래프 해석이나 퍼센트 계산에 어려움을 느낄 때 그 학생이 관련 지식을 습득하지 못했기 때문이라고 잘못된 평가를 할 수도 있다.

또한 구두 발표에서, 학생들은 프로젝트의 특정 측면에 대해 논의하는 것을 잊을 수도 있다. 예를 들어, 학생들은 가장 좋아하는 패스트푸드 음식점(예: 버거킹, 하베이스, 라플로어 맥도날드, 웬디스)을 조사할 때, 선택된 음식점 항목들이 대표성을 가지느냐(예, 퀘벡 주의 마켓은 캐내디언 다른 주의 마켓과 다르다)가 결론을 이끌어 내는 것과 관련된다는 것을 이해하고 있지만, 그러한 정보에 대해 옆에서 상기시켜 주지 않는다면 발표할 때 이것에 대해 논의하는 것을 잊을 수도 있다. 만약 데이터를 토론토에서 수집했다면 그 결과가 다를 수 있는지 질문 받았을 때, 학생들은 식견 있는 대답을 할 수 있었다(예, "아, 왜냐하면 그 사람들은 여기 우리가 제시한 것 외에 있는 다른 음식점을 선호할 수도 있기 때문에 확실히 결과가 다를 수 있어요. 그것은 조사 대상의 나이와도 관련 있거든요."). 이 질의응답 때에도, 많은 학생들은 발표를 하는 동안 확인할 수 없었던 지식을 보여준다. 어떤 학생이 특정 정보를 빠트리는 것을 보고, 그 학생이 개념을 이해하지 못하고 있다고 확신할 수는 없지만, 그 정보를 간과하고 있다는 것은 알 수 있다. 이러한 이유로 구두 과제에서 학생의 수행을 평가할 수 있는 질문 목록을 개발하는 것은 중요하다.

ASP 교실에서 자신만의 지식 만들기

이해가 갖는 개별성은 자신만의 고유한 활동을 통해 개인적으로 지식을 구성하는 것과 관련된다. ASP에서 학생들은 자신에게 주어진 아이디어를 그냥 수용하기보다 자신의 지적 호기심에 부합하는 연구 문제를 결정한다. 학생들은 팀명을 정하고(예, Wiseguys), 컴퓨터에서 수집한 데이터나 그래프 파일에 그룹의 이름을 붙임으로써 그룹 활동을 개별화한다. 학생들의 연구 프로젝트는 그들만의 창조물이며, 학생들은 그 프로젝트를 계발하는데 사용한 지식에 대해, 또 결과를 기술하기 위해 선택한 발표 형식에 대해서도 책임을 갖는다. 학생들의 개인적인 관심은 프로젝트의 연구 문제에 반영된다. 예를 들어, 사람들이 곱슬머리나 생머리를 선호하는지 아닌지에 대해 관심이 있는 그룹이 있다고 하자. 이러한 관심은 학생 자신이 곱슬머리를 가진 것에 대한 불만에서 나왔거나, 생머리를 가진 다른 사람이 곱슬머리를 가진 것은 행운이라 언급한 것을 듣고 이 같은 연구 문제를 정했을 수도 있다. 또 다른 학생들은 사람들이 좋아하는 음악, 음식, 농구 팀에 관심이 있다. 하지만 학생들이 프로젝트를 어떻게 개별화하기를 바라는지는 다섯 개 컴퓨터 데이터베이스 중 어느 하나를 정해 데이터를 선택함으로써 연구 문제를 정하는 그룹 활동에서 명확히 드러난다. 그룹의 학생들은 종종 그들이 독립적으로 수집한 데이터를 컴퓨터 데이터베이스에 추가하기도 한다. 예를 들어, 데이터베이스에서 나온 하키 데이터를 사용한 그룹은 (데이터베이스에 나타나 있지 않은) 이후 시즌의 자료를 신문에서 수집하여 추가시켰다. 또 다른 그룹은 일반 콜라와 다이어트 콜라에 대한 데이터베이스 자료를 사용했고, 이 자료를 미각 테스트(사용된 콜라 항목은 동일했지만 샘플 수는 적었다)를 통해 직접 수집한 자료와 비교했다. 위의 경우에서 학생들은 모두 자신만의 지식을 구성하고 있다고 볼 수 있다.

학습 공동체 개발하기

학습 공동체는 규범적 교실 관행을 명확히 설명하는 교실에서 발달될 수 있다. 학생들은 각자 자신이 통계 문제를 어떻게 해결하고, 추론하는지를 분명하게 말함으로써 통계에 대한 이해를 다른 사람과 공유해야 한다. 대안적인 전략을 공유하는 것은 ASP 그룹의 사회적 규범에 속한다. 다음의 예에서 한 그룹은 가장 좋아하는 패스트푸드 음식점에 대한 조사를 수행했다. 그룹의 학생들은 데이터를 수집하고, 각기 다른 방식으로 표현했다. 그러한 과정에서 전체 그룹 프로젝트에 개인적인 성향이 드러나기도 하지만, 그럼에도 불구하고 그룹은 데이터 해석에 있어 합의에 이를 수 있었다.

마르코: 깜짝 놀랄 거예요. 이것은 원그래프에요. 저는 "가장 좋아하는 패스트푸드 음식점이 무엇인가?"에 대해 조사했어요. 저는 우리 고등학교에 다니는 아이들에게만 물었어요. 보시는 것처럼, 하베이스는 가장 많은 31.71%, 두 번째는 기타로 26.83%, 세 번째는 19.5%의 라플로어, 그리고 네 번째 음식점은 맥도날드 9.76%, 다섯 번째는 7.33%의 버거킹, 웬디스는 4.88%로 여섯 번째였어요.

교사: 몇 명의 사람들에게 물었니?

마르코: 전부 41명이요.

교사: 여러분, 다른 그래프와 비교해보세요. 왜 다른 그래프와 비교하지 않는 거죠?

마르코: 아, 저는 카일리 파이와 실비아 파이 같은 다른 것도 해 봤어요. [스크린을 가리키며] 이것은 제 것, 저것은 밥의 것이에요. 보시다시피, 그것들은 매우 달라요. 아, 그거에요. 질문 있으세요?

교사: 네가 수집한 데이터 사이에 비슷한 점이 있니?

마르코: 네, 보시다시피, 모두 하베이스가 제일 많았어요.

교사: 좋아! 두 번째로 많이 나온 음식점은? 전반적으로 같니?

마르코: 그렇지 않아요.

교사: 너는 왜 막대그래프가 아닌 원그래프를 선택했니?

마르코: 원그래프가 그 결과를 더 잘 보여주기 때문이죠. 다시 말해, 결과를 더 잘 비교할 수 있어요.

[논의가 계속된다. 아래에 인용된 사례에서 전체 그룹 데이터와 함께 화면에 막대그래프가 보인다.]

밥: 맞아요. 다른 학생들이 말한 것과 같이 하베이스가 가장 많았지만, 다양한 패턴으로 나타났어요. 보시다시피 카일리에서는 하베이스가 가장 많았어요. 제 조사에서도 하베이스가 제일 많았고, 맥도날드와 라플로어, 버거킹의 차이는 아주 작아요. 또 웬디스는 두 번째로 많았어요. 마르코의 경우, 하베이스와 다른 음식점들 간의 차이가 아주 작긴 했지만 결국은 하베이스가 가장 많았어요. 다음으로 기타, 그 뒤는 라플로어, 맥도날드, 웬디스 순이에요. 결론을 내리자면 하베이스는 대부분의 사람들이 가장 좋아하는 음식점이에요.

위 교실 대화를 통해 모든 학생들은 데이터를 수집하고, 그래프를 그리고, 분석하는 방법이 얼마나 중요한지 생각해볼 수 있었다. 교실에서 그룹 프로젝트를 공유함으로써 학생들은 통계 문제를 해결하는 공동체에 참여할 수 있었다. 이러한 대화는 또한 개개인의 성향이 소규모 그룹 내에서도 존재할 수 있음을 보여준다. 그러한 개인적인 특성은 이해에 있어 핵심적인 것으로, 자신의 지식을 구성하는 것과 관련하여 다음 절에서 고찰해볼 것이다.

제고하기

ASP 프로젝트는 통계 조사 과정에 대한 학생들의 반성을 촉진시키기 위해 기술 공학의 다양한 활용을 고려하여 현재 최신정보고 수정되고 있다. 교수 기술에서 나타난 한 가지 변화는 통계 수행 모델을 널리 활용한다는 것이다. 학생들은 모델로 제시된 기준을 고려하여 활동하기 때문에, 모델링은 강력한 교수 도구가 된다: 본질적으로 사람들은 자신이 모델로 삼은 것을 하기 시작한다. 예를 들어, 연구 문제를 설정하는 것에 대한 학생 수행 검사에서, 93%의 학생들이 모범 자료에서 모델로 제시된 것과 유사하게 문제를 구성했다. 학생들이 예제로 제시될 수 있는 것이 무엇인지에 대해 확장된 이해를 갖도록 하기 위해서는, 다양한 그래프와 분석 방법을 사용하는 통계 조사 샘플뿐만 아니라 다양한 통계적 설계 방법과 이러한 설계를 위한 모델을 제공해야 한다. 모델로 삼을 수 있는 통계적 수행 기준의 수를 늘리고, 다양성을 확보함으로써, 학생들은 통계적 지식을 더 넓은 범위에 적용할 수 있을 것이다.

결론

이번 장에 제시된 ASP 적용 사례는 (a) 적절한 과제와 사회적 규범을 제공하고, (b) 학생들을 통계적 대화에 참여시킴으로써, 통계에 대한 이해를 촉진하는 수학 교실의 역동적인 모습을 보여준다. 학습자에게 의미 있는 과제를 가지고 가르치는 것은 ASP에서 핵심적인 주제이다. ASP에서 사용된 패스트푸드 음식점에 관한 조사 또는 하키팀에 대한 데이터 분석과 같은 과제는 학생들의 관심을 유도하며, 과제에 몰두하게 한다. 게다가 ASP는 통계 학습과 이해에 관한 탐구에 기반을 둔 접근법이므로, 통계 조사의 매 과정마다 소규모 그룹에서의 학생 간 합의가 이루어져야 한다: 데이터(연구 문제의 유형, 수집된 데이터의 유형과 양)를 조직하고, 표현하고, 해석하는 방식 그리고 학생들에게 그룹의 프로젝트 결과를 발표하기 위한 가장 좋은 방법 등. 일단 학생들이 통계적 관계를 이해하고 나면, 그들이 새로 습득한 지식을 스스로 설계한 통계 프로젝트에 더 쉽게 적용하고 확장시킬 수 있기 때문에, 교사는 학생들이 그러한 관계를 구성하는 것을 돕고, 모델 역할을 함으로써 학생들을 보조한다.

ASP 교실에서 교수 활동이 이루어지는 동안 학생들은 지식을 반성하고, 명확히 표현할 수 있으며, 그 결과 다양한 평가가 이루어질 수 있다. 이러한 과정을 통해 모든 학생들은 개인적인 특성을 고려하여 자기가 원하는 방식으로 자신의 이해를 충분히 표현할 수 있으며, 그 결과 NCTM의 평가 규준(1995)에 기술되어 있는 형평성 규준을 실제로 충족시키게 된다. 컴퓨터와 다른 공학은 학생들이 통계를 이해하는데 도움을 주며, 학생들이 새로운 상황에서 반성하고, 모델링하고, 적용하는 통계적 수행에 대한 기준을 제공한다. 실제로 공학은 학생들을 평가하는 기준을 명확히해 줄 뿐만 아니라 수업 목표를 명확히 하는데 도움을 준다: 하나의 상황에서 통계 조사 과정의 매 구성 요소마다 수행 기준을 모델링하는 것은 이러한 조사 과정을 학생들이 구성한 새로운 상황에 적용하기 위한 스키마를 제공한다.

이 책의 제2장에서 카펜더와 레허러는 이해를 통해 학습하는 확실한 사례를 제시했다. ASP 경험을 통해, 학생들은 과제에 참여하는 동안 단지 정답을 구하는 것뿐만 아니라 그들이 다루는 통계적 관계를 이해함으로써, 자신의 지식을 구성하고, 수학에 계속적인 관심을 가지며, 새로운 상황에서 문제를 해결하는데 두려움을 느끼지 않게 됨을 알 수 있었다.

NOTES

1. 이 글은 NCRMSE(National Center for Research in Mathematical Sciences Education)의 교육 연구·지원 센터(Office of Educational Research and Improvement)로부터 지원을 받아 실시되었다. 이 연구를 지지하고, 격려해주신 Thomas A. Romberg 박사께 특히 감사드린다. 또한 자료 수집을 도와 준, 능력 있는 교사 Phil Knox에게도 감사드린다. 특히 이 분야의 연구를 계속하고 있으며, 작업의 모든 단계에 중요한 역할을 한 나의 대학원 조교 Nancy Lavigne에게도 고마운 마음을 전하며, 이 프로젝트 기간 동안 지치지 않고 함께 해온 Steven Munsie와 Tara Wilkie에게도 감사를 전한다. 프로그래밍 기술 지원을 해준 Andre Renaud에게 감사드리며, 연구에 참여해준 Marlene Desjardins, Cindy Finn, Bryn Holmes, Jody Markow, Tina Newman, Litsa Papathanasopoulou 그리고 Steve Reisler에게 감사의 마음을 전한다.

2. Cricket Software Inc. (1989). Cricket Graph Version 1.3.1 [Computer program]. Valley Stream Parkway, PA: Author.

   Systat Inc. (1988). Mystat Version 1.0: A personal version of Systat [Computer program]. Evanston, IL: Author.

참고문헌

National Council of Teachers of Mathematics (1995). *Assessment standards for school mathematics.* Reston, VA: Author.

더 읽을거리

본 장에서 제시된 아이디어 형성에 도움을 준 여러 중요한 책들이 있다. 그 중 가장 중요한 것은 NCTM(National Council of Teachers of Mathematics)의 《학교수학을 위한 교육과정과 평가 규준》 및 《전문성 있는 교수 규준》이다.

Gal, I., & Garfileld, J.B. (Eds.). (1997). *Handbook on assessment in statistics education.* Amsterdam: IOS Press and the International Statistical Institute.

Garfield, J., & Ahlgren, A. (1994). Student reactions to learning about probability and statistics: Evaluating the quantitative literacy project. *School Science and Mathematics, 94*(2), 89-95.

Garfield, J. B., Burrill, G. (eds.). (1997). Research on the role of technology in teaching and learning statistics. *Proceeding of the 1996 IASE Round Table Conference.* Vooburg, The Netherlands: Interbarional Statistical Institute.

Lajoie, S. P. (Ed.). (1998). *Reflection on statistics: Learning, teaching and assessment in Grades K-12.* Mahwah, NJ: Lawrence Erlbaum Associates.

Lajoie, S. P., Jacobs, V. R., & Lavigne, N. C. (1995). Empowering children in th use of statistics. *Journal of Mathematics Behavior, 14*(4), 401-425.

Lavigne, N. C., & Lajoie, S. P. (1996). Communicating performance standards to students through technology. *The Mathematics Teacher, 89*(1), 66-69.

National Council of Teachers of Mathematics (1989). *Curriculum and evaluation standards for shool mathematics.* Reston, VA: Author.

National Council of Teachers of Mathematics (1991). *Progessional teaching standards.* Reston, VA: Author.

Scheaffer, R. L. (1988). Statistics in the schools: The past, present, and future fo the quantitative literacy project. *Proceedings of the American Statistical Association from the section on statistical education*, 71-78.

Shaughnessy, J. M. (1992). Research in probability and statistics: Reflections and directions. In D. Grouws (ED.). *Handbook for research in mathematics teaching and learning*(pp. 465-494). New York: Macmillan.

제8장

새로운 대수 교수·학습

James J. Kaput
University of Massachusetts-Dartmouth

이해를 촉진하는 대수 교수·학습에 대해 논의하기 위해 우리는 우선 학생들이 수업 시간에 자주 접하게 되는 대수를 자세히 살펴볼 필요가 있다. 한 세기 이상 학교수학에서 만연했던 대수의 전통적인 모습은 대수식을 간단히 하거나 방정식을 풀고, 기호를 다루기 위해 규칙을 학습하는 것들 중 하나였다(거의 모든 사람들이 이런 대수를 싫어할 지도 모른다). 이러한 모습으로 나타난 대수는 사실상 카펜더와 레허러(제2장 참조)가 교실 개혁의 출발점으로 삼았던, 모든 차원의 이해를 달성하는 데 실패한다. 전통적으로 학생들은 실제 세계 및 다른 수학적 지식과 분리된 일련의 절차로서, 학교 대수를 배우고 학습해 왔다.

새롭게 학습한 지식을 응용하고 관계를 구성하는 것은 전통적인 대수에서 중심적인 부분이 아니었다. 응용이라 할 만한 것들은 지나치게 인위적이며(예, 나이 문제, 동전 문제) 학생들은 자신의 경험에 대해 반성할 기회나 다른 사람에게 자신이 알고 있는 것을 설명할 기회를 얻지 못했다. 대신 학생들은 단지 일련의 기호를 조작하는 절차를 암기하고, 그들의 삶에 아무런 의미 없는 인위적인 문제를 풀었으며, 수학적 개념 이해, 추론 능력이 아닌 적절한 기호 사용 여부(반성할 필요가 없고, 설명이 필요 없는 전략을 사용한 답)를 기준으로 평가받았다. 더욱이 대수 학습 경험은, 학생들이 수학적 지식을 구성하고 그 지식을 자신의 것으로 만들며 자신의 삶에서 수학적 지식이 갖는 중요성과 유용성을 이해하기도 전에, 종종 학생들을 수학과 분리시킨다.

대수는 지금까지 고등수학으로 진입하는 관문 역할을 해 왔음에도 불구하고, 학문적으로 공부해보고자 했지만 결국 실패한 미국의 많은 학생들에게 그 문은 닫혀 있었다. 심지어 그 관문을 그럭저럭 통과한 학생들도 대수를 유쾌하지 않은 것, 아무런 의미도 갖지 않는 기호를 조작하는 것과 관계되어 멀리하고 싶은 것으로 생각한다. 이에 반해 다양한 형태의 대수적 추론과 그래프, 표, 스프레드시트, 공식 등의 대수적 표상 활용은 문명이 발전시킨 강력한 지적 도구들이다. 기호적인 형태의 대수가 없었다면 고등수학도 과학의 양적 팽창도 나아가 우리가 알고 있는 테크놀로지와 현대적인 삶도 있을 수 없다. 따라서 우리는 모든 학생들에게 유용한 것으로서 강력한 대수를 만드는 방법, 즉 이해를 바탕으로 한 대수 학습을 촉진시키는 교실 환경을 만드는 교수법을 찾고자 한다. 변화가 필요한 부분에 대한 다음의 개괄적인 내용은 우리가 대수 교수·학습에 대해 이미 알고 있는 것을 기반으로 한다.

- 부분적으로 학생들의 비형식적 지식에 기초함으로써, 이른 시기에 대수 학습 시작하기
- 수학적 지식을 확장하고 적용함으로써, 대수 학습을 다른 교과 학습과 통합하기
- 수학적 지식을 적용함으로써, 몇 가지 다양한 형태의 대수적 사고를 포함시키기
- 학생들이 배운 것을 반성하고, 알게 된 것을 명확히 설명할 수 있도록 촉진시킴으로써, 학생들의 자연 발생적인 언어와 인지력에 기초하기
- 의미를 이해하는 데 도움이 되는 활동적인 학습과 관계의 구성을 촉진하기

그러나 새로운 접근이 새로운 도구와 새로운 적용을 필요로 한다는 점, 학생들은 전통적으로 대수에 초점을 두어 학습하지 않았다는 점, 유치원부터 8학년 교사들이 개정된 대수 교수법뿐만 아니라 이전의 대수 교수법에 대해서도 교육받지 않았다는 점 때문에, 이러한 변화는 쉽지 않다. 이런 어려움에도 불구하고, 본 장은 최신의 접근법이 아닌, 현재도 존재하는 변화 노력을 바탕으로 초등학교 교사와 함께, 심도 깊고, 장기적인 대수 교수·학습 개혁을 위해 나아가야 할 방향을 제시한다. 일반화는 산술, 모델링 상황, 기하 그리고 궁극적으로는 초등학생들이 접하는 모든 수학과 관계가 있으므로, 앞으로 제시할 방향은 이러한 일반화와 점차 형식적인 언어를 사용하여 일반화를 표현하는 것을 포함한다. 직설적으로 말하자면, 이는 학교수학의 초기 단계부터 수학 교육과정 곳곳에 대수가 녹아들어 갈 수 있도록 하려는 것이다.

본 장은 좀더 상세한 이해를 위해 교수 방법을 제시하는 것을 목표로 하지만, 대수가 저학년부터 수학적 활동에 어떻게 포함되며, 이러한 활동을 어떻게 장려하고 있는지 설명하기 위해, 대수적 추론의 다섯 가지 형태를 중심으로 조직화하여 설명하고자 한다([그림 8.1] 참조). 이 다섯 가지는 서로 밀접한 관련을 가지고 복잡한 구조를 형

성하며, 각각에 대해서는 다음에 논의된다. 처음의 두 개는 나머지 모든 영역의 기저가 되며, 다음의 두 개는 주제를 구성하고, 마지막 하나는 언어로서 대수를 반영하는 것으로 나머지 영역들에 스며들어 있다. 이 다섯 가지는 활동에서 뿐만 아니라 개념적으로도 강하게 상호작용하고 있으며, 대수를 이해하는 것은 바로 이와 같은 풍부한 연결망을 구성하는 것이다. 이 절의 교실 사례는 실제 학생들의 활동과 언어를 바탕으로 하며, 다양한 학년과 주제에서 나온 것이다. 또한 본 장에서 논의되는 추론 형태와 교실 사례는 과거나 현재의 위치보다는 나아갈 방향을 강조한다.

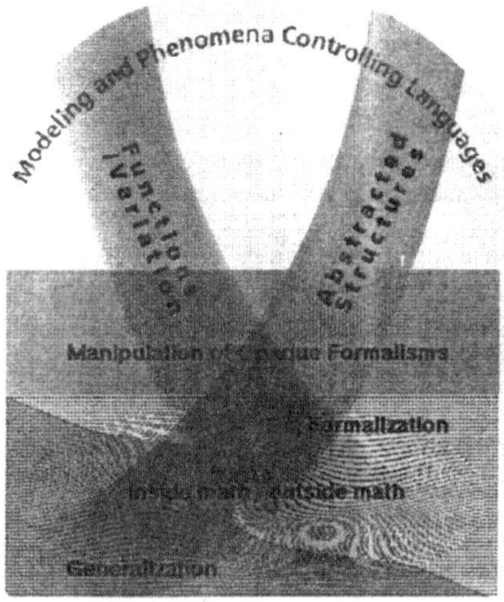

[그림 8.1] 다섯 가지 대수적 사고 형태의 중첩 및 상호 관계

패턴을 일반화하고 형식화하는 것으로서의 대수와 제한점

초등 수학에서 우위를 차지하는 순수 계산적인 산술, 조합론과 관계된 수 세기 및 분류하기, 순수 공간 시각화가 본래 일반화와 형식화를 강조하지는 않는다고 하더라도, 이 두 가지와 무관한 수학 체계 또는 상황을 생각하기란 쉽지 않다. (저자가 본 장에서 대수의 두 번째 핵심적인 측면이라고 밝혔으며, 때때로 일반적인 패턴과 대수의 세 번째 측면인 구조를 만들어 내는) 형식화를 수행하기 위한 조작은 전형적으로 이전 형식화의 직, 간접적 결과로 나타난다. 일반화와 형식화는 수학적 활동과 사고에 있어 본질적이며, 이들을 수학적으로 만들어 준다.

일반화는 추론의 범위를 의도적으로 확장하거나, 제시된 사례를 넘어서서 의사소통하는 것, 그 사례들의 공통성을 명확히 하여 표현하는 것, 사례나 상황 자체가 아닌 패턴, 절차, 구조, 그들 사이의 관계에 주안점을 두는 수준에서 추론하고 의사소통하는 것을 포함한다. 그러나 일반화를 표현하려면, 일반화한 것을 형식적인 언어로, 또는 어린아이들의 경우에는 억양과 몸짓으로 바꿔야 한다. 어린아이들이 표현한 일반화나 특별한 사례에 대한 진술을 일반적인 것으로 표현하려는 아이들의 의도를 명확히 하기 위해, 교사는 아이들의 말을 주의 깊게 듣는 숙련된 능력을 갖출 필요가 있다.

우리는 두 가지로 일반화와 형식화의 근원을 구별하는데, 그 중 하나는 대개 산술에서 시작해서 수학적 타당성을 추론하고 의사소통하는 것이며, 다른 하나는 주로 양적 추론에서 시작하여 수학화되기 쉬운 외적 수학에 기초한 상황을 추론하고 의사소통하는 것이다. 이러한 구분(수학적 타당성과 수학 외적 상황)은 특히 수학적 활동이 구체적 형태로 나타나고, 수학적 활동을 촉진하는 상황과 긴밀하게 연결되는 어린 시기에 문제가 되기 쉽다. 출발점이 수학이든 아직 수학화되지 않은 상황이든, 근원은 수학 외적 현상이나 상황에 기초하고 있다. 왜냐하면 결국 수학적 사고는 경험에서 시작하고, 이는 적절한 활동과 과정을 통해서만 수학적인 것이 되기 때문이다. 이해를 위한 교수 활동에 실패했다면, 이는 대부분 의미 있는 경험과 연관짓지 못했기 때문이다. 지금부터는 내·외적 수학으로부터 일반화를 확립해 나가는 학생들의 사례를 제시할 것이다.

초기 일반화와 형식화에 대한 교실 사례

다음은 바스타블(Bastable)과 쉬프터(Schifter)가 관찰하고, 자료를 수집한 3학년 교실의 예이다. 교사는 필통 하나에 연필 12자루가 들어있을 때, 필통 3개에 들어 있는 연필은 모두 몇 자루인지 묻는 것으로 수업을 시작했다. 학생들은 동수누가의 방법 $(12+12+12)$으로 답을 찾아냈고, 그 후 교사는 어떻게 그 답이 3×12 곱셈 결과와 같을 수 있는지 보여주었다. 교사는 비슷한 유형의 연습 문제로 넘어가기를 바랐지만, 그때 한 학생이 12는 2개의 6으로 분해되며, 따라서 답은 $6+6+6+6+6+6$, 6개의 6, 또는 6×6으로도 쓸 수 있다고 말했다. 또 어떤 학생은 각각의 6을 2개의 3으로 분해하여 12개의 3 또는 12×3을 만들 수 있다고 했고, 이를 본 다른 학생은 이것이 처음에 답으로 제시했던 3×12를 거꾸로 쓴 것임을 알아챘다. 다음은 조사내용을 확장하여 기술한 것이다.

과제 학생들은 계속해서 36이 되도록 수를 그룹화하는 방법을 찾았다. 여러 개 3이 나열된 것을 본 한 학생은 3개의 3을 네 그룹으로 하여 4×9를 만드는 방법을 제안했다. 또 다른 학생은 “4×9＝36이면 9×4＝36이니까 리스트에 한 가지 방법을 더 추가할 수 있어요.”라고 말했다. 한 학생이 이에 반대하며 흥미 있는 질문을 했다: “항상 그렇게 되나요? 즉, 각 수를 거꾸로 하면 항상 같은 결과를 얻을 수 있나요?” 교사가 질문한 학생의 생각은 어떠한지 물었을 때, 그 학생은 “확실하지는 않지만, 제 생각에는 항상, 그러니까 모든 숫자에 대해 성립하지는 않을 것 같아요.”라고 대답했다.

교사는 학생의 질문에 대해, 그 사실이 성립하는지, 성립하지 않는지 증명할 방법을 연구해오는 숙제를 냈다. 다음날 학생들은 3×4, 4×3과 같은 여러 쌍의 곱셈을 제시하거나, 때로는 예를 보여줄 수 있는 조작물을 사용하여 자신들의 생각을 설명했다. 원래 이 생각에 동의하지 않았던 학생은 모든 수에 대해 성립하는지 여전히 확신하지 못했지만, 교사는 이 문제를 풀리지 않은 채로 두는 동시에, 배열을 도입하여 곱셈에 대한 탐구를 계속하기도 했다. 그러나 2주 후 교사는 곱셈식의 답이 수의 순서와 관계없이 같은지 증명하는 문제를 다시 언급하면서, 학생들에게 현재 알고 있는 배열을 사용할 것을 제안했다. 학생들은 얼마간 혼자서 또는 짝과 활동했다. 결국 한 학생이 증명할 수 있다고 했고, 7개짜리 유니픽스큐브 3줄을 들고는 다음과 같이 말했다.

> “보세요. 이 배열은 7개씩 3줄이에요. 저는 지금 이것을 가져와서 3개씩 7줄로 만든 배열 위에 놓았어요. [7개씩 3줄로 놓인 배열을 90도 회전시켜 이전에 만들어 놓은 3개씩 7줄로 된 배열 위에 놓는다.] 그럼 배열이 딱 들어맞아요. 그래서 3×7과 7×3의 값은 같고, 둘 다 21이에요. 어떤 방정식을 가져오든 항상 정확히 맞을 것입니다.”

이 설명이 끝난 후, 어떤 학생이 다른 증명 방법을 열심히 설명했다.

> “저는 라우렌과 같은 식을 사용했지만, 한 세트의 막대(7개씩 3줄 있는 막대)만 이용할 것입니다. 이 배열을 다른 방향에서 보면 [막대 배열을 수직으로 놓는다.] 3개씩 7줄 있는 막대가 되요. 하지만 옆에서 보면, 7개씩 3줄 있는 막대를 볼 수 있어요. 보이세요? 그래서 이 하나의 막대 배열은 7×3과 3×7을 모두 보여줄 수 있어요.”

이번 설명을 통해, 곱셈의 교환법칙에 동의하지 않았던 학생도 동의했다: 두 학생 모두 3×7을 배열을 사용하여 설명했지만, 후자의 설명인 더 간단한 표현이 일반적인 곱셈의 교환법칙에 동의하도록 만든 것이다. 반대했던 학생은 “정말 좋은 방법이야. 모든 수에 대해 성립할 것 같아.”라고 말했다.

논의 이 사례에서 학생들은 몇 가지 사례에 대해 성립하는 곱셈법칙을 모든 사례에 대한 것으로 일반화하려고 시도했으며, (형식적인 수학 언어를 아직 배우지 않았기 때문에) 자연적, 비형식적인 언어를 조합하여 다양한 표기법을 고안함으로써 자신들의 일반화를 설명하고자 했다. 근본적인 문제는 일반화의 범위, 즉 모든 수에 대해 성립하는가이다. 학생들은 아이디어를 일반화하고, 서로에게 자신의 생각을 보여주며, 교사의 주장이 아닌, 명확히 자신의 주장을 정당화하기 위해 큐브와 막대를 사용했다. 확실성과 정당화의 문제는 과정 중에 통합적인 양상으로 나타났으며, 학생들의 기호 사용과도 관련되었다. 단지 학생들에게 (자연수) 곱셈의 교환법칙 개념을 발달시키기 위한 것으로서, 활동에 대한 사고는 이 수업에서 일어났던 일을 평범하게 만든다. 학생들은 수학적 정당화에 대한 이해가 발달되기 시작하면서, (비록 동수누가와 배열 모델이라는 두 가지 측면이긴 하지만) 다양한 곱셈적 아이디어와 증명을 실제로 구성했다.

이 에피소드는 구체적인 상황에서 시작하긴 했지만, 곧 수학적 탐구 대상이 되었다. 연필과 필통은 학생들의 범자연수 합성과 분해를 유도하는, 또 약간의 반성 후, 구체적인 큐브 배열을 활용하여 다양한 그룹핑 방법의 동치 여부에 대해 새롭게 구성된 지식을 명확히 할 것을 유도하는 시작점이 되었다. 학생들은 처음에는 21을 그룹핑하는 다양한 방법을 통해, 그런 다음에는 물리적인 조작활동을 통해 그룹핑한 것을 다양한 방향에서 봄으로써, 전체 양이 변하지 않음을 설명하기 위한 방법들을 찾았다. 학생들은 형식적인 언어를 사용하지 못함에도 불구하고, 결국 일반성을 인지했을 뿐만 아니라 "모든 수에 대해 성립한다."라고 명확히 표현하기도 했다. 이러한 성질은 처음에는 □×○=○×□와 같은 표현에서, 나중에는 $a \times b = b \times a$와 같이 점점 형식적인 표현으로 제시될 것이다.

요약 이 사례로부터 출발한 바스타블-쉬프터의 연구는 수(홀수-짝수, 0)의 성질, 연산, 자연수를 넘어 다른 수 체계로의 확장 등과 관련하여 1~6학년에 걸쳐 나타나는 몇 가지 에피소드의 예를 포함하고 있다. 그러나 이러한 과제에 대해서 뿐만 아니라, 언어나 특정 기호의 역할이 무엇인지를 포함하여 어떻게 이 과제들을 조직화시키는지, 학생들의 비형식적인 표현에서 일반화를 어떻게 식별하며, 일반화와 정당화는 어떻게 관련되는지 구체적인 상황의 역할은 무엇인지 등과 같이 중요한 문제들은 여전히 해결되지 않은 채로 남아 있다.

이 상황의 또 다른 측면도 주목할 만하다: 이것(이 사례)은 분명 전통적인 기호 조작으로서의 대수는 아니다. 비록 이것이 분명 산술에서 훌륭한 교수 활동이라 할지라도, 계산보다는 일반화에 초점을 두고 있는 이 확장된 수업은 보통의 수학 교실(수학 교수를 위한 전문성 규준(NCTM, 1991)의 관점에 부합하는 보통의 교실)에서 많은 교사들이 수학적 개념 발달이 일어나는 평범한 과정으로 생각하는 것에서부터 발생했다.

(이해하기 힘든) 형식에 대한 기호적으로 안내된 조작으로서 대수

전통적인 대수에서 또는 새로운 대수에서 형식화를 다룰 때, 우리는 기호가 무엇을 나타내는가에 초점을 두기보다는, 기호와 형식을 조작하기 위한 구문론적 규칙에 관심을 둔다. 학생들은 기호가 무엇을 나타내는가에 더 이상 관심을 두지 않으며 기호 그 자체로 보기 때문에, 동시에 기호가 나타내는 것을 기호로 나타내고 변화시키려고 노력하기보다는 매우 복잡한 관계에 있는 연산을 자유롭게 한다([그림 8.2] 참조). 버트랜드 러셀의 말을 바꾸어 표현하자면, 형식적인 대수는 학생들이 많은 것을 덜 생각하게 한다.

문제는 전통적인 대수 교육과정이 부분적인 측면에만 집중하여 수학에서 의미를 찾는 능력을 떨어뜨리고, 심지어 수학으로부터 학생들을 소외시킨다는 것이다. 학생들이 기호 조작 규칙을 끝없이 연습하는 데만 집중하고 기호들이 상징하는 양적 관계를 연결시키지 못할 때, 추론을 위한 기반으로서 수학적인 표현 형식을 사용하는 것이 갖는 힘은 사라진다. 전통적인 수학 교실에서는 잘못된 이해를 수반한 학습이 이해를 수반한 학습보다 자주 일어난다. 많은 연구들은 학생들이 자신의 지식을 잘 구성하지 못

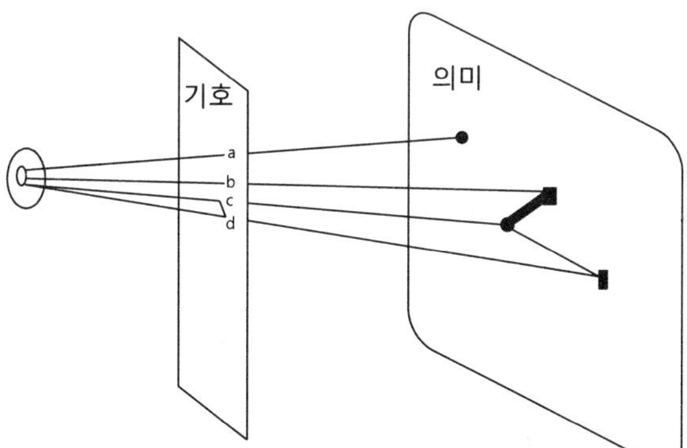

[그림 8.2] 기호를 보는 것 대 기호를 통해 보는 것

하거나 충분한 시간이 주어지지 않을 때, 학생들을 학습에 대한 반성으로 이끄는 데 어려움을 겪는 사례들을 많이 제시한다. 공통적으로 나타나는 한 가지 문제는 선형성과 같이 학생들이 패턴을 지나치게 일반화하는 것이다(예를 들어, 모든 a, b에 대해서 $(a+b)^2 = a^2 + b^2$이라고 생각하는 경우). 다양하게 실행하고 반성하면서 대부분의 학생들은 이 패턴이 a, b가 0인 경우를 제외한 나머지 실수에서 성립하지 않는다는 것을 알게 된다. 다음에 나오는 교실 사례를 비교해보자. 첫 번째 사례는 학생들이 수학적 지식의 부분들 사이의 관계를 구성하지 못할 때 일어날 수 있는 자주 일어나는 일에 관한 것이고, 두 번째 사례는 이해를 수반한 학습을 지원하는 개정 교육 과정에서 나온 과제를 제시한다.

교실 사례

일련의 기호에 대해 공통적으로 나타나는 잘못된 이해 이 사례는 하렐(Harel) 연구에 소개된 예이다. 이 사례에서 고등학생들은 부등식 $(x-1)^2 > 1$을 풀려고 시도한다. 한 학생에게 어떻게 $x > 1$이라는 결과를 얻었는지 설명하라고 했을 때, 그 학생은 $(x-1)(x-1)=0$의 해는 $x=1$, $x=1$이라고 말한 후, 등호 세 개를 지우고, 그 위에 부등호 >를 쓰며 x는 1보다 크다고 말했다. $(x-1)(x-1)=3$을 푸는 문제에서 그 학생은 $(x-1)=3$, $(x-1)=3$이라고 썼다. 하렐은 이에 대해 다음과 같이 언급했다.

> 학생의 수학적 행동을 통해 우리는 그 학생이 일련의 기호가 나타내는 상황이나 양에 대해 생각하지 않고 있음을 알 수 있다. 오히려 연속된 기호 자체를 상황이라 생각하고, 이를 추론한다. 즉 패티의 생각은 세 개의 연속된 기호가 공유하고 있는 상징적이고, 인위적인 구조에 관한 것이다. 이 학생의 견지에서 보면, 이 연속된 기호들은 같은 구조를 가지므로 모두에 같은 해결방법을 적용할 수 있다.

이 사례는 등식과 부등식을 근본적으로 같은 방법으로 해결될 수 있는 것으로 생각하여 부등식을 잘못 풀이한 고등학생에 관한 것이기는 하나, 비슷해보이는 기호에 유사한 절차를 적용하는 오류는 흔히 있는 일이다(두 분수 사이에 등호가 있는지, 더하기 기호가 있는지 개의치 않고, 대각선으로 곱하는 절차를 적용하는 사례도 있다). 학생들은 대부분 이와 같은 방식으로 추론하는데, 이렇게 추론하는 학생들이 특정 절차를 수행하는 데 필요한 것은 표면적으로 나열되어 있는 기호가 전부는 아니지만, 이러한 학생들은 의미를 부여하지 않고 일련의 기호를 다루는 것이 마치 수학의 전부인 것처럼 여긴다. 그들에게 이해는 특정 기호에 적용할 수 있는 규칙을 암기하는 것이다. 불행하게도, 대수의 이해를 위해서는 절차적 지식과 개념적 지식을 연결할 수 있어야 한다.

▮ 불분명한 기호에 대한 의미 있는 조작 다음의 사례는 NSF(National Science Foundation)의 지원을 받아 개정된 MiC 5학년 교재, “패턴과 기호” 단원에 관한 것이다. 이 사례의 과제는 S와 L로 이루어진 문자 배열의 변환에 관한 것인데, 여기서 S는 사각형 블록이 세로로 서 있는 것을, L은 가로로 누워 있는 것을 나타낸다.([그림 8.3]의 예 참조). 이 과제에서 학생들은 SS → L, LL → S로 바꾸는 등의 다양한 변환 규칙을 생각하여 실제로 실행해보고, 활동 결과를 연속된 기호의 관점에서 해석하며, 그 반대로도 활동해본다(예, 이 블록의 배열 규칙을 계속 적용하면 어떻게 될까?). 학생들은 자신의 규칙을 만들고, 이를 자신과 다른 사람이 설계한 것에 적용해본 다음, 그것을 해석한다. 학생들은 임의로 나열된 기호에 적용할 수 있는 추상적인 대입 규칙(예, 자신의 이름 첫 글자를 따서 배열 만들기)으로 점차 이동해간다.

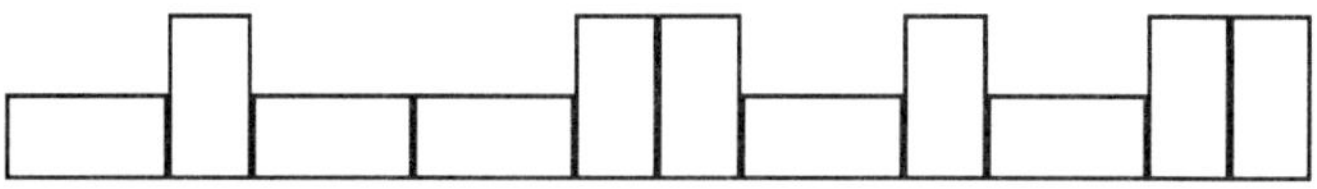

[그림 8.3] 블록 배열을 문자열로 표현하기(LSLLSSLSLSS)

▮ 요약 형식화는 주제나 학생들의 모델링 활용 여부에 관계없이, 수학 전반에 걸쳐 필수적인 활동이다. 앞서 기술한 과제는 학생들로 하여금 수에 기반을 두거나 수와 관련짓지 않고도 모호한 기호 세계에 친숙하게 하며, 학생들을 소외시키는 수학이 아닌 이해를 촉진하는 수학을 경험하게 한다.

계산과 관계로부터 추상화된 구조에 대한 학습으로서의 대수

결과보다는 구조에 관심을 두는 계산에 기초한 일반화와 추상화 활동은 추상 대수와 관계된 추상적인 구조를 발생시키며, 이는 전통적으로 대학 수준의 수학으로 여겨졌다. 익숙한 수를 계산하는 것으로 시작하는 대수의 이러한 측면은 19세기 영국의 일반화된 산술로서의 대수에 그 기원을 두지만, 수 이론과 더욱 관계가 깊다. 대수의 이러한 측면은 상당수의 수학 전문가들이 언급하는 대수와 일치한다.

이해를 위한 구조적 추상 대수를 가르치는 데 있어서, 구조는 비행기의 움직임을 나타내는 행렬표, 도형의 대칭, 모듈러 연산, 단어의 문자 조작, 또는 꽤 임의적이고, 심지어 장난스러운 상황에서 나온 학생들의 수학적 경험으로부터 나온다. 이러한 구조는 (a) 형식 이전의 자연적인 언어로 설명될 수 있다, (b) 구조로부터 추상화된 체계에 대한 이해를 향상시킨다, (c) 구조가 적용되는 특정 사례에서 벗어나 본질적으로 유용한 계산 구조를 제공한다, (d) 더 높은 수준의 추상화와 형식화를 위한 기초가 된다. 다음에 기술하는 두 가지 사례 중 첫 번째는 학생들이 발견한 구조를 설명하기 위해 자연적인 언어를 사용하는 것에 대한 것이고, 두 번째는 이면각 군 구조에 대한 교실 탐구 사례를 제시한 것이다.

교실 사례

대수적 구조를 설명하기 위한 자연 언어의 사용 MiC 5학년 교재 “패턴과 기호” 단원에서 나온 과제를 해결하는 학생들에 대한 연구에서 스팬스(Spence)와 플리오(Pligge)는 학생들에게서 나타난 강력한 이해가 드러난 부분과 형식 이전의 자연 언어를 사용하여 이해를 설명하는 부분을 인용했다.

학생들은 짝수와 홀수 개념에 관한 과제를 막 끝마쳤다. 과제를 하는 동안 학생들은 ‘하나, 둘, 시작’이라는 게임을 했는데, 이 게임은 두 사람이 손가락으로 숫자를 표시한 후, 그 합이 짝수일 때 어느 한 사람이 이긴다면, 합이 홀수일 때는 다른 한 사람이 이기는 게임이다. 게임을 기록하면서 학생들은 숫자들의 합뿐만 아니라 홀수, 짝수를 표시하기 위해 점 배열을 사용했다. 과제의 마지막 부분에 학생들은 숫자들의 합에서 발견한 패턴을 설명했는데, 다음은 그 중 한 학생의 설명이다.

- 짝수와 홀수의 합은 항상 홀수이다. 짝수는 항상 짝이 있다. 홀수는 항상 하나가 남는다. 그 둘을 더하면 여전히 하나가 남으므로 그 합은 항상 홀수가 된다.
- 홀수와 홀수를 더하면 항상 짝수이다. 홀수는 항상 하나가 남으므로 총 두 개가 남아서 새로운 짝이 된다.

이 학생의 매우 명료화된 답변은 일반적인 관계(“짝수 더하기 홀수는 항상 홀수”이고, “홀수 더하기 홀수는 항상 짝수”이다)를 표현하고 정당화하는 데 있어 자연 언어가 갖는 힘을 보여준다.

이면각 군에 대한 탐구 아동이 대수적 추론을 구성하는 선천적인 능력에 관한 연구에서 스톰과 레허러는 (TexTile Math (Franco, 1997) 단원의 기초 활동인) 퀼트 활동을 하는 2학년 교실의 사례를 제시했다. 이 과제는 일반적으로 대학의 수학 전공자들에게 제공되는 추상 대수 과정과 관련된 아이디어들에 학생들을 참여시킨다. 퀼트를 만들기 위해 반복적으로 사용되는 기본 디자인으로서, 뒤집거나 돌려서 2×2 배열의 네 가지 버전을 만드는 핵심 정사각형을 설계하는 것으로 활동은 시작된다. 학생들이 군 이론을 공부하고 있다고 말할 수는 없지만, 그들은 사각형의 엄격한 움직임에 대하여 구체적인 군으로 간주될 수 있는 활동을 하고 있다. 이 과제에 참여하는 학생들은 대학생들이 이면각 군을 다룰 때 처음 직면하는 다음과 같은 문제에 부딪힌다. 연산은 무엇인가? 두 원소가 같다는 것을 언제 알게 되는가? 하나의 원소 자체를 반복적으로 곱해서 얻을 수 있는 결과는 무엇인가? 항등원을 구할 수 있는가? (마지막 질문은 군 이론에서 기본적인 질문인 "군에서 원소들의 차수는 얼마인가?"의 문제로 유도될 수 있다.)

다음에 기술될 에피소드에 앞서, 학생들은 언제 두 원소들이 같다고 할 수 있는지에 대한 문제를 다루었다. 학생들은 위로 뒤집는 것(정사각형의 아랫부분을 앞과 위쪽으로 가져오는 것)이 아래로 뒤집는 것(정사각형의 윗부분을 앞과 아래쪽으로 가져오는 것)과 같은 결과를 가져온다고 했고, 이 두 가지 조작을 위아래로 뒤집기라는 같은 이름으로 부르기로 했다. 그 다음, 학생들은 핵심 정사각형을 원래 위치로 돌리기 위해 몇 번을 뒤집어야 하는지 알아내고자 했다(사각형의 좌측 상단에 x표시를 함). 학생들은 교사의 도움으로 두 번을 뒤집으면 정사각형이 원래의 위치로 돌아온다는 것을 알았다. 그 후 학생들은 반복해서 이런 뒤집기를 한다면 어떻게 될지에 대해 탐구했다. 다음의 사례에서 교사(CC)가 논의를 돕긴 했지만, 실제로 자신의 아이디어와 추측을 확장하여 탐구를 실제로 진행시킨 사람은 바로 학생이라는 사실에 주목해보라.

CC: 여기 사각형 윗부분을 표시하는 작은 x가 있어요. 그래서 이것은 뒤집은 면이 아니라는 것을 알 수 있어요. 위 아래로 두 번 뒤집으면 처음 시작한 형태를 얻을 수 있어요.

Na: 그리고 영 번 뒤집어도요.

CC: 영 번, 맞아요. 뒤집지 않아도 그렇죠.

Br: 네 번도요!

CC: 네 번? 한 번 해보세요.

Br: 네 번, 여섯 번, 여덟 번, 열 번이요!

CC: 왜 두 번 , 네 번, 여섯 번, 여덟 번, 열 번, … 뒤집으면 처음 형태가 될

까요?

Br: 왜냐면 1은 홀수, 2는 짝수니까 그래요. 만약에 한 번만 뒤집으면 …

모두: 달라요!

Br: 뒷면이 돼요. 그래서 네 번을 뒤집어 보세요.

CC: 좋아요. 이건 Ka의 시작점인데, x가 왼쪽 윗부분에 있어요. 위 아래로 뒤집기를 네 번 할 거예요. 한 번 뒤집으면 어떻게 되는지 잘 보세요. [사각형을 한 번 뒤집는다] 같아요, 달라요?

Br: 달라요.

CC: 좋아요. 이제는 네 번을 뒤집을 텐데, 같을지 다를지 생각해보세요.

모두: 같아요.

CC: [사각형을 네 번 뒤집는다] 하나, 둘, 셋, 넷.

Br: 와~ 같다!

모두: 같아요. 같아요! [더 큰 함성이 들리고, 박수를 친다.]

이 시점에서 Br은 사각형을 짝수 번 뒤집으면, 처음 시작했을 때와 같은 모양이 된다고 발전된 추측했다.

CC: Br의 의견에 대해 어떻게 생각하나요? Br의 생각은 사각형을 짝수 번 뒤집기만 하면 …

Br: 열한 번은 뒤집을 수 없지만, 열두 번 뒤집을 수는 있어요.

CC: 두 번, 네 번, 여섯 번, 여덟 번, 열두 번, …를 의미하는 거죠. 즉 어떻게든 짝수 번 뒤집으면 처음 모양과 같아진다는 말이에요.

Br: 1은 홀수, 2는 짝수, 3은 홀수, 4는 짝수예요.

CC: [Br의 말을 학생들에게 반복한다.] 그리고 Br이 "1은 홀수, 2는 짝수, 3은 홀수, 4는 짝수"라고 했어요. 좋아요. 이것이 Br의 생각이에요. Ke가 Br에게 질문이 있다고 하네요.

Ke: 한 번씩 또는 두 번씩 뒤집을 수 있어. 한 번씩 뒤집으면, 사각형의 다른 면이 나오고, 네가 원하는 만큼 계속해서 두 번씩 뒤집으면 처음 모양과 같아질 거야.

CC: 두 번 뒤집으면 어떻게 될까, Ke?

Ke: 같아질 거예요.

CC: 그래. 너는 지금 2씩 세면, Br이 말한 대로 할 수 있다고 얘기하고 있어.

Ke: 제가 의미하는 것은 어떤 수에 대해서든 결과가 지금과 같을 거란 거예요.

CC: 둘씩 세어서 어떤 큰 수가 나와도 그 수만큼 뒤집으면 처음 모양과 같아진다는 말이지?

모두: 네. 맞아요!

요약 마지막 사례에서 2학년 학생들은 초보적인 군 이론에서 중요한 문제와 개념을 구체적인 형태로 다루었고, 또한 여기에 소개되지 않은 에피소드에서, 그들은 특수에서 일반화 사이를 이동하는 문제, 특히 몇 가지 예로부터 귀납해나가는 끝이 없는 문제를 직접적으로 다루었다. 교사가 오랜 기간에 걸쳐 매우 숙련된 조정 기술을 갖추는 것은 면밀한 탐구와 열린 토론을 위한 교실 문화 형성에 있어 분명 결정적인 요소이다. 이 사례에 나온 교사의 교수학적 스타일은 학생들이 이해를 통해 수학 개념을 학습할 수 있는 교실 문화를 만들었다. 다음의 확장된 과제에서 학생 개인이 만든 퀼트는 수학적 사고에 초점을 두고, 학생들이 발견한 것에 대한 반성을 촉진하며, 시각적이고 토론 가능한 대상을 제공할 뿐만 아니라 각 학생들이 스스로 구성한 문제와 지식에 주인의식을 갖도록 했다. 더욱이 설계를 통해, 학생들의 퀼트 작품은 기본적인 구조를 공유하게 되었는데, 이러한 구조는 논의를 통해 점점 정련되고 정교화 되었다. 앞의 사례에서 보았듯이, 이러한 종류의 대수에 대한 기초 형성 역시 이해를 통한 교수·학습이 이루어질 수 있도록 문화가 조성된 대부분 교실의 학생과 교사에게 도달 가능한 것이다(학생들이 앞으로 확립해야 할 수학 개념은 현재 대학 수준의 수학 전공자들에게 적절한 것으로 간주된다는 사실에도 불구하고). 마지막으로 독자들은 이 책의 제5장에 나타난 교실의 활동 부분에서 대수적 추론에 대한 학습은 다른 중요한 수학 학습과 직접적으로 연결된다는 점을 강조한다는 사실을 알아챌 것이다.

함수, 관계, 종속적인 변화에 대한 학습으로서의 대수

함수에 관한 아이디어는 아마도 인과, 성장, 연속해서 일어나는 종속적인 변화(하나의 양이 변하면 다른 양도 함께 변함)에 그 깊은 개념적 뿌리를 둘 것이다. 20세기 대부분의 개정된 고등학교 수학은 함수를 핵심적이고 구조화된 개념으로 여겼지만, 미국의 학교에서는 전통적으로 함수를 고등학교 수준의 미적분학을 위한 준비 코스에서 도입하였고, 또한 함수를 표현하기 위한 전통적인 표기는 상징적인 대수식의 형태를 따랐다. 그러나 최근 주로 중·고등학교 개정 교육과정에서 어느 정도의 진전이 이루어졌다.

다음에 나오는 사례에서 확인할 수 있듯이, 시간에 따라 변하는 친숙한 양(예, 식물이나 사람의 키, 온도, 하루 동안 다양한 시간에 먹거나 잠이 들어 있는 사람 수)을 소재로 하여, 또 그 양을 그림으로 표현하거나 시간에 따른 변화 그래프로 표현해봄으로써, 함수는 저학년 시기에 풍부히 접근될 수 있는 개념이다. 또한 학생들은 친숙한 상황에서 활동할 수 있다. 예를 들어, 구입한 콩 주머니의 수에 따른 콩의 가격을 함수로 나타낼 때, 학생들은 콩 주머니를 직접 포장하고 교사의 적절한 도움을 받아 콩 주머니 수의 변화에 따른 콩의 가격을 설명하는 자신만의 방법을 발달시킬 수 있다.

함수 개념의 기초를 이루는 것으로서, 대응과 양의 변화라는 두 가지 아이디어는 수 세기, 측정, 어림과 관련된 경험을 포함하여 초등학교 교실에 쉽게 소개될 수 있는 많은 종류의 수학적 경험들을 아우르고 통합한다. 함수적 아이디어는 다양한 예들을 하나의 형태(예, 목록, 표, 그래프)로 모으며, 그 과정에서 "이러한 예들이 갖는 공통적 속성은 무엇인가?"에 답하고자 하는 일반화가 포함된다.

다음에 논의될 사례(Tierney & Monk)에서 4학년 학생들은 시간에 따른 식물의 키 그래프, 즉 시간에 따른 함수 그래프를 분석하였다. 수치나 공식이 없이도 함수를 해석하는 것과 관련된 몇몇 주요 아이디어에 대한 논의가 활기를 띠었다.

함수적 사고에 대한 교실 사례

여기 소개된 사례는 티어니(Tierney)와 몽크(Monk)의 사례이다. 교육과정 시리즈 〈Investigations in Number, Date, and Space〉(TERC, 1994)의 '시간에 따른 변화' 단원(Tierney, Weinberg, & Nemirovsky)에 제시된 과제에 참여하는 학생들은 식물의 키 변화와 변화량을 비교하기 위해 키와 시간에 관한 함수를 공부하고 있었다. 학생들은 친숙한 물건의 높이에 대해 자신이 생각하고 반성하고 이야기하면서 학습한 것을 그래프, 자신의 언어, 기호 체계를 통해 의사소통할 수 있었다. 그렇게 함으로써 학생들은 함수값과 변화율(예, 키 대 증가율)의 중요한 차이점을 구별하기 시작했다.

학생들은 씨를 뿌려 식물을 키우고, 얼마나 자랐는지 기록하며, 2주 동안 매일 식물의 키를 그래프로 그렸다. 저자가 이 절에 인용해 놓은 부분에서 학생들은 (교사가 제공한) 시간에 따른 식물 키의 변화에 대한 그래프를 질적으로 해석했다. 이 그래프들은 모양만 보일 뿐, 축에 어떤 수치도 표시되어 있지 않다. 이 학급의 모든 학생들은 기울기가 급한 그래프는 식물이 더 빨리 자라는 것을 의미하며, 더 위에 있는 그래프는 식물의 키가 더 크다는 것을 나타낸다고 해석했다. 저자가 다음에 인용한 논의에서 학생들은 두 그래프를 포함한 문제에 대해 탐구하고 있었다. 첫 번째 그래프는 위에

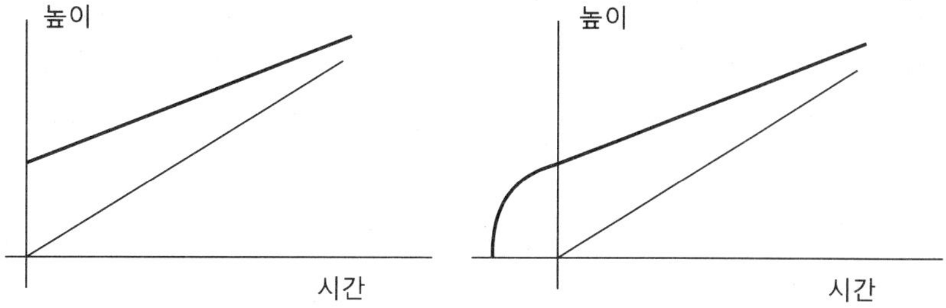

(a) (b)

[그림 8.4]
식물의 키와 키의 변화율에서 둘의 변화를 비교하기 위하여
높이대 시간함수 이용하기 (b)는 (a)의 시작점 이전의 시간을 보여준다.

있는 것으로 기울기가 급하지 않으며, 두 번째 그래프는 아래에 있는 것으로 기울기가 급하다([그림 8.4 (a)] 참조). 이 두 그래프가 보이는 위치와 기울기의 차이는 키와 키의 변화를 구분하고, 변화와 변화율을 구별하기 위한 논쟁을 불러 일으켰다. 몇몇 학생들은 그래프의 기울기로 표현되는 높이의 변화에 초점을 둔 반면, 다른 학생들은 현재 높이와 (그래프에 보이는 부분 이전의) 시작 위치에서 식물의 성장에 초점을 두었다([그림 8.4 (b)] 참조). 다음은 학생들이 본 것을 이해하고, 그들이 이미 믿고 있는 것을 가지고 문제를 해결할 때 나타난 변화를 기술한 것이다.

[그림 8.4] 식물의 키와 키의 변화율을 비교하기 위해 키와 시간에 대한 함수 활용하기. (b)는 (a)에 나타나지 않은 시작점 이전의 시간을 보여주고 있다는 사실에 주목하라.

교사가 어떤 식물이 더 빨리 자라냐고 물었을 때, 한 학생은 일정 시간 동안 그래프의 높이 변화를 통해 식물의 성장(성장률)을 비교했다: "연한 선이요. 이 선은 더 밑에서 출발하지만 같은 시간 동안 더 많이 올라가서 진한 선과 같은 높이가 되었어요." 그러나 다른 두 학생은 비교 변화의 관점에서 해석하여 모양에 대해 직접 언급했다: "연한 선이 빨리 자라요. 왜냐하면 항상 위로 올라가니까요. 진한 선은 천천히 올라가니까 빨리 자라지 않아요."

동료들의 질문을 받았을 때, 마지막 학생은 다른 친구의 방법을 수정했다: "짧은 시간 동안에는 높이 자라지 않아요." 교사가 변화는 어떠한지 설명해보라고 요구하자, 그 학생은 선의 모양에 기초하여 답했으며, 적절한 언어를 사용하여 다음과 같이 설명했다. "진한 선은 오랜 시간 동안 조금 밖에 올라가지 않았어요. 연한 선은 같은 시간 동안 더 많이 변했어요."

다른 두 학생은 그래프에 나타나 있는 시간 이전과 이후의 식물에 대해 말했다([그림 8.4 (b)] 참조): "진한 선이 더 빨리 자라요. 연한 선은 자라는데 시간이 많이 걸려요. 연한 선이 진한 선을 따라잡으려면 많은 시간이 걸릴 거예요. 진한 선이 그래프가 시작되기 전 앞부분에서 더 빨리 자랐어요."

교사는 이 학생들 중 두 번째 학생을 불러 그래프가 시작되기 이전에 어떤 모양이라고 생각하는지 진한 선을 그려보라고 했다. 그러자 그 학생은 진한 선의 왼쪽 끝에서 그리기 시작하여 그 선을 왼쪽으로 확장시켜 거의 수직으로 떨어져 가로축에 닿는 곡선을 그리고는 손가락으로 그가 그린 선을 따라 움직이며 말했다. "처음에 빨리 자랐고, 뒤에 한 동안도 여전히 빨리 자랐으며, 그 뒤 느려지기 시작했어요."

요약 여기 발췌된 부분은 학생들이 함수 개념(학생들이 스스로 키운 식물의 키가 시간에 따라 어떻게 변하는지를 보여주는 함수의 속성 그리고 그러한 속성이 함수가 나타내고자 하는 것과 어떤 관계를 가지는지)을 탐구하는 동안 활발한 논의가 있었다고 티어니와 뭉크가 묘사한 부분이다. 4학년 학생들의 변화를 비교하고 그래프를 해석하기 위해 사용한 많은 방법들이 비형식적인 언어와 그래프 표상을 통해 나타났다. 학생 자신이 키우는 식물의 성장을 기록하는 2주 동안, 식물이 어떻게 자라는가에 대한 학생들의 이해가 정교화되었으며, 그러한 이해는 식물의 크기와 크기 변화, 변화율 사이의 관계 및 그래프에 대한 이해로 확장·적용되었다. 어떤 식물이 더 빨리 자라는지 결정하기 위해, 기울기와 같은 시각적인 측면에 중점을 두는 학생들이 있는가 하면, 또 어떤 학생들은 실제로 나타나 있지 않은 함축적인 양에 대한 정보에 중점을 두기도 했다.

그래프가 시작되기 이전 부분, 즉 그래프에 나타나 있지 않은 부분에서 진한 선이 더 빨리 증가한다고 말한 학생의 이러한 생각은 기호, 표상 또는 모델을 사용하는 데 있어 중요한 문제를 제기한다. 단지 사건에 대해 이용 가능한 정보만 기록하는 것이 완전한 것일까? 아니면 우리가 알고 있고, 믿고 있는 다른 사실로 보완될 수 있는 부분까지 알려주는 것이 완전한 것일까?

표현 체계를 조직화하는 방법을 경험이 표현되도록 조직화하는 방법과 어떻게 연관지을 수 있는가? 전체 그래프는 항상 모든 상황을 나타내는가, 만약 그렇지 않다면, 전체의 일부분만을 나타낼 때는 언제인가?(언제 그렇게 되는지 어떻게 말할 수 있는가?) 숫자가 적혀 있는 그래프는 절대적인 의미나 범위를 제공하는가? 아니면 학생이 했듯이, 그래프의 시작되기 전이나 끝난 다음이 있다고 가정할 수 있는가? 이것은 난해하고도 미묘한 문제이지만, 탐구하는 문화가 조성된 교실(예, 학생들이 이해를 통해 학습하는 교실)에서 확장된 탐구를 하는 초등학생들이 그러한 수학적 주제를 이해하기 시작한다는 사실은 중요하다.

모델링과 현상을 조정하는 언어의 집합으로서 대수

현상과 상황을 설명하고, 그것들에 대한 추론을 지원하기 위한 개선과 해석의 몇 가지 사이클을 통해 수학적 체계를 확립하는 것은 함수나 관계를 활용할 때뿐만 아니라, 양적 추론과도 관련된다. 좀더 간단히 말하면, 양적 추론은 모델링과 관계되며, 많은 사람들은 상황을 모델링하는 것은 대수 학습에서 주요한 사고 요소라고 주장한다.

모델링을 할 때, 우리는 현상에서 출발하며 이 현상을 수학화한다. 그러나 비전통적인 교실과 일부 전통적인 교실에서 점점 자주 사용되고 있는 컴퓨터나 그래픽 계산기는 현상을 탐구하고 모델화하는 방법 및 학생들이 현상 이면의 수학적 개념을 이해하도록 돕는 방법에 대해 다시 생각해보게 한다. 예를 들어 컴퓨터를 사용하여 현상을 재현하는데 수학을 사용할 수 있으며, 심지어 컴퓨터나 그래픽 계산기에서 데이터를 받아 경주용 자동차와 같은 물리적 장치를 운전할 때도 수학을 사용할 수 있다. 사실 컴퓨터 언어는 우리가 수학적 환경을 만들고, 탐구하며, 확장할 수 있는 범위 내에서는 대수적 언어와 같아진다. 좌표 그래프는 현상을 만들고, 조정할 수 있다. 현상을 모델링하고, 구성-조절하는데 이러한 공학적 환경이 활용되든 되지 않든지 간에, 그러한 환경은 우리가 특정 사례를 일반화하는 방법과 수학적 추측을 진술하고 정당화 하는 방법에 근본적인 변화를 가져온다. 그러나 더 중요한 것은 그러한 환경이 수학을 가르치고 배우는 방법, 심지어 우리가 수학을 그 자체와 관계시키는 방법까지도 변화시킬 수 있다는 것이다. 다음의 사례는 학생들의 활동과 그들이 활용하고 해석한 수학적 표상들 사이에 새로운 관련성이 있음을 보여준다.

혼합 모델링과 현상 조절 사례: 신체 활동과 컴퓨터 기반 활동 간의 상호작용

배경 3학년이나 4학년 과정을 마친 15명의 학생이 경제적으로 넉넉한 혜택을 누리지 못하는 학생들을 위해 마련된 5주간의 여름 프로그램의 일부 활동에 참가하였으며, 교사 두 명과 각 학생들의 학교 교장 선생님, 저자가 소개한 사람들, 두 명의 SimCalc[2] 프로젝트 담당 스텝이 이 프로그램을 운영하였다. 학생들은 먼저 자신의 신체 움직임을 확인한 후, 그 움직임을 (저자가 지휘, 감독한 SimCalc 프로젝트의 일부분으로 개발된) 컴퓨터 시뮬레이션과 연결시키는 탐구 활동을 했다. 학생들은 체육관에 50 발자국 길이의 보호 테이프를 붙인 뒤, 2 발자국 간격으로 표시하고, 또 10 발자국 간격으로 한 번 더 표시했다. 3일 이상 학생들은 보호 테이프가 붙은 길에 표시된 조합과 초시계를 사용하여 자신들의 움직임을 연구했다. 비록 학생들은 수치를 사용하여 속도를 양적으로 나타내지는 못했지만, 느림, 보통, 빠름의 세 가지 형태로 속도를 구별할 수 있었다. 학생들은 또한 한 학생의 보통 속도가 다른 학생의 느린, 또는 빠른 속도에 근접할 수 있다는 사실도 알게 되었다. 그들은 길을 따라가는 데 걸리는 시간을 서로 재어주고, 느림, 보통, 빠름의 세 개의 표에 기록했다. 움직이고, 측정하고, 세어보고, 데이터를 기록하는 활동은 학생들에게 희열과 흥분을 가져다주었다.

그런 후 학생들은 SimCalc MathWorlds 소프트웨어 시스템의 일부인 운동-시뮬레이션 소프트웨어 '엘리베이터' 활동으로 옮겨갔다(Kaput, Roschelle, DeLaura, Burke, & Zeppenfeld, 1997). 속도와 시간 그래프를 활용하여 엘리베이터를 스스로 조정함으로써, 신체 활동으로 해결했던 많은 과제들에 대해 다시 생각해볼 수 있었다. 다음 절에서는 더운 여름 2주 동안 8회에 걸친 활동에서, 학생들이 자신의 신체나 운동감각을 활용한 경험을 컴퓨터를 기반으로 한 '엘리베이터' 시뮬레이션과 어떻게 연결시키는지 보여준다.

▌이해 확립하기 3일째 되는 날(50 발자국만큼의 길을 느린 걸음, 보통 걸음, 빠른 걸음으로 걸은 후 걸린 시간을 기록하고, 왜 학생마다 속도가 다른지에 대해 논의한 다음), 학생들은 정해진 시간 동안 다양한 속도로 걷거나 뛰는 활동에 참여했다. 예를 들어 학생들은 2초라는 일정한 시간 동안 느린 속도, 중간 속도, 빠른 속도로 걷는다든지, 또는 2초 동안은 빠르게, 3초 동안은 느리게, 2초가 좀더 되는 시간 동안은 중간 속도로 걸어보기도 했다. 몇몇 학생들은 주어진 조건 하에 서로 얼마나 멀리 갈 수 있는지를 친구들과 함께 비교하고 기록하는 방법으로, 그들이 움직인 끝 지점에 멈춰서 있기를 정해진 방향으로 반복했다. 특히 처음 과제에서 남학생들의 속도가 여학생들보다 더 빨랐으며, 따라서 더 멀리 갈 수 있었다. 과제를 하는 목적이 주어진 조건 하에 가능한 멀리 가는 데 있지 않고, 가능한 정확하게 운동 수업을 수행하는 데 있다는 사실을 일부 학생들이 깨닫게 되었을 때, 이러한 경쟁은 문제화되었다. 이러한 과제는 학생들로 하여금 움직임에 대한 감각과 시간, 속도, 거리 사이의 관계에 대한 민감성을 발달시킬 수 있도록 도왔다(비록 후속 학습이 있기 전에는 학생들이 이들 관계를 양적으로 표현하지는 못하지만).

3, 4일째 되는 날, 두 학생 중 한 학생은 일정한 속도로 움직이는데 반해, 다른 학생은 그들이 이전에 활동했던 것과 유사한 방향을 따라 움직이는 짝 활동을 했다. 몇 차례 연습을 한 후, 두 학생은 같은 시각에 출발하고 도착하는 동안, 일정한 속도로 움직인 학생은 주어진 시간이 끝날 때에 다른 학생이 멈춘 지점에서 똑같이 마침으로써, 정확하게 일정한 속도를 유지하며 움직여야 했다. 만약 이것을 성공했다면, 일정한 속도로 움직인 학생과 그 짝의 평균 속도는 같을 것이다(단, 짝은 속도는 어떤 지시 사항이 주어졌는가에 따라 그때그때 속도가 다르겠지만).

매우 구체적이고, 시각적인 방법으로 일정 속도라는 용어를 직접 도입하는 것은 개념을 이해하는 데 있어 따라잡기를 원하는 학생들의 경향과 대립한다. 활동하지 않은 학생들은 가까이에서 구경했는데, 일정한 속도로 걷기로 되어 있었던 학생의 속도가 빨라지거나 느려지면, 구경하는 학생들은 속도에 수정이 필요하다는 뜻으로 소리를 질렀다(일정한 속도로 걸어야 하는 학생들은 대개 자신의 짝과 같은 지점에 동시에 도착하지 못할 것이라는 불안을 가지고 있다). 이러한 방법은 그 학생이 일정한 속도를 유지하며 움직이는 데 집중할 수 있도록 도왔다.

이 과제를 수행하고, 과제에 변화를 주어 활동을 반복한 전체 학생들은 일정 속도라는 개념에 매우 민감해졌으며, 그 개념을 반성하고, 설명할 수 있게 되었다. 예를 들어 학생들은 사람이 일정 속도로 움직여 가능한 빨리 도달하는 것에 대해, 또 종료 지점에서 갑자기 멈추게 되는 것에 대해 토론했다. 학생들이 공식적으로 안내된 느림-보통-빠름이라는 지시 사항에 따라 움직일 때, 다른 학생들이 시간을 재었기 때문에, 그들은 주어진 시간 동안에 이동한 거리에 대해 더 잘 이해할 수 있게 되었다. 일정 속도, 경과 시간과 관련된 양과 개념에 대해 학생들은 익숙해졌고, 운동 감각을 깊이 느끼게 되었으며, 그래프와 함수에 관한 새로운 지식과 연결 짓게 되었다.

❚ 양적 관계를 표현하기 위해 컴퓨터 시뮬레이션과 역동적 그래프 사용하기 처음에는 비형식적인 언어와 수를 사용하여 이러한 과제에서 등장한 양적 관계와 개념들을 설명했다. 그러나 5일 째 되는 날, 학생들은 두 개의 엘리베이터 통로가 있는 건물의 컴퓨터 시뮬레이션을 사용했다. 화면의 도구모음에는 드래그할 수 있는 세 개의 아이콘(느림, 보통 빠름)이 있다([그림 8.5] 참조). 속도-시간 그래프를 끌어다 놓으면, 초당 1층이나 2층, 또는 4층을 가는 것을 의미하는 가로 선으로 된 조각을 얻을 수 있다. 정해진 속도로 엘리베이터가 움직이는 시간을 결정하여 필요한 만큼 이 선 조각을 가로로 늘일 수도 있다. 따라서 학생들은 각각의 속도가 일정한 함수를 만들고, 조작하게 된다. 학생들이 컨트롤 창에서 큰 화살표를 클릭함으로써 엘리베이터를 실행시키

면, 엘리베이터는 학생들이 만든 속도 그래프에 따라 움직인다. 5~6일 이상 짝과 함께 컴퓨터로 활동할 때, 학생들은 유사한 수준의 몇몇 과제를 해결한 후, 체육관에서 직접 해보는 활동을 했다.

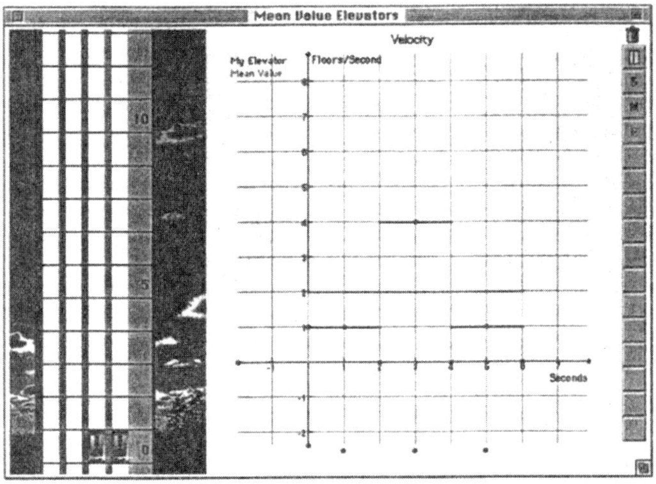

[그림 8.5] SimCalc 과제에서 엘리베이터를 조정하며 그린 느린, 보통, 빠른 속도 그래프

그러나 컴퓨터로 과제를 수행하는 것의 핵심은 움직임을 계속적으로 양적으로 표현하고, 수학화하는 것이다. 신체로 직접 움직이는 것과 사이버 환경은 근본적으로 다르다. 신체적 환경은 운동적인 감각을 풍부하지만, 양적으로 표현하는데 약점이 있고, 사이버 환경은 운동적인 측면이 없지만 양적으로 표현하는 데 이점이 있다. 예를 들어 빌딩의 층수를 세며, 그래프에 수치를 기입하고, 이름 붙이는 것은 그래프와 빌딩 층수 사이를 연결시키기 위함이다. 그래서 학생들은 엘리베이터를 일정 시간([그림 8.5]의 경우 6초) 동안 움직여 중간 속도 그래프(초당 2층을 움직이는 것)를 만들어 보고, "엘리베이터가 어느 위치에서 멈출까?"를 생각해보았다. 학생들은 그래프 아래 직사각형의 면적을 구하면, 그것이 바로 답이 된다는 것을 재빨리 알아챘으며, 속도가 다양한 부분으로 나타나 있을 때는, 그 부분 아래 영역을 모두 더함으로써 최종 도착 위치를 예측할 수 있었다.

마지막 2일 동안은 움직이는 방향을 바꾸어 마이너스 속도를 다루기 위해 신체 활동을 하는 상황으로 되돌아갔으며, 신체 활동과 컴퓨터 기반 활동을 반복했다. 놀라운 것은 학생들이 수평적인 동작과 수직적 동작 사이를 쉽게 변환했다는 것이다(당시 우리는 수평적인 움직임 시뮬레이션을 하지 않았는데도 말이다). 양쪽 상황에서 일어나는 자연적인 동작에 대한 이야기는 두 상황의 동작을 잘 연결시키는 것처럼 보였다. 양쪽 상황 모두에서 속도를 높이고, 줄이거나 회전하는 것 등에 대한 논의가 있었으며, 또한 그래프와 움직임을 설명하는데 이런 용어들이 모두 사용되었다.

요약 학생들은 자신들이 만든 신체 활동과 시뮬레이션 활동에 개인적으로 많은 참여를 했다. 거의 모든 학생들은 자신의 이름을 따 엘리베이터 이름을 붙였다(프로그램에는 엘리베이터에 색을 칠하고, 이름을 붙이는 기능이 있으며, 새로운 버전에는 학생들이 시뮬레이션을 조정하는 아바타를 바꿀 수 있는 기능도 추가되었지만). 평균 속도 과제에서처럼 짝과 함께 움직일 때, 학생들은 각자의 엘리베이터에 대해 소유의식을 갖게 되었고, 처음에는 종종 엘리베이터를 인격체처럼 다루기도 했다("나는 앞으로 가고 있어.", "나는 속도를 늦추고 있어." 등의 대화에서처럼). 학생들은 컴퓨터상에서 짝 활동을 하는 동안, 신체 활동을 하면서 했던 대화를 확장하여 비공식적으로 계속 의사소통했다.

이러한 상황에서 이해의 발달은 학생들이 신체적인 움직임과 시뮬레이션 활동을 잘 연결시키는 것과 관련되며, 그러한 연결은 두 가지 면에 대해서 학생들 자신의 말 그리고 표준화된 것은 아니지만 그래픽 용어를 통해 나타난다. 학생 자신의 말이나 그래픽 용어를 사용하는 것은 모델링 언어나 현상을 제어하는 언어로서 학생들의 강력한 표현 형태가 된다. 저자는 과제의 구조와 움직임에 대한 신체적인 활동이 학생들의 이해를 돕고, 스스로의 지식을 만드는 기초가 되었다고 생각한다. 속도 그래프에 대한 개념과 운동 감각을 형성했던 신체적인 탐구가 없었다면, 이후 활동은 기호를 조작하는 의미 없는 연습이 되었을 것이다.

반성

기호 조작으로서의 대수를 제외하고, 우리가 본 장에서 다루었던 나머지 다섯 개 측면의 대수는 표준화된 대수 과정에는 잘 나타나 있지 않다. 어떤 사람들은 이번 장에서 기술했던 것은 대수가 아니라고 말하고 싶어 하며, 대수 I 과 대수 II 과정 규준에서 공통적으로 나타나는 것을 대수라 본다면, 이것은 대수가 아닐 수도 있다. 그러나 이번 장에서 대수는 그것보다 훨씬 광범위하고, 깊고, 풍부해야 한다는 것을 가정으로 한다. 대수는 주제에도 뚜렷한 영향을 미치며, 또한 대수는 유치원에서 8학년 교육과정, 특히 저학년에서 성취하기 어려운 개념적인 통일성과 깊이 있는 힘을 더해준다.

앞서 우리가 다룬 사례는 세심한 교사의 지도를 받는 어린 학생들의 사례를 고의로 선택한 것이긴 하지만, 여기에 소개된 대수는 결코 신비하거나 일반 교사와 학생이 도달하지 못하는 것이 아니다. 사실 초·중등학교 학생들은 상황을 이해하는 동시에, 핵심적인 수학적 아이디어를 구성할 수 있다. 이 '환상적인' 대수는 모든 사람들이 싫어하는 전통적인 대수에서보다 이해를 촉진하는 교실에서 더 쉽게 접근될 수 있다는 것이 나의 전제이다.

NOTES

1. NSF Applications of Advanced Technology Program(승인 번호: #RED 9619102), National Center for Improvement of Student Learning and Achievement, 미국 위스콘신-매디슨 대학 교육학과(승인번호: #R305A60007)의 지원을 받아 연구가 이루어졌다.
2. SimCalc는 저학년에서 시작하는 미적분학의 바탕이 되고, AP 미적분학 및 그 이상의 미적분학으로 확장시키는 기본적인 아이디어에 누구나 쉽게 접근시키기 위한 목적으로 만들어진, 기술 및 교육 과정 연구·개발 프로젝트이다.

참고문헌

Bastable, V., & Schifter, D. (in press). Classroom stories: Examples of elementary students engaged in early algebra. In J. Kaput (Ed.), *Employing children's natural powers to build algebraic reasoning in the content of elementary mathematics.* Mahwah, NJ: Lawrence Erlbaum Associates.

Franco, B. (1997). *TexTile Math.* Worth, IL: Creative Publications.

Harel, G. (in press). Symbolic reasoning and transformational reasoning and their effect on algebraic reasoning. In J. Kaput (Ed.), *Employing children's natural powers to build algebraic reasoning in the content of elementary mathematics.* Mahwah, NJ: Lawrence Erlbaum Associates.

Kaput, J., Roschelle, J., DeLaura, R., Burke, J., & Zeppenfeld, K. (1997). SimCalc MathWorlds [Software]. Berkeley, CA: Key Curriculum Press.

National Center for Research in Mathematics and Science Education & Freudenthal

Institute. (Eds.). (1996-1998). *Mathematics in context.* Chicago: Encyclopaedia Britannica.

National Council of Teachers of Mathematics. (1991). *Professional standards for teaching mathematics.* Reston, VA: Author.

Roodhardt, A., Kindt, M., Burrill, G., & Spence, M. (1997). Patterns and symbols. In National Center for Research in Mathematical Sciences Education & Freudenthal Institute (Eds.), *Mathematics in context.* Chicago: Encyclopaedia Britannica.

Spence, M., & Pligge, M. (in press). The algebraic eye of middle grade students. In J. Kaput (Ed.), *Employing children's natural powers to build algebraic reasoning in the content of elementary mathematics.* Mahwah, NJ: Lawrence Erlbaum Associates.

Strom, D., & Lehrer, R. (in press). Springboards to algebra. In J. Kaput (Ed.), *Employing children's natural powers to build algebraic reasoning in the content of elementary mathematics.* Mahwah, NJ: Lawrence Erlbaum Associates.

TERC. (1994). *Investigations in number, data, and space.* Palo Alto, CA: Dale Seymour.

Tierney, C., & Monk, G. S. (in press). Children's reasoning about change over time. In J. Kaput (Ed.), *Employing children's natural powers to build algebraic reasoning in the content of elementary mathematics.* Mahwah, NJ: Lawrence Erlbaum Associates.

Tierney, C., Weinberg, A., & Nemirovsky, R. (1994). Changes over time: Graphs. In TERC, *Investigations in number, data, and space.* Palo Alto, CA: Dale Seymour.

더 읽을거리

Algebraic thinking [Focus issue]. (1997). *Teaching Children Mathematics,* 3 (6).

Algebraic thinking [Focus issue]. (1997). *Mathematics Teaching in the Middle School,* 2 (4).

Algebraic thinking [Focus issue]. (1997). *Mathematics Teacher,* 90 (2).

제3부

이해를 증진시키는 교실 개발하기

제9장

이해를 촉진하는 교실에서 평가

Mary C. Shafer
University of Wisconsin-Madison
Thomas A. Romberg
University of Wisconsin-Madison

다른 장에서는 교사들이 학생들의 이해를 촉진시키는 교실을 만들기 위해 영역기반 접근법을 활용할 수 있고, 또 활용해 왔다는 강력한 증거를 제시하였다. 이해를 촉진시키는 교실을 만들기 위해 교사들 또한 수업의 결과로서 학생들의 이해와 성과를 평가해야 하며, 시간이 지남에 따라 이해가 발달하는 과정을 기록할 수 있어야 한다. 이해 발달을 위해 영역 기반 접근법을 사용할 때에 우리가 학생들을 적절하게 평가하고, 학부모와 관리자 그리고 일반인들에게 학생들의 학습에 대한 충분한 증거를 끊임없이 제시할 수 있는 방법들을 면밀하게 살펴보아야 한다. 이 장의 목적은 다음 세 가지이다.

(a) 영역 기반 접근법을 활용하여 학생들의 이해를 평가할 때, 학생들의 이해에 대하여 기록하는 방법들을 조사하기
(b) 이 접근법과 관련된 평가 항목의 예들을 기술하기
(c) 교사들이 이 접근법으로 평가하면서 야기되는 어려움에 대해 토의하기

적합한 평가 프로그램 설계하기

영역 기반 접근법을 활용한 평가와 전통적인 평가 사이의 차이점은 수학적 영역의 이

해를 어떤 의미로 보느냐에 있다. 영역의 개념들을 이해하는 것은 일련의 사실과 절차를 축적하는 것 이상을 포함한다. 오히려, 이해는 탐구되고, 검증되고, 인지된 기존 지식들 간의 새로운 관계로 또는 기존 지식과 연결되고 통합되는 새로운 정보로서 발달된다. 이해가 성장함에 따라 영역 내에서의 사실, 관계, 절차는 일상적인 방법으로 보통의 문제들을 해결하고 익숙하지 않은 상황을 이해하는 통찰력이 생기도록 돕는 자원이 된다. 영역 내에서 이해의 이러한 성장은 선형적이거나 단계적으로 성장하기보다는 간헐적이고 산발적으로 전진하고 후퇴하며 일어난다. 그러므로 영역기반 접근법을 활용한 평가는 학생들이 수업에서 강조되는 수학적 사실과 절차를 획득했는지를 검사하는 데에만 국한되지 않는다. 평가는 학생들이 수학적 아이디어 간에 형성한 새로운 관계, 새로운 상황에서 기존 지식의 활용 그리고 문제해결에 적용되는 추론의 수준에 중점을 두고 있다. 평가는 한 학년이나 전 학년 수준에 걸친, 다른 영역에 초점을 둔 단위 수업뿐만 아니라, 특히 그 영역과 관련된 단위 수업을 하는 동안 시간이 지나면서 변화하는 학생들의 지식을 검사한다.

이 장에 나타난 아이디어들은 다른 가정들을 기반으로 한다.

- 평가는 수업과 통합된 진행 중인 하나의 과정으로 바라봐야 한다.
- 영역에서 다양한 증거는 학생들의 지식 발달을 평가하는 근거가 된다.
- 평가는 기록된 활동뿐만 아니라 교실 상호작용으로부터 획득한 정보의 계획적인 기록을 포함해야 한다.

이 장에서는 수학에 대한 학생의 이해를 기록하기 위해 영역 기반 접근법을 이용한 평가 프로그램을 조사하고, 그 실행 가능성을 언급한다. 우리는 카펜더와 레허러가 제2장에서 기술한 이해를 수반한 학습을 촉진하는 정신적 활동(예를 들어, 관계 형성하기, 수학적 지식을 확장하고 적용하기, 수학적 경험 반성하기, 알고 있는 것을 명확하게 표현하기, 자기 자신만의 수학적 지식 만들기)에 관한 연구를 통하여 수학적 지식의 성장에 관한 평가에 관심을 갖는다.

설계의 주요 관점

이해를 수반한 수학 학습은 적극적인 수학적 사고를 통해 점차 발달하기 때문에, 영역기반 접근법을 활용한 평가는 평가 기회에 관한 사고와 평가 기회를 계획하는 것에서 변화를 필요로 한다.

교육과정을 통해 개념을 발달시킬 때 학습 계열을 이해하는 것은 중요하며, 특히 수학적 개념의 점진적인 형식화를 향상시키도록 설계된 영역기반 교육과정에서는 더욱 중요하다. 이러한 교육과정에서 형식적인 수학적 기호와 절차를 이해하는 것은 학생들의 비형식적 추론 전략과 한 학년에서 몇 단원에 걸쳐 제시되거나 몇 학년에 걸쳐 사용되는 수학 교구(예, 분수 막대)의 사용을 통해서 발달된다. 그러므로 특정 영역에서 학생들의 개별화된 지식에 대한 증거는 특정 영역의 개념이 사용된 다른 단위 수업을 하는 동안뿐만 아니라, 영역과 관련된 단위 수업을 하는 동안 수집되어야 한다.

영역기반 평가 프로그램의 개발은 점점 더 복잡한 수준의 수학적 추론을 포함하고, 시간이 지나면서 진행되는 이해의 발달을 상세히 기록하는, 수많은 비형식적이고 형식적인 평가의 기회 창출을 포함한다.

비형식적 평가 평가 프로그램은 단지 숙제나 퀴즈, 또는 시험에 대한 결과들을 평가하는 것보다 교사들이 수업하는 동안 비형식적 평가 방법을 통해 수집된 정보를 활용해야 한다.

교수 자료에 포함되어 있는 항목들은 교실 평가에 중점을 두고 활용될 수 있다. 선택된 항목의 수업 목표는 비일상적인 문제해결에 사용하는 추론과 개념의 적용에 있어 좀더 구체적인 수준(예, 학생들이 분수 막대와 같은 수학 교구를 적절하게 적용하는 수준)에서부터 폭넓은 수준까지 그 초점이 다양하다. 학습하는 학생들을 관찰하는 것은 교사들에게 학생들의 수학적 개념, 사고 과정, 해결 전략에 대한 이해를 알 수 있는 기회를 제공한다. 교사들은 교실 토의를 통해 학생들의 추론에 대해 더 많은 정보를 수집할 수 있다. 질문은 학생들이 패턴을 찾고, 추측을 제시하고 확인하고, 더 나아가 일반화하는 데 제시될 수 있다. 이러한 비형식적 평가를 통해서 획득된 정보는 교수법적인 결정들을 향상시킬 수 있다. 예를 들어, 교사는 사고를 자극할 수 있도록 익숙한 문제를 약간 바꾸고, 개념에 관한 수업 다른 방법으로 접근하고, 수학적 아이디어들을 연결하도록 학생들을 격려하거나, 학생들에게 구두나 문자로 자신의 생각을 분명하게 표현하도록 요구한다.

형식적 평가 형식적 평가(형성 평가 또는 총괄 평가)를 위한 항목은 학생들이 알지 못하는 것을 판단하기보다 알고 있고, 할 수 있는 것을 판단하도록 선택하거나 만들 수 있다. 형성평가는 학생들에게 수업하는 동안 제시된 것과는 다른 문제 상황에 적절한 수학 교구를 선택하고 사용하도록 한다. 교사들은 이러한 항목을 통해 학생들이 다양한 맥락에서 같은 개념의 지식을 융통성 있게 사용하는지 모니터할 수 있다. 또한, 형성 평가는 학생들 간, 교사와 학생들 간의 상호작용 없이 실시되므로 학생들은 이 항목들을 통해 수기로 자신의 해결방법과 사고 과정을 설명하고 전달한다.

총괄 평가는 학생들의 수학적 지식의 발달에 관하여 다른 관점을 제공한다. 총괄 평가는 특정 단위 수업과 직접적인 관련이 없기 때문에, 1년간 계속되는 학습 기간이 끝날 때 성장된 학생들의 개념, 절차, 추론, 능력의 더욱 효과적인 사용에 대한 특별한 증거를 제공할 수 있다. 이론상 모든 영역은 학년 말에 평가해야 할지라도, 단 한 번의 평가로 모든 개념과 절차들을 평가하는데 필요한 평가 항목들의 양과 질을 모두 확보 할 수 없다. 결과적으로, 총괄평가 항목은 교육과정에서 언급된 중요한 영역들과 관련된 학생들의 이해의 깊이를 확인할 수 있도록 점차적으로 설계되어야 한다. 이러한 평가 항목은 자신만의 수학을 만드는 학생들의 능력뿐만 아니라, 하나 이상의 영역과 관련된 사고를 평가하는 좋은 기회를 제공한다.

시간이 지남에 따른 성장 한 영역 내에서의 이해는 장기간에 걸쳐 획득되기 때문에, 평가는 이해의 발달을 지속적으로 반영해야 한다. 이해의 성장은 한 영역 내에서 학생들이 개념을 사용하는 능력의 발달과 후퇴를 겪으면서 점진적으로 진행된다. 그러므로 평가는 학생들이 때가 되면 특정 관점에서 발달되어야 할 관계, 시간이 지나면서 이러한 관계들의 변화, 새로운 상황에 접근하기 위한 수단으로써 이 영역의 지식 사용 그리고 이 영역에서 학생에 의해 적용된 추론의 복잡성에 주목하는 비형식적이고 형식적인 평가들을 포함해야 한다. 수집된 증거들은 이해를 수반한 학습을 더욱 촉진하도록, 예를 들어 영역의 개념들 사이를 연결 짓게 하거나 이러한 개념들을 적용할 수 있는 다른 문맥을 제공하도록 하기 위한 교수법적인 결정을 알아 가는데 활용될 수 있다.

추론 수준에 관심 갖기

특정 영역에서 이해가 발달함으로써, 이 영역의 개념과 절차들은 더욱 효과적인 방법으로 사용된다. 그러므로 이 영역에서 지식을 평가하기 위한 영역 기반 접근법은 이 영역의 아이디어들을 사용하는 학생들의 추론 수준에 초점을 두고 있다. 평가 기회는 학생들을 추론의 복잡한 수준(재생, 연결성, 분석)에 대한 관심을 제시하는 카펜더와 레허러(이 책의 제2장)의 정신적 활동을 사용하도록 끌어 들인다.

재생 재생에서 정신적 활동은 사실의 기억, 정의, 기계적인 절차 그리고 특정 계산하기, 방정식 해결하기 또는 그래프 작성과 같은 표준 절차의 효율적인 적용을 포함한다. 재생을 확인하는 평가 항목은 빈칸 채우기나 단답형과 같은 형식으로 실생활이나 가상적인 상황과 연관 없이 제시된다. 기초적 사실들, 정의, 절차는 복잡한 문제를 해결하는 데에도 사용되기 때문에, 복잡한 문제를 해결하는 학생들의 반응 또한 평가할 수 있다.

오직 재생만을 확인하는 항목들을 포함한 평가 접근법은 학생들이 수학적 추론과 의사소통 영역에 자원들을 사용하는 정도를 평가할 수 없기 때문에, 특정 영역에 대한 지식을 평가하는 데 한계가 있다. 연결성과 분석을 포함하는 평가 항목은 학생들이 새로운 상황에서 수학에 대해 생각하고 적용할 수 있는 상황을 제시하고, 한 영역 내의 수학적 개념과 절차를 더 깊이 있게 이해하는 기회를 제공한다.

▌연결성 수학적 아이디어들 사이의 연결 짓기는 수학적 영역 안 또는 수학적 영역 전반에 걸친 연결성, 정보의 통합, 비일상적인 문제들을 해결하는데 적절한 수학 교구에 대한 결정을 포함한다. 수학적 아이디어 간의 연결성은 학생들이 새로운 정보나 상황들을 고려하여 자신이 가지고 있는 기존의 지식들을 반성할 때 형성된다. 연결 짓기에서 학생들은 새로운 아이디어와 기존의 지식 사이의 관계를 형성한다. 또한 학생들은 이미 이해한 수학적 아이디어를 확장하고 적용함으로써 관계를 형성한다. 그러므로 연결성을 이끌어내는 평가 항목은 이해를 수반하는 학습을 촉진하고 추론의 명확한 표현 또한 포함하고 있는 세 가지 정신적 활동에 학생들을 참여하도록 하게 한다. 그러한 평가 항목은 종종 실생활이나 가상적인 맥락에 놓여 있으며, 각 문제마다 한 가지 답을 가지고 있다하더라고 다양한 방법으로 해결할 수 있다. 그러므로 학생들의 반응들은 접근법과 이해에서도 질적인 차이를 보여줄 수 있다.

▌분석 복잡한 수준의 수학에서 수학적 사고는 해석, 분석 그리고 수학적 논증을 포함한다: 학생들 자신의 모델과 전략의 개발 그리고 일반화. 종종 실생활이나 가상적인 상황에 놓이면 분석을 확인하는 평가 항목은 개방형이 되고 학생들은 문제해결을 위해 적절한 전략을 판단하고 적절한 수학 교구를 선택한다. 학생들은 이러한 항목에 대한 획기적인 해결방법을 개발하기 때문에 그들의 반응에 모든 가정들과 사용된 추론 그리고 결론을 뒷받침해줄 수 있는 수학적 논증이 포함되어야 한다. 분석을 확인하는 평가 항목은 학생들이 이해를 수반하는 학습을 촉진하는 모든 정신적 활동에 참여하게 한다. 학생들은 새로운 상황을 이해하기 위해 이미 알고 있는 수학적 지식을 찾아야 한다. 이는 반성, 관계의 형성, 수학적 지식의 확장 및 적용, 수학적 아이디어를 명확하게 표현하는 해결방법을 포함한다. 분석을 확인하는 평가 항목은 학생들에게 적절한 문제해결을 하는데 필요한 수학적 아이디어와 교구를 결정하도록 하기 때문에, 다섯 번째 정신적 활동인 자기 자신만의 수학 만들기를 평가하는데 특히 유용하다.

요약

한 영역에서의 이해는 새로운 문제상황에 대해 생각하고 해결하는 자원으로서 그 영역의 개념, 절차 그리고 전략의 사용을 포함한다. 그러한 이해를 평가하는 것은 비형식적, 형식적 평가 모두를 사용하고, 시간이 지남에 따라 한 영역에서 학생 이해에 대한 발달을 조사하고, 추론의 수준에 특별히 주의를 기울이는 다양한 접근법을 포함할 것이다. 다음 절에서 우리는 특정 평가 항목을 검토하고, 학생들의 반응이 이해를 수반한 학습을 촉진시키는 정신적 활동임을 증명할 방법에 대해 언급한다. 그 다음에 우리는 이러한 평가에 반응하여 만들어진 학생들의 지식을 통해 결과적으로 이해를 수반한 수업을 위한 교수법적인 결정들을 알릴 수 있는 방법들에 대해 탐구한다.

평가 항목의 예

이 절에서 우리는 이진에 실명된 영역 기반 접근법을 활용한 평가에 사용될 수 있는 다양한 평가 항목에 대하여 논의한다. 점점 복잡한 수준에서 이해를 수반한 학습을 촉진시키는 정신적 활동에 참여함으로써 학생들의 수학적 지식을 확인할 수 있는 교실의 예를 제시한다. 이러한 교실에서, 교사들은 국가과학재단(NSF: National Science Foundation)의 지원으로 5학년부터 8학년 과정의 종합적 교육과정인 MiC(Mathematics in Context)를 시행하였다. 이 교육과정은 다음 네 개의 수학적 하위 영역으로 구분된 40개의 교과 단원(학년당 10개의 교과 단원)으로 구성되어 있다.

- 수: 범자연수, 분수, 비, 소수, 백분율, 정수
- 대수: 변수에 관한 표현, 그래프, 규칙성과 함수의 공식
- 기하: 측정, 공간 시각화, 종합 기하학, 좌표 기하와 변형 기하
- 통계와 확률: 자료 시각화, 가능성, 분포와 변화성, 예측의 수량화

각 단원은 학생들이 특정 영역 내의 하위 영역 간 연결 짓기 그리고 영역과 영역을 연결 짓는 활동들을 포함한다.

MiC 평가 프로그램은 조작적 수학 교수를 목표로 설계되었다. 교사들은 학생들의 사고 과정, 해결 전략 그리고 수학적 지식에 관한 다양한 정보를 얻기 위해 다양한 평가 방법을 활용하도록 장려해왔다. 평가는 교사들이 기본 기술을 사용하는 학생들의 능력[상황 수식화하기(예를 들어, 상황 속에서 수학을 추출하고, 문제를 해결하는 데

그 수학을 사용하기): 수학적 전략 반성하기, 결과 토의 및 학생들의 생각을 지지하는 논쟁을 공식화하기: 수학적 용어, 다이어그램, 기호, 모델을 사용하여 의사소통하기: 일반화하기]들을 확인하는 방법들로 이루어졌다. 다음에 제시된 평가 항목의 예에서, 학생들은 내용과 시각적 표현 사이의 관계를 형성하고, 제공된 정보를 이해하는데 그들의 수학적 지식을 확장하고 적용해야 한다. 학생들이 자신의 활동을 교사에게 설명하고 논의에 참여하면서, 자신의 전략을 반성하고 수학적 설명을 명확화하는데 수학을 사용해야 한다. 실생활이나 가상적인 문제 맥락에서 수학에 대해 생각하고 수학을 적용함으로써 학생들은 자신만의 수학을 만드는 것을 발전시킨다. 학생들의 전략, 해결방법 그리고 추후 토의(일대일 토의나 전체 토의 모두)는 학생들의 개념 이해에 대한 확실한 증거를 제공한다.

비형식적 평가

비형식적 평가를 하는 동안 재생에 대한 평가가 이루어진다 할지라도, 다음 절에서 우리는 학생들에게 다섯 가지 정신적 활동에 참여하도록 기회를 제공하고 연결성과 분석의 수준에서 추론을 평가하는 항목을 검토한다.

지식의 확장 및 적용 [그림 9.1 (a)]는 MiC 6학년 대수 단원 'Keeping on Track'에 제시된 문제이다. 이 문제의 내용은 학생들이 각 자료에 해당하는 점들과 선그래프의 연속성 사이의 연결성을 탐구하고, 전체적인 특징(예, 규칙성과 기울기)과 주목할만한 구체적인 정보를 검토하면서 선그래프를 해석하고, 주어진 문맥과 관련하여 선그래프를 설명하는 내용을 작성하는 것으로 구성되었다. 평가가 교수 자료에 포함될 때, 문제는 규칙성과 함수의 하위 영역에서 학생들이 대수에 관한 지식을 확장하고 적용할 수 있게 구성되었다. 이 문제를 해결하기 위해서 학생들은 최소값과 최대값, 기울기, 변수에 관한 지식들을 본문이나 그래프 표현에 주어진 정보들과 통합해야 한다. 따라서 문제는 학생들이 수학적 아이디어들을 연결 짓게 하는 상황을 제공한다.

크리스티나와 훌리오, 두 학생의 반응은 [그림 9.1 (b)]와 같다. 크리스티나는 올바른 결론을 내렸다: 비록 재스민(첫 번째 주자)이 경주에서 이겼지만, 세실리아(두 번째 주자)가 더 빨리 달렸다. [그림 9.1 (b)]의 (A)에서, 크리스티나는 그래프를 통해 본문의 내용을 확인하였다. [그림 9.1 (b)]의 (B)에서 크리스티나는 세실리아가 약 100미터 뒤에 있다고 말하기보다는 승자보다 약 3미터 뒤에 있다고 언급했다. [그림 9.1 (b)]의 (B)에서는 문제의 맥락 안에서 그래프에 제시된 구체적인 정보를 해석하도록 요구했으므로, 더 나아가 대수에 관한 크리스티나의 생각과 지식을 평가하기 위해, 교

(a) 세실리아와 여동생 재스민은 달리기를 하려고 합니다. 세실리아는 공정한 경주를 하기 위해 재스민이 200미터를 먼저 달린 후 출발하기로 하였습니다. 아래에 제시된 둘의 경주 그래프를 보세요.

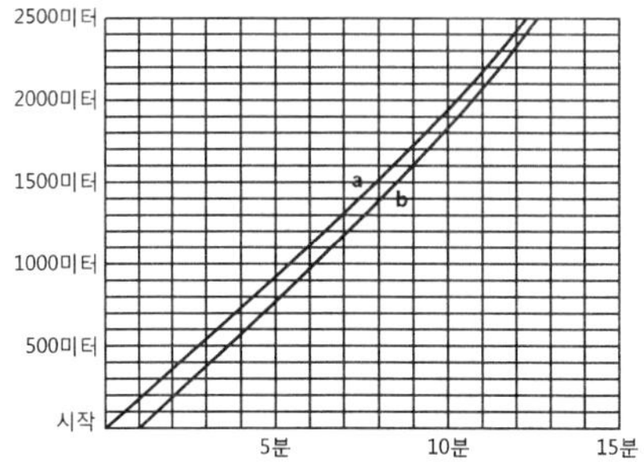

(a) 선수 a와 b는 누구입니까? 어떻게 알았나요?
(b) 누가 이겼나요? 승자가 결승선을 지날 때, 다른 사람은 얼마나 뒤에 있었나요?
(c) 누가 더 빠른가요? 어떻게 알았나요?

(b) 크리스티나의 반응

(A) 나는 A가 재스민이라고 생각한다. 왜냐하면, 재스민이 먼저 출발했다고 했고, A는 정확하게 출발선에 있다. 본문에서 세실리아는 200미터 후에 출발했다고 했으므로 그래프에서 보여지는 것과 같다. B는 세실리아이다.
(B) 재스민은 이겼으며 세실리아는 약 3미터 뒤에 있다.
(C) 세실리아는 더 빠르다. 왜냐하면 그들이 출발했을 때 세실리아는 200미터 뒤에 있었지만, 끝났을 때는 약간 뒤에 있었다. 세실리아는 더 늦게 출발했지만 따라 잡을 수 있었다.

훌리오의 반응

(A) A는 재스민이다. 왜냐하면 A는 먼저 출발했고, 세실리아는 그녀의 여동생 재스민에게 자기보다 200미터만큼 먼저 출발하도록 했다고 위에 제시되어 있다.
(B) A는 20초 정도 빨리 들어왔다.
(C) 세실리아가 더 빠르다 왜냐하면 세실리아는 1분 늦게 출발했지만 20초 늦게 도착하여 졌기 때문이다.

[그림 9.1] 'Keeping on Track'의 평가 항목. (a) 문제, (b) 학생 반응. 브리태니커 교육사 백과사전의 허가로 사용됨.

사는 3미터 차이로 결정한 크리스티나의 전략을 확인하고 크리스티나가 올바르게 그래프를 해석하도록 하는 다른 질문들로 도움을 주었다. 비록 [그림 9.1 (b)]의 (C)에서 답변이 옳다 할지라도 수학의 중요성이 결여되었기 때문에, 교사가 크리스티나의 그래프에 관한 지식의 확장과 적용을 평가하기는 어렵다. 더 완전한 답변은 재스민이 달리는 동안에 세실리아가 달린 거리, 출발 시간과 도착 시간 확인, 선의 기울기의 차이와 관련된 해석을 포함해야 한다.

훌리오 역시 [그림 9.1 (b)]의 (A)에서 같은(옳은) 결론을 내렸다. 비록 훌리오의 답변이 옳았지만, 그래프와 본문 사이의 연결성을 명확하게 설명하지 못했다. 또 훌리오의 답변은 훌리오의 추론에 대한 교사의 질문에 훌리오가 작성한 답변으로부터 유용하지 않은 이해의 증거를 제공할 수 있다. [그림 9.1 (b)]의 (B)에서, 훌리오는 미터의 관점보다는 초의 관점으로, 질적으로 다른 관점에서 도착의 차이를 보여주는 것을 선택하였지만, [그림 9.1 (b)]의 (B)는 적절하고 정확한 해석이 이루어졌다. [그림 9.1 (b)]의 (C)의 답변에서, 훌리오는 그의 결론을 뒷받침 할 수 있는 해석을 위해 그래프로 부터 얻은 정보를 사용했다. 훌리오는 [그림 9.1 (b)]의 (B)와 (C)에 대한 답변으로 대수에 관한 그의 지식을 확장하고 적용할 수 있는 능력을 증명했다.

교실 토의는 수학적 영역에서 개발된 학생들의 지식과 이해에 관한 확실한 증거를 제공할 수 있다. 기술된 학생들의 답변은 그래프의 특정 점에 대한 정보와 그래프의 전반적인 정보에 대한 추론을 얻기 위한 학생들의 능력에 대한 정보를 제공한다. 그러나 이러한 학생들 답변의 차이점은, 전체 학급 토의를 통해서 다른 학생들의 관점에서 문제 상황에 대해 생각하고 다양한 전략들을 명확하게 하는 질문을 함으로서 얻을 수 있다. 수학을 강조하는 완벽한 설명을 위한 기대는 그러한 대화(dialogue)를 하는 동안 촉진될 수 있다.

▌반성 지금부터 논의될 평가 항목(그림자는 무엇인지 설명하세요. 그림자와 사각지대는 어떤 점이 비슷한가요?)은 MiC 7학년 ‘Looking at Angle’ 단원에 제시된 내용이며, 학생들이 공간 감각 방향의 하위 영역 중 기하학적인 아이디어를 반성하도록 설계되었다. 이 문제가 진행되는 과정을 통해서, 학생들은 시선(또는 태양광선)이 불투명한 물체를 비출 때 사각지대(또는 태양광선)의 형태를 탐구하고, 측면에서 보이는 직각 삼각형의 빗변으로서 시선(또는 대표적인 광선)을 사용한다. 그러한 탐구를 통해서, 학생들은 광원(뚜렷한 광원 또는 태양)의 유형과 시선(또는 태양광선)의 각도, 주어진 물체의 높이 차이가 사각지대(또는 그림자의 길이)의 크기에 영향을 미친다는 것을 깨닫게 된다. 이 항목을 완성하기 위해 학생들은 광원의 효과, 그림자나 사각지대의 크기와 모양을 차단하는 물체에 대하여 고려해야 하며, 그 다음으로 그림자와 사각지대의 유사점에 대하여 추론해야 한다. 이 항목에서, 학생들은 수업을 하는 동안 참여하는 수학적 활동을 반성하고, 문제상황을 수식화하기 위해 분석하며, 자신의 해결 전략을 개발하고, 기록 형식에 맞춰 수학을 설명한다. 또한, 학생들은 자신의 추론을 뒷받침하고, 또는 친구들이나 교사가 자신이 문제를 해결하는데 사용한 수학을 이해하

는 것을 돕기 위해 다이어그램이나 모델을 사용할 것인지 아닌지를 결정해야 한다.

▌관계 구성 [그림 9.2 (a)]는 MiC 6학년 'Fraction Times' 단원에 제시된 문제로, 학생들을 수의 하위 영역(분수와 백분율) 간의 관계와 수학적 영역(수와 통계) 간의 관계를 구성하도록 설계되었다. 학생들은 문제 정보의 시각적 표현(원그래프)을 해석하고, 그들의 설명과 표현을 관련짓고, 분수와 백분율에 관한 지식을 사용한 설명을

(a) 원 그래프 METER 더 많은 원자력 발전소?

매주 목요일, 'Fraction Times'는 8세에서 14세 학생들을 위한 특집기사를 발간한다. 특집 기사는 아이들이 보낸 기사이다. Mary, Juan, Karen, Linda는 원자력 에너지에 관한 기사를 작성하기로 결정한다. 진상조사(researching facts)를 하고 있을 때, 아이들은 새로운 원자력 발전소 건설에 관한 다른 관점을 제시한 원그래프를 발견한다. 이 아이들은 도표에 관하여 논의한다.

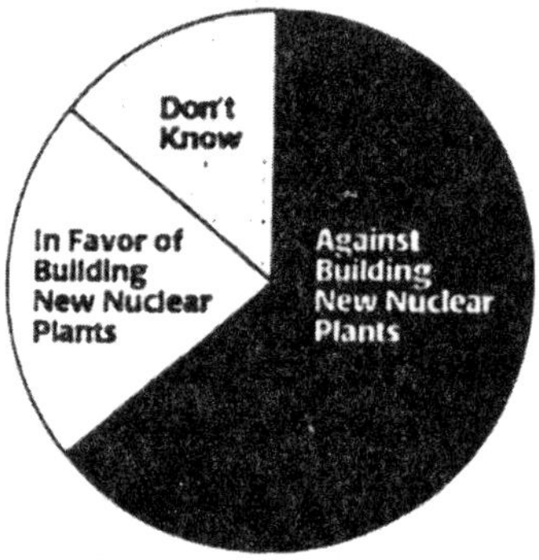

Mary: 대부분의 사람들은 새로운 원자력 발전소를 건설하는 것을 반대해.

Juan: 맞아, 사람들의 약 $\frac{2}{3}$가 더 많은 원자력 발전소를 세우는 것을 반대해.

Karen: 60%를 조금 넘는 사람들이 더 많은 원자력 발전소를 세우는 것을 반대해.

Linda: 그것은 70%에 가까운 사람들이 새로운 원자력 발전소를 세우는 것에 반대하는 것처럼 보여.

(b) A. 나는 Mary의 설명이 가장 좋다고 생각한다. Mary는 대부분의 사람들이 새로운 원자력 발전소에 반대한다고 말했으며, 원 그래프는 사람들의 $\frac{2}{3}$가 그것에 반대한다고 보여준다. $\frac{2}{3}$는 대부분의 사람들의 의미한다.

B. 나는 Juan의 설명이 가장 좋다고 생각한다. 왜냐하면 Juan은 사람들의 $\frac{2}{3}$가 새로운 원자력 발전소에 반대한다고 했으며 원 그래프에서 보여주는 것과 같기 때문이다.

C. 나는 Karen이 가장 설명을 잘했다고 생각한다. Karen은 60%를 넘는 사람들이 새로운 원자력 발전소에 반대한다고 말했다. $\frac{2}{3}$는 약 66%이기 때문에, 66%는 원 그래프에서 볼 수 있는 $\frac{2}{3}$에 근접하다.

D. 나는 Linda의 설명이 가장 좋다고 생각한다. Linda는 거의 70%에 가까운 사람들이 새로운 원자력 발전소를 반대한다고 했으며, 원 그래프에서 $\frac{2}{3}$는 새로운 원자력 발전소에 반대한다고 보여주고 있다. $\frac{2}{3}$는 Karen이 말한 60% 보다 70%에 더 가까운 약 66%이다.

[그림 9.2] 'Fraction Times'의 평가 항목. (a) 문제, (b) 교사의 안내에 대한 학생 반응의 예. 브리태니커 교육사 백과사전의 허가에 사용됨.

(a) 100의 1/3는 대략 33
100의 2/3은 33의 두 배 또는 약 66
따라서 2/3은 약 66%

(b)

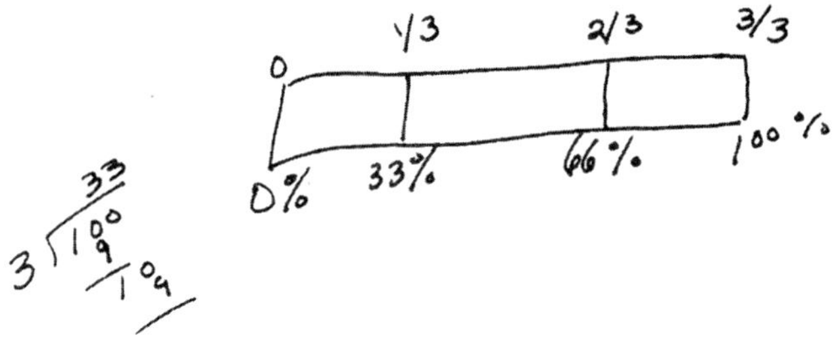

[그림 9.3] 분수($\frac{2}{3}$)와 분수에 해당하는 백분율(66%) 사이의 관계를 결정하기 위한 학생 전략 사례. (a) 수 감각 전략, (b) 분수 – 백분율 막대.

비교한다. 그렇게 함으로써, 학생들은 주어진 정보를 분석, 통합하고 수의 하위 영역(분수와 백분율)과 통계(자료 표현의 분석)에 관한 지식을 적용한다. [그림 9.2 (b)]에 제시된 답변들은 학생들이 새로운 원자력 발전소의 건설에 반대하는 사람들을 분수로 나타낸 것에 대한 학생들의 설명을 정확하게 평가함으로써 학생들의 원그래프에 대한 이해를 보여주는 것이다.

그러나 기록된 답변들은 교사들이 학생들의 수학적 아이디어 간의 관계 구성에 대한 평가를 하는데 충분한 정보를 제공하지 못한다. 만약 교실의 상호작용에서 나온 증거들이 이 학생들을 평가하는데 유용하지 못하다면, 교사는 학생들이 수의 하위 영역 사이에서 구성한 관계를 좀더 평가해야 한다. 예를 들어, 교사는 학생 C와 D에게 $\frac{2}{3}$가 약 66%임을 어떻게 알게 되었는지를 묻는다. 학생 C와 D는 사실을 기억하고 있었거나 계산기를 사용하여 $\frac{2}{3}$를 소수로 바꾸었다고 답할 것이다. 다른 학생들은 [그림 9.3 (a)]에서 보여주는 것처럼 수 감각 전략을 사용할 지도 모른다. 아직도 다른 학생들은 자신의 추론을 뒷받침하기 위하여 [그림 9.3 (b)]에 제시된 분수 - 백분율 막대와 같은 시각적 도구를 사용할 것이다. 그러므로 계속된 질문들은 학생들이 분수와 백분율과 같은 수 표현을 구성했던 관계에 관한 더 많은 증거를 제공할 수 있다.

관계를 명확하게 하고 자신만의 수학 만들기 8학년 'MiC Insights Into Data' 단원에 수록된 다음 문제는 학생들이 자료의 수향적이고 도표적인 표현 간의 관계를 명확히 하고, 자료에 근거한 결론을 명확히 하도록 설계되었다. 학생들에게 시간이 지남에 따른 콩나물의 성장을 다루는 실험에 관한 보고서를 작성하게 했다. 이러한 평가 항목에서, 학생들은 수집한 자료를 통계적으로 요약한다. 자료를 분석하는 동안 교사들은 다음과 같은 유형의 질문들을 한다: "자료의 분포는 어떠한가요?", "이상치인가요? 군집인가요?", "자료를 처음으로 표현하는데 어떤 그래프가 가장 유용한가요?", "자료를 비교하는 다른 표현이 있나요?", "자료를 요약하는데 가장 적절한 통계량은 무엇인가요?" 이러한 질문들은 학생들에게 단일 수치 통계에 대한 지식(평균, 범위, 중앙값, 사분위수, 최빈값)과 자료 표현(예, 막대그래프, 상자그래프, 시간 기준 그래프)을 적용하게 한다. 예를 들어, 자료에 이상치가 있다면, 이상치는 중앙값에 영향을 주지 않기 때문에 자료를 요약하는데 중앙값을 선택할 수 있다. 또한 학생들은 박스그래프는 다른 그룹간의 변화량을 보는데 유용하긴 하지만 각 자료값을 확인하기 어렵다는 사실을 사용할 수 있고, 줄기-잎 그래프가 자료 분산의 초기 이해의 발달에 더 적합하다고 결정할지도 모른다.

소그룹에서 학생 간의 상호 작용을 듣고 그들 활동의 모든 단계를 관찰함으로써 학생들이 발견한 관계를 명확히 표현하는 능력에 대한 충분한 증거를 수집할 수 있다: 계획, 수량적이고 도표적인 표현 선택하기, 결론을 위한 문어적 지원, 그리고 학급을 대상으로 한 구두 발표. 비록 이 항목들이 분석을 이끌어낸다 할지라도, 학생들은 정보를 통합하고 질적한 통계 및 도표 표현을 결정할 때 언결 짓기를 하며, 통계량을 정확히 계산하고 데이터 표현을 완성하기 위해 전문적인 기술을 적용할 때 재생을 사용한다. 학생들은 자신의 생각과 결론을 명확하게 표현하는 것 이외에도, 자료를 탐구, 표현, 해석, 분석하고 그들의 결론을 뒷받침하기 위한 수학적 논쟁(이 사례에서는 통계적 요약)을 함으로써 자신만의 수학을 만들어간다.

형식적 평가

형성 평가 이 절에서 우리는 5학년 'MiC Per Sense' 단원에서 실시한 형성 평가의 항목을 검토한다. 수 단원이 진행되는 동안, 학생들은 백분율을 양을 비교하는데 유용한 표준화된 수단으로 생각한다. 알고리즘은 이 단원에서 강조되지 않는다. 오히려 학생들은 자신의 생각과 어림, 계산을 뒷받침하기 위해 백분율 막대, 비율표 그리고 기준 백분율(예, 1%, 10%, 25%, 50%)과 같은 수학 교구를 사용한다. 이러한 강조가 학생들에게 실생활 문제에서 백분율의 개념적 이해를 향상시킬 수 있는 기회를 제공한다는 것이다. [그림 9.4]에 제시된 잠민의 형성 평가는 수의 하위 영역인 백분율에 관한 세 가지 질문으로 구성되어 있다(학생들이 분수, 비율, 백분율 간의 관계를 사용한다면, 분수와 비율의 하위 영역). 단위 수업은 백분율에 대한 절차나 이런 구체적인 맥락을 강조하지 않기 때문에, 이 평가에서 질문에 대한 답변은 학생들이 자신만의 필요한 만큼 종이를 사용하세요.

잼은 품질이 다를 수 있다. 잼의 품질은 종종 잼을 만드는데 사용된 과일의 백분율에 의해 결정된다. 백분율이 높을수록 품질도 좋다.

1. 세 개의 체리 잼의 품질에 대해 어떻게 생각하나요?

2. 검은 건포도 잼을 크고 작은 용기에 담아 판매하고 있다. 누군가 작은 용기의 잼에 담긴 과일의 백분율을 적는 것을 잊어버렸다. 이 작은 용기의 잼에 담긴 과일의 백분율은 얼마인지 구하세요. 이 백분율을 구하기 위해서 사용한 여러분의 전략을 설명하세요.

3. 이 용기 속에 포함된 과일은 몇 그램인가요? 여러분이 답을 어떻게 얻었는지 설명하세요.

[그림 9.4] 'Mic Per Sense' 단원 수업 끝 부분에 하는 평가. 브리태니커 교육사 백과사전의 허가로 사용됨.

수학을 만드는 방안에 대한 근거가 된다. 비록 'MiC Per Serse' 단원에 제시된 형성평가가 추론의 세 수준에 대한 질문이긴 하지만, 이러한 질문들은 연결 짓기와 분석을 평가한다.

이 평가의 첫 번째 두 번째 질문은 학생들이 백분율의 상대적 성질에 대한 이해를 고찰하고 명확하게 표현하도록 한다. 첫 번째 질문에서, 학생들은 세 종류의 잼의 품질을 비교해야 한다. 이 해결방법은 학생들이 잼 용기들의 크기나 각 잼 용기에 담긴 과일의 양(그램)이 아닌, 각 잼에 포함된 과일의 농도를 생각해보는 것이다. 학생들에게 작은 잼 용기에 담긴 과일의 농도를 구하도록 하는 두 번째 질문은, 백분율의 상대적 성질에 대한 이해가 필요하다: 두 용기 모두 같은 조리법으로 만든 검은 건포도 잼이 담겨 있기 때문에, 각 용기에 들어 있는 잼에 들어간 과일의 비율(잼에 포함된 과일의 농도)은 같아야 한다. 세 번째 질문에서, 학생들은 과일의 농도와 잼의 전체 양을 알 때, 잼 용기에 들어 있는 과일의 양을 구하는 것이다. 학생들의 해결방법을 살펴보면, 학생들은 과일의 양을 어림하거나 계산하는 데 적절한 방법을 결정하기 위하여 백분율에 대한 지식을 적용한다.

[그림 9.5]의 평가에 대한 해결 전략을 사용한 학생들은 자신의 추론과 계산을 뒷받

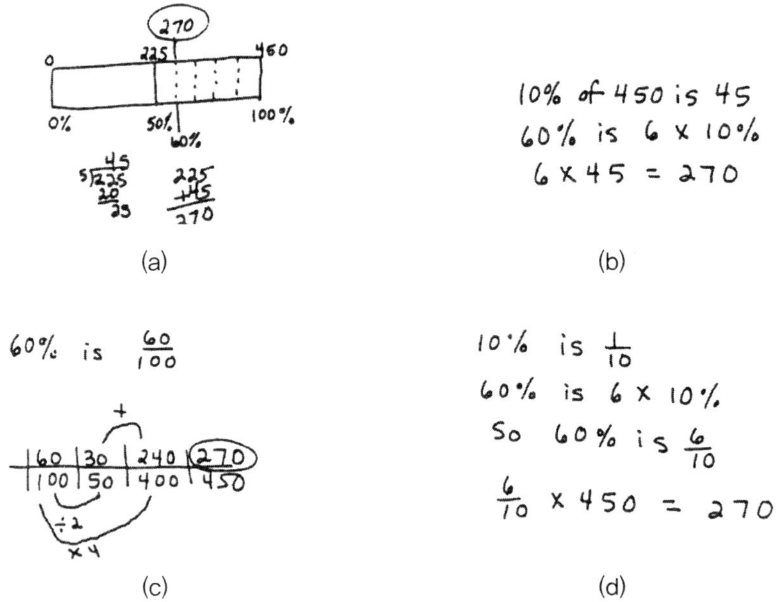

(a) (b) (c) (d)

[그림 9.5] 'Mic Per Sense' 형성 평가를 위해 적용된 학생 전략. (a) 백분율 막대 모델, (b) 10% 전략, (c) 비율 표 모델, (d) 백분율과 분수 간의 관계[브리태니커 교육사 백과사전의 허가로 사용됨].

침하기 위해 네 가지 다른 수학 교구들을 사용하였다: 백분율을 어림하기 위한 백분율 막대, 10%(기준점) 전략, 비율표, 백분율과 분수의 관계 활용. [그림 9.5 (a)]에 제시된 학생들의 답변은 백분율 막대와 수 감각을 사용하여 50%가 225g과 같고, 10%는 45g과 같음을(50%를 똑같이 다섯 부분으로 나눔으로써) 결정하였다. 그런 다음 잼 속의 과일 양(60%)이 225g과 45g(50%+10%)을 더한 합과 같음을 발견하여 계산하였다. [그림 9.5 (b)]는 10%에 근거한 수 감각 전략을 사용한 예이다. 이 학생은 처음 450의 10%는 45임을 확인하고, 60%가 10%의 6배라는 지식을 사용하여 6과 45를 곱하여 답을 구했다. [그림 9.5 (c)]는 학생들이 백분율과 비율을 연결 짓는 것을 보여준다. 이 학생은 비율 표현을 60%라고 적은 후, 450g과 같은 비율의 값을 구할 때까지 비율표를 만들어 계산하였다. [그림 9.5 (d)]에 제시된 학생의 답변은 백분율과 분수 사이의 관계에 대한 학생의 이해를 보여준다. 이 사례에서 학생들은 10%는 $\frac{1}{10}$이라는 지식을 사용하여 60%는 $\frac{6}{10}$라고 적은 후에, 잼 용기에 포함된 과일의 양을 계산하기 위해서 분수에 곱셈을 적용하였다.

평가에 제시된 질문들은 교사들이 백분율에 대한 학생 지식의 유연성을 평가하고,

정확한 결론을 얻기 위해 다양한 수학 교구를 사용할 수 있게 도와준다. 또한, 교사들은 각 학생들이 단위 수업이 진행됨에 따라 그 영역의 개념과 절차를 사용하는 데 있어서 어떤 변화가 있는지를 알아보기 위해 [그림 9.4]의 질문 3번에 대한 학생들의 답변을 활용할지도 모른다. 예를 들어, "학생들은 수업 중에 이루어진 평가 때보다 형성평가 때 다른 전략을 사용했나요?", "학생들이 평가 전에 종종 사용했던 방법을 적용했나요?, 아니면 더 효율적이고 정교화된 해결 전략으로 변화되었나요?", "학생들은 다양한 수의 표현(백분율, 비, 분수)들을 연결 지었나요?" 교사는 교실 상호작용 중의 개별 학생들의 활동에 대하여 수집한 다양한 종류의 정보를 고찰하고 형성평가가 포함된 비형식적 평가를 실시하여 비교할 때, 각 학생들의 특정 영역의 지식 성장에 대한 좀더 명확한 이해를 향상시킬 수 있다.

총괄 평가 이 절에서 우리는 MiC 교육과정에서 5학년 말에 제시되도록 설계된 평가를 살펴본다. 지역 축제때 찍은 대관람차의 사진은 이 항목을 위한 상황으로 제공되었다. 다섯 가지 질문 중 첫 번째는 재생을 필요로 하는 범자연수 계산과 관련이 있다: 대관람차는 각 칸마다 4명의 사람들이 탈 수 있으며 36칸이 있다. 대관람차의 모든 칸이 꽉 찼을 때 대관람차에 타고 있는 사람들의 수는 몇 명인지 학생들에게 구하도록 한다. 제시된 학생들의 답변을 살펴보면 계산은 간단하다: "144, 저는 4에 36배를 했어요." 또는 " 36×4는 144이므로 144명이에요."

학생들의 관심을 끄는 대관람차 사진의 두 번째 평가 질문은, 대관람차 칸의 수를 세는 것을 불가능하게 한다(축제에서 사진 배경과 활동들을 이유로). 그리고 나서 학생들이 대관람차 칸의 수가 정확한지를 조사할 수 있는 방법을 설명하도록 요구한다. 학생들은 원에 대한 자신의 지식(지름과 반지름을 사용하여 원을 세분화할 수 있는 방법)을 확장하고 적용하며, 그들의 추론을 명확하게 표현한다. 비록 해결방법이 너무 쉽다하더라도, 이 질문은 학생들이 문제를 해결하는데 다양한 전략들을 개발할 수 있으므로 분석을 이끌어낸다. 예를 들어, 그 질문들로 "여러분은 대관람차를 2로 나누고(지름의 암시적인 사용), 대관람차 반에 있는 칸 수를 세어 보고, 그 다음으로 2를 곱해보세요" 그리고 "칸의 반을 세어 보고(지름의 암시적인 사용), 2를 곱하세요."가 있다. 몇몇 학생들은 문제를 해결하는 좀더 직접적인 방법을 찾는다. 다음에 나오는 학생의 답변은 오직 수 영역과 관련되어 있다: "대관람차가 가득 찼을 때, 얼마나 많은 사람이 있을지 세어 보세요. 그리고 나서 한 칸에 탈 수 있는 사람 수인 4로 나누세요."

이 평가의 세 번째 질문에서, 학생들은 더욱 추상적인 방법으로 대관람차에 대해 생각한다. 멀리서 본 것처럼 대관람차를 큰 원으로 시각화하면, 학생들은 자신들이 대관

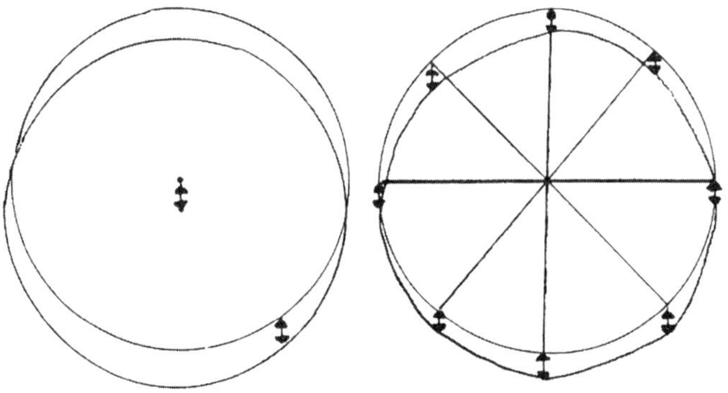

[그림 9.6] 5학년 말 평가에 제시된 대관람차 항목에 대한 학생의 해결방법들

람차 칸에 앉아 있고 그 칸이 원을 따라 돌면서 지나가는 길을 그리는 것을 상상한다. 이 질문은 문제상황의 해석과 수학화를 포함하고 학생들에게 자신만의 해결 전략을 개발하도록 하기 때문에, 분석을 이끌어내는 질문이다. 이 질문은 학생들에게 기하(원)에 대한 지식을 확장할 기회를 제공하고 문제상황을 수식화함으로써 자기 자신민의 수학을 만들도록 한다.

[그림 9.6]에는 두 가지 해결방법이 제시되어 있다. 첫 번째는 원(대관람차)의 중심을 기준으로 대관람차의 칸을 아래로 이동하여 그린다: 또 다른 (같은 반지름의) 원은 중심으로써 이 칸을 기본으로 사용하여 그린다. 두 번째 해결방법은 원(대관람차)을 같은 호의 길이로 나누고 각 칸을 호로 나눈 각의 점에 그린 후 대관람차 칸을 기본으로 사용하여 새로운 원을 그린다. 이러한 해결방법은 꽤 다름에도 불구하고 문제상황에 대한 적절한 해석과 수학화를 보여주고, 학생들이 자기 자신만의 수학을 만드는 증거를 제공한다.

이 평가의 네 번째 질문은 학생들에게 한 부분을 확장시켜 그린 대관람차의 도표([그림 9.7] 참고)를 주고 대관람차의 선에 의해 형성된 각도를 측정하게 한다. 학생들이 수학적 아이디어들을 연결 짓도록 설계되었으며, 학생들은 문제해결에 적절한 수학교구를 결정을 하고 나서 원에 대한 그들의 지식을 적용한다. 이 사례에서, 학생들은 대관차람의 각도를 측정하기 위해 각도기를 사용하거나, 대관람차의 막대에 의해 나눠진 부분의 수를 구하고 그 수로 원의 전체 각을 나눈다.

다섯 번째 질문은 대관람차의 한 부분을 크게 그린다([그림 9.7] 참고). "캐시는 '나는 이 그림의 막대와 칸이 같은 비율로 그려지지 않는다고 확신해요.'라고 말한다. 캐시의 말이 왜 사실인지 설명하시오." 분석을 이끌어 내기 위한 이 질문은 이 그림에서

전면 모양의 부분은 아래와 같다. 바구니 하나가 달려 있다.

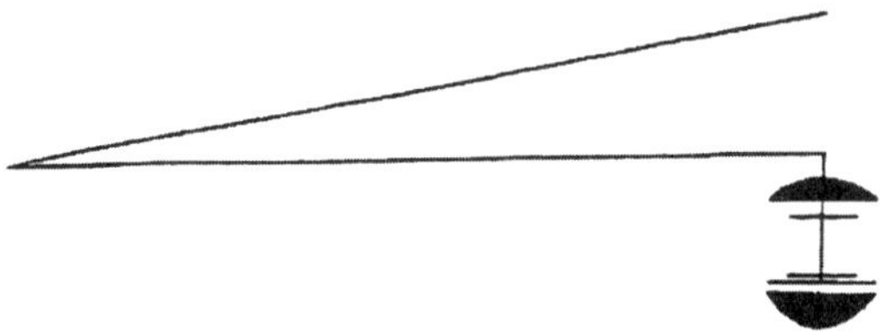

[그림 9.7] 5학년 말 평가에 Ferris wheel 항목에서 각도를 측정하고 크기와 비율을 해석하기

축척과 비율에 대한 학생들의 해석을 유도할 뿐만 아니라 학생들의 수 개념 지식을 확장하고 적용한다. 답변과정에서, 학생들은 칸의 크기와 막대에 의해 만들어진 각의 크기 사이의 관계를 검토한다. 학생들은 대체적으로 그들의 추론을 충분히 설명하지 못하는 답변을 제시한다: "그것이 사실이라면, 하나의 막대로 생긴 칸은 그 아래 막대의 칸에 맞아야 하기 때문이에요." 그리고 "칸이 더 크기 때문이에요." 그러나 이러한 답변들은 각 학생들의 생각을 살펴볼 수 있는 통찰력을 제공하고, 이 영역에 대한 학생 지식을 평가하기 위하여 다른 자원으로부터 모은 학생 지식에 대한 다른 증거들과 함께 사용할 수 있다.

단지 제시된 평가는 학생들에게 수업시간 동안 사용된 상황과 다른 실생활 문제에 접근하는 기회와 기하나 비와 관련된 익숙하지 않는 문제 상황에 대한 자신의 생각을 표현하는 기회 모두를 제공한다. 다섯 가지 질문은 학생들이 계산하고, 적절한 수학 교구를 결정을 하고, 상황을 해석할 수 있는 상황을 제공함으로써, 재생, 연결성 그리고 분석을 평가한다. 이러한 질문에 대한 학생들의 답변은, 새로운 상황에 자신의 수학적 지식을 적용하고 한 영역의 개념에 대한 이해를 명확하게 표현하기 위한 자신의 능력에 대한 충분한 증거를 제공할 수 있으며, 문제상황을 수학화함으로써 자신만의 수학을 만들 수 있다.

시간이 지남에 따른 성장

영역의 개념들에 대한 학생 이해를 평가하기 위해서, 수업 절차의 다양한 관점에서 평가 항목은 새로운 상황에서 학생들이 기존에 가지고 있는 지식 사용, 학생들이 수학적 아이디어들을 형식화하는 새로운 관계 그리고 문제를 해결하는데 적용된 추론의 수준에 중점을 둔다. 예를 들어, 영역 기반 접근법에서 유리수 개념에 대한 평가는 유리수 개념에 대한 학생들의 직관적 개념을 형성하고 이런 비형식적인 지식을 분수, 소수, 백분율 그리고 비율의 연산(순서정하기, 비교하기 그리고 계산하기)과 연결하는 항목부터 시작한다. 또한, 평가항목은 이런 수 표현들 사이의 관계에 대한 관심, 지식을 통해 향상된 그러한 관계들에 의해 계산의 유연성, 유리수 개념들로 추론하는 것을 뒷받침하는 수학적 도구 그리고 그런 추론의 명확한 표현을 포함한다.

이 개념을 설명하기 위해, 우리는 유리수와 관련된 평가를 위하여 5~6학년 학생들의 반응을 조사하였다(또한, 'Fraction Times'와 'Per Sense' 단원에서 나온, 이번 장에서 앞에 다루었던 유리수에 대한 학생들의 이해에 대해 수집된 증거를 이번 논의에서 고려하라) 그리고 나서 우리는 수학적 지식의 성장에 대한 생각을 제시할 수 있는 질문에 대하여 추측한다.

[그림 9.8 (a)]는 수 개념의 일부분과 관련하여 첫 번째 단위 수업의 끝 부분에서 나타났던 5학년 학생 제나의 반응을 보여준다. 이 단위 수업에서 학생들에게 형식적인 계산 방법보다는 수 감각 전략을 사용한 분수의 덧셈, 뺄셈, 곱셈 그리고 나눗셈을 소개한다. 이 문제에서 학생들에게 78인치의 대형 샌드위치를 25명의 사람에게 똑같이 나누어 줄 때, 각 사람이 가진 샌드위치가 $3\frac{3}{4}$인치가 맞는지 확인해야 했다. 제나는 문제 상황에 대한 자신의 해석과 반복적인 덧셈 전략을 사용하는 (나눗셈) 문제의 해결 방법을 자세하고 확실하게 주장하였다. 제나의 해결은 5명으로 이루어진 한 그룹이 필요한 샌드위치의 길이를 확인하고, 학급에서 5개의 그룹(25명의 학생) 모두에게 필요한 샌드위치 길이의 총합을 발견한 것을 포함한다. 계산에서 사소한 오류 $\left(18\frac{3}{4}+18\frac{3}{4}=33\frac{1}{2}\right)$로 인해 필요한 전체 샌드위치의 길이는 부정확해졌지만, 주어진 샌드위치보다 그녀의 답변이 더 크기 때문에(실제 필요한 길이보다 작을지라도) 그녀의 답변은 정답 여부에 영향을 미치지 않았다. 학급 전체에 필요한 샌드위치의 길이를 결정한 후에, 제나는 교사나 다른 학생들에게 그것을 명확하게 표현하기 전에, 그녀가 해결 전략에 대하여 반성을 했다는 증거를 제공하는 글을 썼다.

[그림 9.8 (b)]는 올해 첫 학기 동안 가르쳤던 수업인 'Fraction Times'에 제시된 문제에 대한 6학년 마크의 반응이다. 이 수업의 중점은 분수의 덧셈, 뺄셈, 곱셈, 나눗셈

(a)

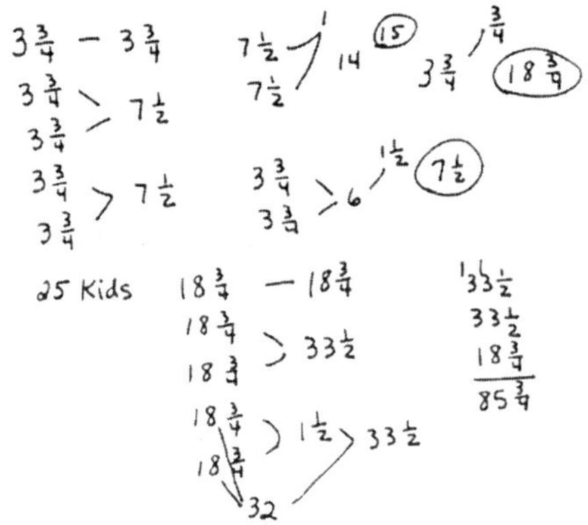

학급 학생은 25명이다. 학급을 다섯 그룹으로 나누었다. 그룹 각자에게 $3\frac{3}{4}$인치를 주니 전체 $18\frac{3}{4}$이 되었다. 이제 $18\frac{3}{4}$을 가지고 있는 그룹이 다섯 있다. 이 숫자들을 모두 더하여 전체 $85\frac{3}{4}$을 얻었다. 이 숫자는 78보다 크다. 아이들에게 $3\frac{3}{4}$인치의 샌드위치를 주기 위해서는 더 큰 샌드위치를 사야만 한다.

(b)

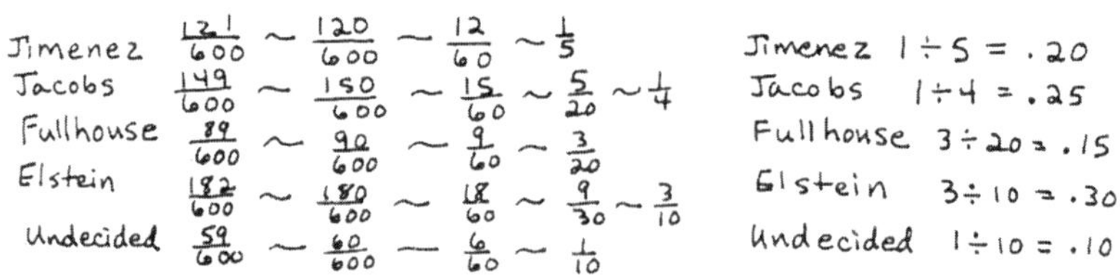

(c)

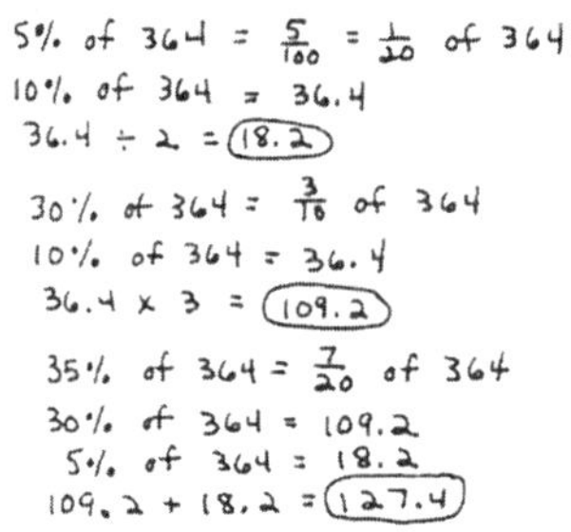

396의 61%＝
61%를 소수로 고친다.－ .61
그리고나서 396에 .61을 곱한다.
답은 241.56이다.
또한 기준분수를 이용하여 구할 수 있다.
첫째 396의 10%를 구하면 39.6이다.
그리고나서 39.6에 6을 곱하면 237.6이다.
그리고나서 1%를 더 찾는다.
396×.01을 계산하면 3.96이다.
3.96과 237.6을 함께 더한다.
답은 241.56이다.

[그림 9.8] 유리수를 포함한 문제에 대한 학생의 반응. (a) 제나의 반응. (b) 마르크의 반응. (c) 마리솔의 반응.

의 형식적인 방법과 분수, 백분율, 비율 그리고 소수들 사이의 관계이다. 이 문제는 'Fraction Times'의 신문사 직원들이 가장 유명한 시장 후보를 결정하는데 600명을 대상으로 설문조사를 했다고 하였다. 그다음 대안적인 표현으로 각 후보의 투표수의 비율을 학생들이 분수로 표현하도록 했다. 마크의 추측 전략은 마크가 수 감각이 발달되어 있음을 입증한다. 그는 10에 가장 가까워지도록 분자를 높이거나 내리는 것을 선택하였고 근사치가 간단해질 때까지 각 분수의 동치 분수를 썼다. 예를 들어 마크는 $\frac{182}{600}$를 $\frac{180}{600}$으로 한 다음, 동치분수로 $\frac{18}{60}, \frac{9}{30}, \frac{3}{10}$을 썼다. 그리고 나서 단순화된 각각의 분수는 소수 형태로 결과를 표현하였다. 마크는 자료로부터 직접적으로 사용된 분수(예, $\frac{182}{600}$)와 자료를 이해하여 근사치를 사용하는 것 간의 차이를 보였다. 또한 마크의 반응은 수에 대한 분수, 나눗셈 그리고 십진법 간의 관계에 대한 지식을 증명한다.

[그림 9.8 (c)]는 6학년 수준의 두 번째 수 단원인 'More or Less'에 제시된 문제에 대하여 6학년 마리솔의 반응을 타나낸다. 이 단원은 학생들에게 분수, 소수 그리고 백분율에 대한 지식을 확장하고 적용하는 기회를 제공하는 소매업 거래와 관련된 일상생활을 다룬다. 첫 번째 반응들은 학생들에게 표준 분수를 사용하여 계산하게 하는 일련의 8개의 문제들로부터 나온다. 각 계산에서 살펴보면, 마리솔은 백분율에 대한 동치 분수를 언급하였지만, 마리솔의 해결방법에는 백분율 계산 전략에 대한 지식이 포함되었다. 364의 5%를 계산할 때, 마리솔은 10%의 절반이 5%라는 사실에 근거한 전략을 이용하였다. 또한 그녀는 30%의 계산을 할 때에도 364의 10%에 3을 곱함으로써 10%을 사용하는 전략을 토대로 하였다. 마리솔은 364의 35%를 계산할 때, 35%를 30%와 5%로 나누고 이전 문제의 답을 시용하여 그 구성요소들의 총합으로 간단히 구하였다. 백분율을 활용하여 계산하는 마리솔의 유연성은 396의 61%를 구하는 데에서도 나타났다. 이 반응에서, 마리솔은 분명히 61%의 동치 소수 표현을 포함한 두 개의 다른 전략을 분명히 표현하였다: 396에 0.61을 곱해서 답을 구하는 한 단계 계산과 10%와 1% 전략의 결합을 사용한 다단계 계산. 이러한 반응들은 마리솔이 분수, 소수 그리고 백분율 사이를 구성하는 관계와 그러한 관계에 대한 지식을 적용하면서 얻은 계산의 유연성에 대한 증거를 제공한다.

시간이 지남에 따른 개별적인 학생들의 성장 평가에서 각 학생들에 대해 얻은 증거는 수학적 지식의 성장 관점에서 요약될 수 있다. 만약 사전에 제시된 증거가 시간이 지나면서 한 학생을 위해 모아왔다고 가정하자. 다음 질문들은 영역에서의 성장에 관한 생각을 제시한다.: "학생들은 영역 내 수학적 개념과 절차의 사용을 위한 다양한 접근 방법과 전략을 습득해왔는가?", "시간이 지나면서 학생들의 기호와 절차의 사용은 어떻게 변화되었나?", "어떤 상황에서 학생들은 비형식적 접근을 사용하는가?", "좀더 형식적인 기호와 절차는?, "영역 내에서 좀더 어려운 문제에 직면했을 때, 학생들이 의지할만한 견고한 비형식적 추론의 기초를 가지고 있는가?". 이런 일반적인 질문 목록은 특정 영역에 관한 좀더 구체적인 질문들로 보완될 수 있다. 유리수 개념들에 대한 관점에 대하여, 추가적인 질문에는 "학생들은 분수, 소수, 백분율 그리고 비율 간에 어떤 관계를 구성하는가?", "학생들이 문제를 해결하기 위해서 분수, 백분율 그리고 소수의 동치 표현을 어떻게 사용하는가?", "유리수가 포함된 문제를 표현하거나 해결할 때 어떤 수학적 도구나 전략을 사용하는가?", "학생들은 유리수가 포함된 문제 해결을 위해 사용된 추론을 분명하게 표현하는가?"가 포함되어 있다. 이러한 질문들은 후에 교사들이 학생들의 이해 성장에 대해 숙고할 수 있게 하고, 시간이 지나면서 수학적 지식의 성장에 대한 포괄적인 증거를 확립할 수 있다.

영역기반 평가의 실행에 있어 교사가 확인한 문제

이해를 수반한 학습을 하는 수업은 학생들의 좀더 활동적인 역할을 필요로 한다: 영역의 핵심적인 아이디어에 관한 전체 혹은 소집단 토의의 참여, 실제 혹은 가상적인 상황에서 문제를 해결하기 위한 자신만의 전략 발달, 그리고 자신만의 생각을 분명히 표현한 의사소통. 그러한 참여는 전통적인 수학교실에서 불가능했던 평가를 위한 다차원적인 기회를 제공한다. 이런 유용한 정보를 위해서, 평가는 좀더 탐색되어야 하고, 수집되어야 하며, 문서화되어야 한다. 단지 수업 과정을 확인하는 것에서부터 학생 개인의 수학 이해를 드러내는 방식의 발달로 이동하는, 평가의 이러한 변화는 전문성 신장이 요구되는 관점으로의 지속적인 이동을 나타낸다.

학생들의 이해를 기록하기 위해 영역 기반 접근법을 사용함으로써, 교사들의 생각은 단위 수업의 마지막에 기술을 습득하는 것에서부터 시간이 지나면서 이루어지는 개념의 발달하는 것으로 변화된다. 학생들이 다음 단원(때때로 학년 수준)으로 이동하기 전에 완벽한 개념을 습득할 필요가 없다라는 견해는 복잡한 딜레마를 제시한다:

> 실행자로서 당신은 항상 긴장을 하게 된다. 우리가 그것을 말하는 만큼, 우리는 항상 [개념의 습득]이 일어나기를 원한다. … 그러면 질문이 남게 된다. 내가 더 낫게 만들기 위해 할 수 있는 것인지 또는 해야 하는 것, 또는 "이것이 폭로이고 일어나는 것, 사건 그리고 다음 것을 위해 계속해야 하는 것이 있는가?" 우리가 말하는 이러한 것들 중의 단지 하나인가? 당신은 결코 그 선을 어디로 그려야 할지 알 수 없다. (Shafer, 1996, p.98)

이 교사의 반성은 이 주제(이해를 수반하여 수학이 학습되는 방법)에 언급된 특정

교육과정 방식 그리고 평가 기회를 계획할 때 특정 개념의 수업 순서(교육과정을 통해서)에 대한 숙고의 중요성을 나타낸다.

교육과정 내 영역에서 결합과 영역의 개념과 절차의 발달된 지식을 평가하는 문제의 특징은 영역 기반 교육과정을 실행하기 시작한 교사에게 쉽사리 명백해지지 않는다.

> 저절로 수업이 흐르는 동안, 나는 내가 연결성에 대해 알고 있다고 생각하지 못하고, 지금 또는 내년에는 아마 알게 될까… 그것들은 우리 모두에게 천천히 다가온다. 나는 아직도 매일 매일 고군분투하며 몰두해 있다. 그러나 나는 우리가 성장함으로써 그것이 좀더 분명해진다는 것을 안다. (Shafer, 1996, p.93)

교사 안내서에 열거되어 있는 내용은 충분하지 않지만, 교사들은 이해를 위한 수학을 가르치는 동안 이들의 연결성을 인식하게 되고, 수업하는 동안 연결 짓고, 특정 영역에서 학생들의 지식 성장을 평가하는 데 그 연결을 사용한다.

학생들의 수학적 아이디어와 그들이 사용하는 수학적 분석 사이의 관계에 대한 이해를 평가하기 위해서 좀더 형식적인 평가의 특징 또한 변해야 한다. 교사가 좀더 이해에 중점을 둘 때, 교사들은 각 평가 항목에 맞게 적용된 추론 수준에서의 차이점을 깨닫고 찾기 시작한다. 연결성과 분석을 위한 기회는 출판자 제공 자료에 제시되지 않으므로, 교사들은 좀더 복잡한 항목을 작성하게 된다.

평가의 변화에 따라, 교사는 새롭고 복잡한 상황에서 학생들의 능력을 평가하는 점수와 해석 항목의 좀더 어려운 과제에 직면한다: 학생들의 반응에서 기대되는 변화가 거의 없는 전통적인 수학과의 현저한 차이, 간단하게 사용된 점수화된 자료, 그리고 쉽게 결정되는 학년. 더 풍부하고 개방된 문제들(영역 기반 평가에서의 것과 같은)은 전통적인 평가에서 얻는 것보다 각 학생들의 기술과 개념에 관한 이해에 대하여 더 많은 정보를 가져온다. 결과적으로, 반응들은 (전통적인) 폐쇄형 문제나 맥락에서 설정되지 않은 문제들에 대한 반응보다 더 해석하기 어려울 수 있다. 이것을 더 복잡하게 만드는 것은 자신의 추론을 표현하는 학생들의 능력의 범위이다. 아마도 좋은 평가를 실행하는 데 가장 중요한 단계는 그들이 실제로 글로 쓰거나 말함으로써 의사소통하는 것을 이해하는 것뿐만 아니라, 그들이 의사소통하는 것의 의미를 이해함으로써 학생들의 반응을 이해하는 것이다.

> 자연적으로, 학생들은 어떻게 진행하는지 분명하게 의사소통할 수 있어야 하고, 그 자체로서 의사소통은 등급을 매길 때 고려되어야 한다. 그러나 그 반면 어떤 주

> 제에 통찰력을 갖는 것은 그것에 대해 의사소통할 수 있다는 것과 같지 않다. … 학생들의 이해 여부를 알아내는 것은 때때로 학생들이 서투른 말로 당황하는 것을 요구하는 것이 아님을 의미한다. (Van den Heuvel- Panhuizen, 1995, p. 85)

합리적인 답을 찾는 것은 또한 정확한 답을 찾는 것보다 적절하다. 이것은(합리적인 답을 찾는 것) 특정한 답이 무엇을 의미하는지 또는 학생들의 추론이 무엇인지(겉으로는 틀린 답으로 보이는) 결정하기 위한 학생들의 상태를 의미한다. 학생들의 반응을 해석하는 이 방법은 영역 내에서 각 학생들의 지식에 대한 더 많은 정보를 제공하는 것 이외에도 더 공평한 점수를 줄 수 있게 한다. 비록 부분점수를 위한 점수화된 자료와 포인트 과제가 등급 매기기보다 앞서 구성된다 하더라도, 학생들이 분석 활동을 하는 동안 분명히 나타나는 예상치 못했던 문제해석은 평가 과정의 범주에 추가되어야 한다.

영역 기반 평가를 실행할 때의 또 다른 문제는 비형식적 평가를 하는 동안 수집된 평가 정보에 대한 교사의 기억에 의존하는 것은 영역 내 단위 수업을 넘어서 교육과정 전 영역에 걸쳐 학생들의 지식에 대한 이해를 발달시키는데 한계가 있다는 것이다. 그러나 그런 정보가 기록된다면, 교사들은 학생들의 지식 성장을 평가할 때 그런 정보를 언급하고 반영하는데 유용할 뿐만 아니라 협력적인 토의 시 학부모나 다른 교사들과 공유하는데 유용하다. 서류(학급 명부에 기록하거나 포트폴리오에 체크리스트를 작성하거나)는 정보가 각 학생들을 위해 모아진 것이라는 것을 확신하는 것을 돕는다. 형식적 평가 결과가 비형식적 평가를 실시하는 동안 수집된 정보와 서로 맞물려 돌아가는 것을 보여줄 때, 학생들의 이해의 평가에 대한 확신은 강화된다(비형식적 교수 평가와 수집된 정보 문서의 심도 깊은 확인은 이 장의 마지막에 제시된 관련 자료 목록에 설명하고 있다).

마지막으로, 지지하고 손상시키지 않는 보고 체계인 새로운 평가 프로그램이 발달될 필요가 있다. 우리는 이해를 발달시키는 동안 학생들의 지식과 능력 그리고 발달과정에 대하여 획득하거나 기록된 다차원적인 증거를 신뢰할 수 있고 포괄적인 프로파일을 만들 수 있는 방법을 찾는 것이 필요할 것이다.

결론

이 장에서 우리는 이해를 수반하여 수학을 학습하는 학생들을 적절하게 평가하는 방법에 대해 좀더 자세히 살펴보았다. 이해의 중요한 인지적 활동들을 측정하는 방법을 찾는 것은 표준화된 검사를 통해 제공되는 기본적인 기술 습득과 암기 항목에서 측정하는 것보다 더 많은 것을 요구한다. 만약 우리가 수학적 이해가 가치 있다고 확신한다면, 우리는 그러한 이해가 어떤 의미를 나타내는지 보여줄 수 있는 방법을 설계하고 실행할 필요가 있다.

만약 학생들이 알고 있는 것을 진실로 이해하기를 원한다면, 평가 결과는 수집된 풍부한 정보를 보존하는 방법으로 학생, 학부모 그리고 다른 교사들에게 이해하기 쉬운 형태로 제공되어야 한다. 만약 이러한 정보가 단일 학년이나 수량적 점수로 나타난다면, 전통적인 시험(그리고 교수법)을 이해의 깊이와 관련된 다양한 수단으로 바꾸는 것보다 더 나을 바 없다.

교사들이 특정한 시점에서 영역 내에 학생의 지식에 대한 구체적인 증거를 기록하고 학생의 지식 성장 평가를 기록함으로써, 더욱 포괄적인 개별 그리고 그룹별 학습 프로파일, 성취도, 인지 과정, 이해들이 개발될 수 있다. 그러한 프로파일들은 각 학생들의 성과와 성장에 대한 기록과 국가별 성취도의 면밀한 면을 제공할 뿐만 아니라, 각 학생을 위한 미래 교수법적인 결정에 기초를 둔, 전사나 표준화된 점수보다 훨씬 풍부한 정보원을 제공할 수 있다.

이 장에서는 하나의 가능한 평가 프로그램을 조사하였고, 프로그램의 실행에 있어서 문제점과 가능성에 대하여 지적하였다. 우리가 설명한 프로그램은 단지 모델이지만, 시작이다. 이해를 촉진시키는 교실을 지향할 때, 우리는 점점 급속도로 빠르게 변화하는 기술적 변화의 다음 10년의 관점에서, 수학의 능숙함으로써 가치 있는 것들(수학적 이해 또는 공식이나 절차의 단순 암기)에 대해 재고하고, 우리가 '성취'를 어떻게 측정하고 기록하는지에 대해 재수정해야 할 필요가 있다.

참고문헌

Dekker, T. (1997). *Enquiry project: Assessing Realistic Mathematics Education.* Unpublished manuscript, University of Utrecht, The Netherlands.

Shafer, M. C. (1996). *Assessment of student growth in a mathematical domain over time.* Unpublished doctoral dissertation, University of Wisconsin-Madison.

van den Heuvel-Panhuizen, M. (1995). *Developing assessment problems on percentage: An example of developmental research on assessment conducted within the Mathematics in Context project along the lines of Realistic Mathematics Education.* Unpublished manuscript, University of Utrecht, The Netherlands.

더 읽을거리

Greeno, J. G. (1991). Number sense as situated knowing in a conceptual domain. *Journal for Research in Mathematics Education,* 22(3), 170-218.

National Center for Research in Mathematical Sciences Education & Freudenthal Institute (Eds.). (1997-1998). *Mathematics in context.* Chicago: Encyclopaedia. Britannica.

Romberg, T. A. (Ed.). (1995). *Reform in school mathematics and authentic assessment.* Albany: State University of New York Press.

제10장

이해를 촉진하는 교실 만들기

Elizabeth Fennema
University of Wisconsin-Madison
Judith Sowder
San Diego State University
Thomas P. Carpenter
university of Wisconsin-Madison

앞 장에서 기술되었던 교실, 즉 교사와 연구자가 긴 기간 동안 함께 연구하면서 기술했던 교실은 이해를 촉진하는 교실이 존재할 수 있고 존재한다는 증거를 제공한다. 이러한 교실은 전통적인 교실과 상당히 다르며, 이곳에서 공부했던 학생들은 수학을 이해하게 되었다(학생 이해에 관한 더 많은 정보를 원한다면 각 장마다 제시되어 있는 읽기 목록을 보아라). 그러한 교실이 존재할 수 있다는 증거에도 불구하고 여전히 중요한 질문이 남아 있다: 모든 학생들이 이해를 통한 학습을 할 수 있는 기회를 가지도록 하는 교실을 더 많이 개발시킬 수 있는 방법은 무엇인가? 이 장의 목적은 그러한 방법을 강조하는 것이다.

반복

이해되어야 하는 수학

사소하고 쓸모없는 수학을 학습하거나 이해하는 것은 아무런 의미가 없다. 이 책의 처음부터 끝까지 우리의 관심은 학생들의 이해를 통한 학습뿐만 아니라, 학생들이 이해할만한 가치가 있는 수학 학습의 사례를 제시하는 것이었다. 이해할만한 가치가 있는 수학의 정의는 20세기 동안 일반적으로 가르쳐왔던 것과는 다르며 더욱 복잡하다. 관심 영역이 일반적인 것(범자연수, 분수, 기하 등)처럼 보이더라도, 이 책에서 제시된 다양한 수업 사례는 이러한 영역의 상당 부분이 수학적 규칙과 절차뿐만 아니라 내부적으로나 서로 간에 관련이 있는 과정과 개념으로 재정의되어 왔음을 명확히 하였다.

학생들이 생각하고, 이해하고, 자신의 이해를 명백하게 하는 방식 또한 학교수학의 정의에 포함된다. 예를 들면, 제4장의 카펜더 외의 프로그램 중 하나인 CGI에서는 범자연수의 덧셈과 뺄셈이 관련된 두 연산으로서 표현되지 않고, 성인들이 전통적인 덧셈이나 뺄셈 절차를 사용하여 해결했을 법한 구조적으로 다른 문장제의 분류로 조직화된다. 비록 학생들이 그 문제들을 자신이 발견한 방법으로 해결하더라도, 그 방법은 문장제의 분류와 관련하여 눈에 띌 만한 유사점을 가진다. 따라서 학생들의 사고는 초등학교 교육과정의 덧셈과 뺄셈의 정의에서 분명하게 드러난다. 수학적 이해를 촉진하는 교실에서 학생들의 사고는 수학 교육과정에 없어서는 안 될 부분이다.

학생들에세 수학을 전하는 과제들은 통합되고 창조 가능한 수학을 보여준다. 수업을 위해 수학은 학생 스스로의 수학화와 해결 절차의 창조를 요구하는 문제 맥락 속에서 제시된다. 학생들이 다양한 문제해결에 참여함에 따라, 그들은 동시에 기본적인 기능, 개념, 수학적 활동에 참여하는 방법을 배우게 된다.

학생들의 정신 활동

학생들이 이해를 통한 학습을 하고 있는 교실에서, 수업은 학생들이 실행할 절차를 명확하고 정밀하게 설명하고 있지 않다. 대신에 이해는 학생들이 우리가 중요하다고 여긴 다양한 정신 활동에 참여함으로써 각자에 의해 구성된 것이다: 문제해결방법에 대한 반성을 통해 수학적 아이디어들 사이의 관계를 활발하게 구성하는 것, 새로운 해결방법을 이전부터 알려져 왔던 것과 관련시킴으로써 지식을 확장해나가는 것, 그들이 탐구하고 있는 수학에 관한 생각을 분명하게 표현하는 것. 이러한 활동에 참여함으로써 각 학습자들은 자신이 구성한 수학적 지식에 대한 소유의식을 띄게 된다.

비록 각 정신 활동이 분리되어 기술되었지만, 실제로 그들은 분리되었다기보다는 통합된 것이다. 그러한 관계에 대해 생각하거나 **반성**하는 것 없이 **관계를 구성**하는 것은 어렵다. 문제가 어떻게 해결되었는지를 기술하는 것(또는 **명확히 표현**하는 것)은 무엇이 이루어졌는지에 관해 생각하는 것(또는 반성하는 것)을 필요로 하기 때문에 명확한 표현은 반성을 촉진한다. 이러한 정신 활동은 개인적인 것이기 때문에 발달된 이해는 학습자의 것이 된다. 그래서 완전한 순환에 이를 수 있다: 이해는 학습자에 의해 구성되고, 반성되고, 명확히 표현되며 그 결과로 인한 지식은 그들의 것이다.

학교 교육과정

학생들은 범자연수에 대한 풍부한 이해와 공간에 대한 비형식적 지식을 가지고 학교에 입학한다. 학교 밖 환경은 학령기의 학생들에게 수학적인 경험을 계속적으로 제공하지만, 학교 밖의 경험으로부터 얻은 지식은 제한적이며 학습에 대한 예비적인 기초만을 제공한다. 이러한 한계로 인해 현대 사회의 필수적인 기능인 수학에 대한 풍부한 이해는 거의 항상 형식적인 학교 교육을 통해 발달된다. 따라서 수학 학습에 필요한 경험을 제공하기 위해 학교수학 프로그램(관련 과정에 의해 도움받고 지원되는)을 시작하게 된다. 비록 모든 학생들이 수학을 배우기 위해 학교에 기초한 경험에 의존한다 하더라도, 전통적으로 낮은 성취를 보이는 학생들은 전형적으로 학교 밖의 풍부한 수학적 환경을 접하지 못했기 때문에 이해를 통한 수학 학습을 할 수 있는 교육과정을 제공하는 교실에 훨씬 더 의존적이다.

규준(NCTM, 1989)은 오늘날 이용할 수 있는 이해를 촉진하는 교육과정에 대한 기술을 완벽하게 제공해왔으므로, 이 장에서 또 다른 기술을 제공할 필요는 없다. 그러나 우리가 강조하고 싶은 중요한 교육과정 요소가 약간 있다.

수학교육의 목표가 모든 학생들에 의한 이해의 발달이 되어야 하므로, 교육과정의 대부분은 학생들에게 문제상황을 제공하는 과제들로 구성되어야 한다. 이러한 주장을 뒷받침하는 이유는 두 가지가 있다. 첫째, 배울 가치가 있는 수학은 문제해결 과제에 가장 밀접하게 제시되어 있다는 것이다. 둘째, 학생들은 그들이 문제상황 속에서 수학에 직면했을 때, 이해를 발전시키는데 필요한 정신적인 활동에 더 참여하는 경향이 있다는 것이다.

수학을 배우기 위해 학생들이 수행하는 과제는 학생들과 관련이 있어야 하고, 문제를 확인하고 자신만의 해결방법을 찾을 수 있는 상황에 각 학생들을 참여하도록 해야 한다. 과제를 수행하는 것에 포함된 수학은 교육과정의 다른 수학적 아이디어와 관련되어야 하고, 모델 형성을 이끌어야 하며, 탐구와 정당화를 요구해야 한다.

이전 장에서 학습자들이 참여했던 몇 가지 과제를 생각해보자. 카펜더 외(이 책의 제4장)에서, 학생들은 문장제를 해결하기 위하여 자신만의 알고리즘을 구성하였다. 스위더(이 책의 제6장)에서 학생들은 분수의 나눗셈을 가지고 학습했다. 레허러 외(이 책의 제5장)에서 학생들은 기하학적 아이디어, 특히 학생들을 퀼트 패턴(quilt pattern)의 학습으로 이끌었던 삼각형에 대한 개념을 탐구하는 것을 기술했다. 라조이에(이 책의 제7장)는 학생들이 기온의 산점도를 구성하기 위해 컴퓨터 데이터베이스를 사용한 것을 기록했다. 카풋(이 책의 제8장)의 사례 중 하나에서 학생들은 식물의 높이와 높이 변화율의 변화를 비교하면서 함수를 학습했다. 이러한 과제들은 과제의 복잡성, 완수하는 데 필요한 시간의 양, 그것들이 놓여 있는 수학적 영역, 사용되도록 선택된 도구, 사용된 표현(기호나 단어)에 있어서 상당히 다양하다. 그러나 각각의 경우에서 과제들은 문제 상황에 놓여 있었으며, 학생들은 이해를 이끄는 복잡한 정신 활동에 참여했다.

교실의 규범적 관행

규범적 관행은 모든 교실의 방식이며, 어떤 규범은 이해를 촉진하는 교실을 위해 특히 중요하다. 그러한 규범 중 하나는 수학을 학습하고 실행하는 중요한 특성으로써 이해를 확립하는 것이다. 이 규범이 확고하게 확립될 때, 부분적으로 학생들은 교사에게서 그 중요성을 알아차리기 때문에 이해를 얻으려는 성향을 발달시키며, 이해는 그들에게 중요한 것이 된다. 학생들에게 기대되는 또 다른 교실 규범은 문제해결방법이나 사고의 명확한 표현이다. 사고가 명확히 표현될 때, 사고 패턴은 서로 영향을 주며 발달한다. 사고는 학생들이 문제와 문제를 해결하기 위해 사용한 전략들을 반성하지 않는 한 명확하게 표현될 수 없다: 명확한 표현은 다시 반성을 증진시키며 그것은 이해를 이끈다. 학생들은 그들의 전략을 공유하는 것을 명확히 표현하도록 배우며, 수학에 관한 담화는 일상적인 것이 된다. 특히 담화와 공유에 대한 풍부한 사례는 카펜더 외, 카풋, 라조이에(이 책의 제4, 7, 8장)에 이미 기술되었다.

교사와 이해 개발

비록 교사와 연구자들이 앞서 기술했던 교실을 만드는데 협력했더라도, 교사들이 온 나라에 걸쳐 비슷한 교실을 구축하기 위해 중요한 책임을 가지고 있다는 것은 명백하다. 그들은 교실에서 매일 매일 무엇을 해야 할지 결정하는 사람이다. 비록 과도한 제약이 존재하더라도, 수업 활동에 관한 최종 결정은 교사에 의해 이루어진다. 이 절에서 우리는 이해를 촉진하는 교실을 구축하는 데 있어 교사의 책임에 주목한다. 그 다음 교사들이 수업과 학생들의 사고에 관한 그들만의 이해를 발달시키도록 돕는 한 전문성 신장 프로그램을 검토한다. 교사들의 책임에 관한 검토는 교사의 역할을 정의하게 한다.

교사의 책임

이해를 통한 학습을 촉진하는 교실 규범의 확립 교사의 학급 운영 기술이 다양한 만큼 학생 집단 또한 해마다 다양하기 때문에, 교사에게 이해를 촉진하기 위해 어떻게 교실 규범을 확립하는지 알려주는 처방을 적는 것은 불가능하다. 그러나 학생들의 학습이 지속적으로 평가되고 있는 것처럼, 나타난 규범들이 학생들이 문제해결에 참여하고 반성하며 자신의 사고를 명확하게 표현하도록 할 수 있는지를 확실히 하기 위해 교사들 또한 지속적으로 교실 규범을 평가할 필요가 있다.

이해를 이끄는 과제의 선택 과제는 수학을 수행하게 하고 문제해결, 반성, 명확한 표현을 위한 기회를 제공한다. 과제는 학습할 가치가 있는 수학에 포함되어 있어야 하고 한 영역에 대한 풍부한 이해를 이끄는 일관된 환경으로 조직되어야 한다. 교사들은 학생들을 위해 적합한 과제를 선택해야 할 뿐만 아니라, 문제를 해결하고 이해를 발달시킬 수 있는 적절한 도구를 학생들에게 제공해야 한다. 도구에는 매우 단순한 산가지에서부터 종이와 연필, 복잡한 컴퓨터 프로그램까지 포함할 수 있다.

평등에 대한 관심의 의도적 결합 모든 학생들이 이해를 통한 학습을 확실하게 하도록 하는 것은, 개별적으로 참여하는 동시에 교실 활동과 학습에서 서로 다른 참여를 이끌게 되는 그룹의 차이를 아는 것을 포함한다. 그룹의 차이는 각 과제가 속해 있는 맥락(이 책의 제3장에서 세카다와 베르만에 의해 기술된 것처럼), 적절한 사회문화적 규범(담화에서 다른 사람의 사고에 도전하거나 도전하지 않는 것과 같은), 경쟁의 정도(예, 여학생들은 경쟁하기를 주저하나, 남학생들은 협동적으로 학습하는 것을 꺼려할지도 모른다)와 관련이 있다. 학습자 그룹에 관한 교수법적인 결정들을 위한 간단한 지침은 없다. 그러나 이 책에 상세히 기술된 정신적 활동은 매우 다양한 환경에서 촉진될 수 있으며, 세심한 교사들은 모든 학습자들이 그러한 정신적 활동에 참여할 수 있도록 과제와 규범을 적용할 수 있다.

이해가 지속적으로 개발되는 것을 확실히 하기 위한 학생 이해의 장·단기 평가 평가는 적어도 두 가지 이유에서 실시된다: 첫째, 교사들에게 학생들의 이해 발달에 과제와 교실 구조가 효과적이었는지를 알게 하기 위해 둘째, 학생들이 자신의 이해를 측정할 수 있도록 하기 위해.

평가는 형식적으로 시험을 통해 할 수 있고, 비형식적으로 학생들이 자신의 사고를 명확히 표현하고 공유할 때 할 수 있다. 이해를 촉진하는 교실은 비형식적 평가에 상당히 의존한다. 이해를 평가하는 것은 절대로 쉬운 것이 아니며, 보통 수많은 근거로부터 나온 지식의 결합을 필요로 한다: 구두 보고 또는 논의, 학생이 작성한 일지, 매일의 숙제, 형식적인 시험. 그러나 학생들이 각각의 평가가 암기가 아닌 이해를 강조한다는 것을 알게 될 때, 그들은 이해에 관해 더 많이 알게 될 것이고 이해하기 위해 더 많은 노력을 발휘할 것이다.

결국, 이해를 촉진하는 교실에서 교사의 역할은 때로는 매우 활발하게, 평소에는 거의 수동적으로, 이것들을 잘 조합하는 것이다. 교사는 이해의 분위기를 촉진하는 규범이 있는 교실을 확립하는 데에, 각 학생들에게 적합하며 그들의 이해를 성장하게 할 중요한 수학이 통합된 과제를 선택하는 데에, 각 학생들의 성장을 평가하는 데에, 모든 학생들이 이해를 수반한 수학 학습을 할 수 있도록 확실히 하는 데에 적극적이어야 한다. 그러나 때때로 교사는 수동적이어야 하고 학생들이 문제해결과정에서 혼자서 또는 다른 학생들과 고군분투하도록 놓아두어야 한다. 학생들이 잘못된 방향으로 향하는 것으로 보일 때 교사의 역할을 억제하지만, 교사 역할의 최선은 학생들이 무엇을 하고 있는지 듣고 학생들이 성공적인 문제해결로 가는 자신만의 길을 찾도록 질문하는 일일 것이다. 그러나 때로는 현명한 교사의 역할은 적극적이고, 학생들을 해결방법으로 이끄는 것이다. 세심한 교사는 언제 수동적이어야 하는지 언제 적극적으로 도와줘야 하는지를 안다. 교사들은 목표가 언제나 학생들이 자신의 이해를 향상시키도록 하는 것이라는 것을 항상 기억할 필요가 있다.

교사의 지식

교사의 교수법적 결정에 가장 중요한 영향을 미치는 것 중 하나는 수학과 학생들의 수학적 사고에 관한 지식이다. 이러한 두 종류의 지식은 서로 얽혀 있으며, 지식이 학생들에게 미치는 영향은 이 책에서 기술되었던 교실에 스며들어 있다. 각 사례에서 교사들은 수학적 지식을 가지고 있었으며 학생들의 사고를 이해하고 있었다.

2학년 학생들이 삼각형에 대한 수학적 정의를 끌어내도록 이끈 커티스의 사례(레허러 외, 이 책의 제5장)를 살펴보자. 커티스 선생님이 학생들의 긴 토론을 이끌었을 때, 그녀의 수학과 학생들의 사고에 관한 지식은 수업에서 발생한 복잡한 상호작용에서 분명히 나타났다. 그녀가 삼각형의 수학적 정의는 세 변과 세 각을 가진 다각형(또는 선분에 의해 연결된 한 직선 위에 있지 않은 세 점의 집합) 이상을 포함한다는 것을 알았다는 것은 수업 사례의 아주 초반에서부터 명백하다. 그녀는 또한 삼각형에 대한 학생들의 이전 지식의 대부분은 아마도 세 개의 똑같은 선분과 세 개의 똑같은 각을 가진 삼각형(즉, 정삼각형)에 제한되어 있을 것이라는 것을 예상했다.

감각적인 질문을 통해, 커티스 선생님은 학생들이 직선(곡선보다는)과 같이 관련된 특징을 확인하고 방향과 같이 관련성이 없는 것을 무시하는 방향으로 학생들을 이끌었다. 그녀는 학생들을 특성에 의해 정의된 삼각형 분류에 관해 추론하도록 이끌었다. 그녀는 일부 학생들의 미숙한 아이디어를 인식했고 삼각형에 대한 더욱 성숙한 아이디어를 개발될 수 있도록 기본 요소로서 미숙한 아이디어를 다루었다. 또한 이것이 고립된 과제가 아니라 수업에서 진행되는 흐름에 포함되어 있는 것이라는 것에 주목해야 한다(일관된 교육과정을 만들기 위한 과제의 선택에 관한 롬버그와 카풋의 논의(이 책의 제1장)를 고려해보라). 남은 학년 동안 그녀는 지속적으로 삼각형을 기반으로 한 그물 학습하기, 퀼트 만들기, 삼각형으로 입체도형 만들기와 같은 과제를 제공했다.

사우더와 필립(이 책의 제6장)이 보고한 Ms. A의 사례에서 수학과 학생들의 사고에 관한 교사의 지식의 통합이 잘 표현된다. 학생들에 대한 교사의 지식은 그녀가 학생들의 사고를 드러내는 대답을 이끌어내기 위해 던진 사려 깊은 질문에서 볼 수 있다. 수학에 대한 그녀의 지식은, 특히 그녀가 자신의 학생들을 분수 문제에 포함된 표준 단위에 대한 이해로 조심스럽게 이끌 때 두드러졌다(완전한 논의를 위해 이 책의 제6장, 사우더와 필립을 보라).

교사의 전문성 신장

이전 장에서 기술되었던 교실의 교사들은 수학과 학생들의 사고에 대한 통합된 지식을 이 책의 범위를 넘어 다양한 방식으로 얻었다. 많은 사례에서, 교사들은 세미나로 구성된 전문성 신장 프로그램에 참여하였다. 그 프로그램에서는 수학과 특정한 수학 영역 내에서의 학생들의 사고에 관한 연구에 기반을 둔 정보들이 논의되었다. 세미나 참석과 동시에, 교사들은 학생들에게 문제해결을 요구하고 학생들에게 문제해결방법을 발견하고 발표하게 하는 수업 과제를 선택했다. 학생들의 사고에 관한 교사들의 늘어난 지식을 이끄는 세미나에서 교사들은 이러한 해결방법을 논의했다.

이러한 프로그램 중 하나인 사우더와 필립(이 책의 제6장)의 전문성 신장 프로그램을 생각해보자. 이 프로그램에서 중학교 교사들은 2년 이상 세미나에서 정기적으로 만났다. 그 세미나의 목적은 교사들에게 동료 및 수학교육학자와 함께 수학적 아이디어에 관한 개방적이고 반성적인 논의를 할 수 있는 기회를 제공하는 것이었다. 이 세미나 기간 동안 수학적, 교수학적으로 고려할 사항에 대한 많은 논의가 있었고, 이러한 논의 중 두 개의 사례가 아래와 같이 제시된다.

▍사례 1 첫 해의 중간쯤, 한 교사는 나눗셈 문제에 대한 학생의 답에 관한 질문을 세미나 그룹에 가지고 왔고, 그 그룹은 몫과 나머지의 의미를 논의하였다. 아래의 대화에서 교사(T1)는 $37 \div 5$는 몫이 7, 나머지가 $\frac{2}{5}$라고 말한 학생에 관해 그룹에게 말했다. 아래의 논의에서 교사는 연구자 대표의 도움으로 $7\frac{2}{5}$와 7 나머지 $\frac{2}{5}$ 사이의 차이를 이해하려고 고군분투했다.

T1: 저는 7 나머지가 2가 나올 것이라고 기대했었지만, 7 나머지 $\frac{2}{5}$도 정답이라는 것을 알았어요. 하지만 왜 그런지 확실히 모르겠어요. 그 학생에게 그게 정답이라는 것을 설명하기가 어려웠어요.

대표: 7 나머지 2와 7 나머지 $\frac{2}{5}$는 같은 건가요? 그렇다면 $35\frac{1}{2} \div 5$는 7 나머지 $\frac{1}{2}$이 맞나요?

T1: 네.

T2: 그러나 그것은 나머지가 아니에요.

T3: 하지만 사고과정은 맞아요.

대표: 7 나머지 2, 7 나머지 $\frac{2}{5}$, $7\frac{2}{5}$ 사이의 차이와 이들의 의미에 관해 이야기해 보죠. 이것들은 모두 맞는 답일까요? 아닐까요?

T1: $37 \div 5 = 7\frac{2}{5}$에요. 이것은 7 나머지 $\frac{2}{5}$와 같은 것 아닌가요?

대표: 그래요? $7\frac{2}{5}$는 수에요. 그것은 양이죠. 그것은 답이에요. 만약 당신이 7 나머지 $\frac{2}{5}$라고 말한다면, 그것은 같은 것을 의미하나요? 만약 내가 5그룹에게 7개씩 나눠주고 2개가 남았다면, 나는 그 2를 나눠서 그들에게 나눠줄까요? 만약 내가 그렇게 한다면 답은 $7\frac{2}{5}$에요. 아니면 그 2를 따로 두고 분배하는 상황의 일부로 고려하지 않는다면? 그러면 답은 7, 나머지 2가 되요.

T1: 그러나 실제 답은, 즉 정답은 7과 5의 $\frac{2}{5}$가 될 거예요. 왜냐하면 5의 $\frac{2}{5}$는 2가 될 것이니까요. 이것은 처음으로 학생이 내게 와서 내가 이렇게 했다고 말한 거였어요. 저는 먼저 그것에 관해 생각해야 했어요. "네가 맞아. 좋아, 그렇게 하도록 할께"라고 말할 마음이 들었어요.

T3: 책에는 "나머지가 2"라고 답이 나와 있기 때문에 정말 이것과 이것이 의미하는 것에 관해 생각해야 해요. 그리고 나머지가 다른 방식으로 표현되는 문장제는 학생들이 이해하기 어려워요. 책은 무엇이 나머지를 적는 가장 적절한 방법인지 그리고 맥락에서 그것이 의미하는 것이 무엇인지를 결정할 수 있도록 충분한 예를 제공하지 않아요. 지금 그것에 관해 생각하면서, 나는 그것에 매우 다르게 접근하고 있어요.

그 논의는 그 날의 시간이 끝나기 전에 다른 사례들을 살펴보면서 몇 분 동안 더 지속되었다.

이 사례는 카펜더와 레허러(이 책의 제2장)에 의해 논의되었던 다섯 가지 형태의 정신적 활동의 일부를 강조한다. 정신적 활동의 하나인 수학적 경험에 대해 반성하기는 학습에서 활동과 사고의 역할을 의식적으로 검토할 것을 요구한다. 교사들은 그들이 배우고 있는 것을 반성하고 있었으며, 그들의 반성은 학습자로서 이 과제를 이해하려고 노력하는 것 이상으로 발전해갔다; 그들은 또한 학생들이 어떻게 이 과제를 이해하는지를 반성하고 있었다.

제2장에서 정신적 활동의 하나인 자신만의 수학적 지식 만들기를 기술하면서, 카펜더와 레허러는 학습자들이 이해하려고 노력함으로써 스스로 자신의 학습에 대한 책임감을 가질 필요가 있음을 인식하였다. 이 교사들은 이 과제가 교사들 중 한 교사에 의해 제기된 질문에 의해 발생하였기 때문에 개인적으로 이 과제에 투자하였다. 교사들은 단순히 대표의 말을 듣는 것으로 학습하는 것이 아니라, 그룹 대표와 서로에게 질문을 하면서 자신의 학습에 대한 책임감을 갖게 되었다. 또한 자신만의 수학적 지식 만들기는 학습자가 지식은 서서히 발전한다는 태도를 취해야 한다는 것을 의미한다. 이 개념은 학생들에게만 적용되는 것은 아니다; 연구자 대표는 이러한 태도로 교사들과의 모든 상호작용에 접근했다. 이 관점은 대표가 몇 달 후에 세미나의 기록을 검토하는 동안 사례 1에서 제기된 문제가 교사들에 의해 충분히 해결되지 못하였으므로 그 주제는 다시 살펴볼 필요가 있다는 것을 인식하도록 이끌었다.

▌사례 2 그 이듬해, 사례 1과 같은 문제가 제시되었지만, 다음과 같이 좀더 확장되었다.

37 ÷ 5를 가지고 문장제 문제를 만드시오.
답이 7인 경우;
답이 8인 경우;

답이 2인 경우;

답이 7인 경우;

답이 7.4인 경우;

답이 7 나머지 2인 경우.

여기에 인용된 논의의 첫 번째 부분은 $37 \div 5$의 답이 $7\frac{2}{5}$인 문장제 만들기에 초점이 맞추어졌다.

T4: 나누는 것으로 파이를 할까 해요. 우리는 모두 합해서 얼마만큼의 파이를 먹게 될까요? 만약 파이 하나를 5명의 사람이 나눠먹을 수 있고 교실에는 37명의 사람이 있다면, 우리는 얼마만큼의 파이가 필요할까요?

T5: 리본 37인치가 있어요. 우리는 나비넥타이 5개가 필요해요. 각각의 나비넥타이의 길이는 얼마나 될 수 있을까요? $7\frac{2}{5}$인치 길이의 나비넥타이가 없으므로, 여전히 좋은 문제는 아니에요. 그것은 나비넥타이를 만들만큼 길지 않아요.

T3: 만약 그 아이디어가 37야드의 원단을 가지고 가장 긴 치마를 얻는 것이고라고 해 봅시다. 각각의 사람이 스커트를 만들기 위해 사용할 수 있는 최대한의 원단은 얼마인가요?

대표: 아이들이 포함된 이전의 문제 상황을 $7\frac{2}{5}$에 적용하지 않는 이유는 무엇이죠?

T3: 아이들은 반으로 자를 수 없어요.

T5: 사람의 $\frac{2}{5}$는 생각할 수 없어요.

세미나 후반부에서, 그룹은 답이 7, 나머지 2인 문제를 논의했다. 이것은 $37 \div 5$에 대한 답으로 가장 흔하게 제시되는 것이나 맥락 안에서 해석하기가 가장 어려운 것이다. 이 부분에 관한 논의에서 교사들은 이전 세미나에서 나온 문제로 되돌아갔다.

대표: 그래서 언제 답이 7 나머지 2가 되나요?

T5: 37명의 어린이와 5대의 버스가 있는 버스 문제와 비슷하게 할 수 있을 거 같아요. 7 나머지 2, 몇 명이 남을까요?

대표: 하지만 그러면 답은 2만 되는 거 아닌가요?

T4: 그러나 나눗셈에 대해 말할 때, 얻게 되는 가장 흔한 답은 7 나머지 2일 거예요. 선생님들은 그 답을 더 자주 듣게 되는데 그것이 우리가 학생들에

게 그렇게 말하라고 가르치는 방법이거든요.

T5: 계산기를 사용하고 있지 않으면요. 아마도 학생들이 계산기를 가지고 있는 지금은 흔한 것이 아니에요.

대표: $7\frac{2}{5}$와 7 나머지 2의 차이는 무엇일까요? 제가 그것을 맥락 안에 넣어볼게요. 우리에게 37개의 쿠키가 있어요. 그것을 5명의 여학생에게 나눠주려고 해요. 이때 답이 7 나머지 2라고 또는 $7\frac{2}{5}$라고 말할 수 있어요. 그 차이는 무엇일까요?

T3: $\frac{2}{5}$의 경우는, 남은 것을 여학생들에게 쪼개어 나누어 주는 것이에요. 나머지 2를 가지는 경우는, 나머지 2를 교사를 위해 그냥 남겨주는 것을 의미해요.

대표: 그러면 $7\frac{2}{5}$의 경우에 7이 의미하는 것을 말해보세요.

T5: 그 경우에 5는 37을 몇 부분으로 분배하려고 하는지를 의미해요. 그것은 조각의 수에요. 그리고 그것을 7번 분배할 수 있는 것이죠.

대표: 나머지 2는 분배되었나요? 아니면 아닌가요?

T5: 나머지는 첫 번째 경우(7 나머지 2)에서는 분배되지 않았지만 $7\frac{2}{5}$에서는 분배되었어요.

대표: 그래서 두 번째 경우에 이 7과 $\frac{2}{5}$, 그것들은 ….

T4: 여학생 모두 $7\frac{2}{5}$를 얻어요.

대표: T1, 당신은 지난해에 우리가 이것에 대해 논의했던 것을 기억하나요? 우리는 $37 \div 5$에 대한 답을 7 나머지 $\frac{2}{5}$로 쓸 수 있는지에 대해 이야기했었어요.

T1: 하지만 $\frac{2}{5}$는 몫의 일부이지 나머지가 아니에요. 만약에 7 나머지 $\frac{2}{5}$라고 말한다면, 각 사람은 7개의 쿠키를 갖고 $\frac{2}{5}$개만큼의 쿠키가 남게 된다는 거예요. 그런데 2개의 쿠키가 남아 있어요. 왜 그렇죠? 제가 전에 뭐라고 말했었죠?

이 시점에서 우리는 교사들이 $37 \div 5$의 답으로 $7\frac{2}{5}$, 7 나머지 2, 7 나머지 $\frac{2}{5}$를 이해하고 명확하게 구별할 수 있다고 결론지을 수 있었다. 그러나 수학적 경험에 대해 반성하기와 관련된 정신적 활동을 논의할 때, 카펜더와 레허러는 모든 관계가 동등하게 생산적이지는 않으며, 이해를 통한 학습은 중요한 원리를 반성하는 관계를 발전시키는 것을 포함한다고 지적했다.

이 사례에서 중요한 원리는 무엇이었는가? 대표의 입장에서 볼 때 세 가지가 있었다. 첫째, 대표는 교사들이 나눗셈의 다른 의미를 이해하려고 노력하기 원했다. 둘째, 대표는 교사들이 곱셈과 나눗셈을 하는 동안 단위가 어떻게 작용하는지 잘 생각하기 원했다 셋째, 대표는 맥락을 제공하는 것이 교사와 학생들이 이러한 과제들을 통해 학습하면서 유용하게 찾을 수 있는 추론을 하는 데에 주는 효과를 인식하기 원했다. 카펜더와 레허러는 제2장에서 명확한 표현은 활동의 중요한 아이디어를 끄집어내어 사고의 대상이 되도록 하기 위해 반성을 필요로 한다고 언급했다. 대표의 세 가지 원리는 중요한 아이디어였으며, 이 시점에서 대표는 세 가지 원리를 명확히 함으로써 교사를 도와주기 원했다.

그래서 대표는 나눗셈의 의미로 화제를 돌렸다. 이전 세미나는 모든 사칙연산의 의미에 초점을 두었다. 나눗셈의 경우에 두 가지 의미가 논의되었다: 분할 또는 분배(예, 12개의 사탕을 3명의 어린이에게 나누어 주는 상황에서 각각의 어린이가 받게 되는 사탕의 수); 측정 또는 동수누감(예, 12개의 사탕을 각각의 어린이가 3개씩 받도록 나눠주는 상황에서 사탕을 받는 어린이의 수, 즉 12에서 3을 몇 번 뺄 수 있는가?). 다음 대화에서 제시되는 새로운 요소는 이러한 두 가지 유형에서의 나머지에 대한 의미였다.

대표: 나눗셈의 의미에 관해 생각해 볼 때, 이것은 측정과 분배 중 어느 것에 해당하나요? 37개의 쿠키를 5명이 나누어 먹는다면?

T4: 분배요.

T6: 맞아요. 다른 의미로 하려면 37개의 쿠키를 각 학생에게 5개씩 준다고 하면 되요.

T5: 몇 명의 학생들이 5개의 쿠키를 얻게 되는거죠?

대표: 자, 실제로 나머지 2가 있어요. 그렇죠? 지금 답이 $7\frac{2}{5}$가 될 수 있나요?

T6: 아니요. 왜냐하면 그것은 $7\frac{2}{5}$명의 사람을 의미하는 것이니까요.

대표: 7 나머지 2가 이제야 이해가 되나요?

T3: 네. 저는 측정과 분배의 나눗셈에 대해 저에게 주신 통찰을 감사하게 생각해요. 그것은 실제로 전에는 생각하지 않았던 것이에요. 하지만 매우 중요해요.

대표: 우리가 나비넥타이로 되돌아갔다고 가정해봐요. 그것들은 각각 길이가 5인치가 된다고 합시다. 두 수(그 문제에서 나머지 2와 7)는 무엇을 의미하나요?

T5: 만들 수 있는 나비넥타이 수가 7이에요. 그리고 나머지는 여분의 양?

이 세미나 기록의 마지막 부분은 몫과 나머지에 대한 표준 단위를 다루고 있다. 이 그룹은 다른 맥락들에서도 표준 단위를 논의했었다. 예를 들어, $\frac{3}{4}\times\frac{1}{2}=\frac{3}{8}$에서, $\frac{3}{4}$에 대한 관계항은 $\frac{1}{2}$이다($\frac{1}{2}$의 $\frac{3}{4}$을 찾고 있음). 반면 $\frac{1}{2}$과 $\frac{3}{8}$에 대한 관계항은 1 전체이다. 교사들은 오류의 상당수가 학생들이 표준 단위를 이해하지 못했기 때문에 발생한다는 것을 깨닫게 되었다:

대표: 여기 관계항에 관한 흥미 있는 질문이 있어요. 나머지와 몫은 완전히 다른 것을 말해요. 7은 나비넥타이의 수를 말하고, 2는 남은 인치의 수를 말하지요.

T7: 그리고 $\frac{2}{5}$는 거기에서 어떤 것을 의미할 수 있어요. $\frac{2}{5}$ 또는 0.4라고 쓸 수 있어요.

T8: 하지만 리본에 대해 말하고 있다면, "나는 사용할 수 없는 2인치를 가지고 있어"라고 말하지, "나는 $7\frac{2}{5}$개의 나비넥타이를 만들 수 있어"라고 말할 거라고 생각하지 않아요.

대표: 이 점은 다시 생각해볼 가치가 있어요. 우리가 37개의 쿠키를 가지고 있고 그것을 5명의 사람에게 나눠주고 있다면, 각각의 사람들에게 7개씩 나눠주고 2개의 쿠키가 남을 거예요. 두 경우 단위는 쿠키에요. 이 경우에, 7은 각 사람이 얻는 쿠키의 개수이고 2는 남아 있는 쿠키의 개수입니다. 그러나 우리가 37인치를 가지고 5인치짜리 나비넥타이를 몇 개 만들 수 있는지에 대해 이야기한다면, 7개의 나비넥타이를 만들고 2인치의 리본이 남는다고 결론지을 것입니다. 그것들은 더 이상 같은 측정의 단위를 의미하지 않아요. 한 사람당 5개의 쿠키를 갖게 되는 쿠키와 쿠키로 되돌아가 봅시다. 여러분이 분배의 나눗셈을 하고 있을 때, 같은 측정의 단위가 나오는 것처럼 보일 거에요. 이것이 $7\frac{2}{5}$ 또는 7.4로 결합시킬 수 있는 이유에요. 그러나 측정의 나눗셈을 할 때 ….

T7: 그래도 여전히 결합시킬 수 있어요. 여전히 $7\frac{2}{5}$개의 리본을 가질 수 있어요.

T5: 그러나 사람들은 그렇게 생각하지 않아요. 측정 모델을 사용하고 있을 때는 단위 자체가 가장 중요한 것이기 때문에 남은 것은 그것들 중의 하나가 아니에요. 왜냐하면 5는 그것을 만드는 것이라서 나머지가 무엇인지 — 당

신은 그것에 관해 말하지 않아요. 나는 "$\frac{2}{5}$개의 리본"이라고 말하지 않을 거예요. 왜냐하면 의미가 없으니까요.

T9: 만약 이것이 밀가루였다고 한다면, 컵의 부분들을 결합할 수 있을 거예요. 그러나 천 조각들은 결합시킬 수 없고 천의 한 조각을 가질 수도 없어요.

대표: 그러나 당신도 알듯이, 우리가 지금 하고 있는 이 논의는 상황에 관해 이야기 하려고 할 때 이루어질 수 있는 것이에요. 만약 단지 수를 나누려는 것이라면 이러한 논의는 이루어질 수 없어요. 학생들이 학교에 있는 대부분의 시간은 수만 있을 뿐 이야기할 상황이 없어요. 그래서 실제로 이야기할 것이 전혀 없는 거예요.

T5: 맥락을 벗어나서 계산을 해야 한다는 것은 사실이에요.

대표: 그러나 나눗셈에서는 나머지 때문에 특히 문제가 되요. 학생들은 나머지로 무엇을 해야 하는지 대한 생각이 없어요.

논의 교사들은 학생들이 이해를 통한 학습을 하는 데에 필수적인 동일한 정신적 활동에 참여함으로써 교수-학습 과정을 이해하게 된다. 이러한 세미나가 제2장에서 카펜더와 레허러에 의해 논의되었던 다양한 유형의 정신적 활동에 교사들을 어떻게 참여하도록 격려하였는지 생각해보자. 그들은 비록 아이디어를 다른 아이디어와 관련을 짓는 방식으로부터 의미를 얻더라도, 학습은 풍부하고 통합된 지식 구조(관계)를 만들거나 구성함으로써 현재 가지고 있는 지식에 아이디어를 관련키는 것 이상으로 발전해야 한다는 것에 주목한다. 사례 1과 2는 나머지가 있는 나눗셈에 관한 교수법적으로 완전한 이해를 구성하기 위한 노력을 나타낼 뿐만 아니라, 교사가 몫과 나머지에 관한 아이디어를 나눗셈의 다른 의미와 어떻게 연결짓기 시작하는지, 나눗셈 상황에서 표준 단위의 역할을 어떻게 고려하기 시작하는지를 보여준다. 또한 카펜더와 레허러는 적용이 의미를 발전시키는 데에 중요한 맥락을 제공한다고 제안하였다. 사례 2에서 맥락이 사용되지 않았고 나머지의 의미가 어려워 보였으나, 실세계 맥락에서 분수 문제를 구성하여 제기된 많은 문제들을 명확하게 하였다. 셋째,[1] 세미나는 교사들이 자신의 사고를 명확하게 표현하고 자신의 학습을 반성할 수 있는 분위기를 제공하였다. 그들에게 이러한 정신적 활동의 결과는 그들이 가르칠 책임이 있는 수학에 대한 소유의식을 갖게 되었다는 것이다.

넷째, 학습자들이 아이디어에 관한 자신의 생각을 명확하게 표현하는 과정(또 다른

---

1) 첫째는 카펜더와 레허러에 의해 논의된 것이고, 둘째는 카펜더와 레허러에 의해 제안된 것이라고 볼 수 있다.

정신적 활동)은 학습자들이 (논의되었던 첫 번째 정신적 활동을 통해) 구성된 관계에 관해 이미 알고 있는 것과 관련한 아이디어를 생각하고 재고해볼 시간을 갖는 것을 필요로 한다. 많은 결과를 탐구할 때까지 문제에 열중하고, 자극적인 질문과 예를 통해 탐구하는 세미나 대표의 규범적 관행은 교사들이 알아채기 전에는 넘어가지 않았다. 논의의 성공과 교사들이 느낀 수학적 이해의 향상은 자신만의 질문 전략을 검토하도록 이끌었으며, 실제로 그들이 교실에서 한 문제에 더 오랜 시간 머물도록 하였고, 심지어 되돌아가는 것이 유익한 경우에는 되돌아가기도 하였다. 교사들은 다음의 두 가지 이유에서 이제는 긴 교실 논의를 할 수 있고 심지어 즐길 수 있다고 주장하였다: (a) 그들은 학생들의 말을 듣기 시작했으며 자신이 가르치고 싶어 하는 것보다는 학생들이 이해하고 있는 것에 초점을 맞추기 시작했다, (b) 그들은 더 이상 어려운 질문을 했을 때 얻게 될 반응들을 두려워하지 않았다.

두 세미나는 37 ÷ 5를 둘러싼 단순해 보이는 질문으로 시작했다. 그러나 후에 일어난 논의는 둘러싼 주제들이 실제로 매우 복잡한 것임을 보여준다. 세미나에서 초점을 둔 수학은 교실의 수학이었다. 이 초점은 교사들이 그들이 가르쳤던 수학을 깊게 탐구하도록 하였고, 학생들이 이러한 개념에 대해 갖고 있는 어려움에 관해 생각하도록 하였다. 우리는 학생들의 사고나 수학적 개념 중 하나에만 초점을 맞추는 것은 교사들이 의미 있는 교수적 변화를 하도록 하기에 충분하지 않을 것이라고 주장한다. 교사들은 둘 사이의 의미 있는 상호작용, 즉 수학적 개념이 점점 복잡해지고 서로 밀접한 관련을 갖게 됨에 따라 도달하기가 더 어려워진 상호작용을 경험해야 한다.

결론

중요한 가정은 이 책에 기록된 모든 연구들에 스며들어 있다: 수학교육의 목적은 모든 학생들이 학교교육을 통해 향상된 이해를 가지고 가치 있는 수학을 배우는 것이다. 이 책은 가치 있는 수학의 이해를 촉진하는 교실이 개발될 수 있다는 증거들을 제공한다. 그것들은 관찰자에게 흥미 있는 장소이며, 교사들에게는 더 흥미 있는 장소이고, 그 안에서 수학을 배우는 운 좋은 학생들에게 가장 흥미 있는 장소일 것이다.

교사들이 교실의 중요한 개발자였다는 것은 명백하다. 그러나 연구자로서 저자들도 학교에서 직면하는 다양한 문제를 극복해가는 실제 교실을 구성하는 데에 교사들과 함께 참여했다. 우리가 가지고 있던 연구에 기반한 지식들을 이해하고 적용하기 위해 교사들과 함께 연구함으로써, 우리는 교사들이 이해가 이루어지도록 하는 교수-학습

과정에 관해 배우게 된 것 이상은 아니더라도 그만큼 배웠다. 그리고 우리는 이해를 촉진하는 교실의 구성이 수학, 수학에 관한 학생들의 사고 그리고 이들의 상호 의존에 관한 자신들의 이해를 발전시킬 수 있는 전문성 신장 프로그램에 참여해 온 사려 깊고 지식이 풍부한 교사들에게 달려 있다는 것을 확신하게 되었다. 이것이 잘 되어갈 때 이해를 촉진하는 교실은 급격히 증가하게 될 것이다.

그리고 학습은 여기서 멈추지 않을 것이다. 이해를 통한 교수와 학습의 기초를 형성하는 연구 기반은 모든 학생들이 이해를 통한 학습을 할 수 있도록 하기 위하여 성장할 것이다. 이해를 촉진하기에 충분한 자격이 있는 교실은, 절차적 지식에 만족하지 않고 대신 어떻게 수학이 그들이 직면하게 될 복잡한 주제들을 해결하도록 도울 수 있는지를 이해하려고 노력하는 시민을 양성할 수 있다.

참고문헌

National Council of Teachers of Mathematics (1989). *Curriculum and evaluation standards for school mathematics*, Reston, VA: Author.

더 읽을거리

Hiebert, J., Carpenter, T.P., Fennema, E., Fuson, K. C., Wearne, D., Murray, H., Olivier, A., & Human, P. (1997). *Making sense: Teaching and learning mathematics with understanding*. Portsmouth, NH: Heinemann.

찾아보기

24 초등수학교육

이해를 촉진하는 수학교실

지은이 엘리자베스 페네마 · 토머스 롬버그
옮긴이 이광호 · 이현숙 · 이경미 · 윤혜영 · 정미혜 · 하수현
펴낸이 박문규
펴낸곳 KM 경문사
펴낸날 2011년 9월 1일 1판 1쇄
등 록 1979년 11월 9일 제9-9호
주 소 121-818, 서울특별시 마포구 와우산로 174
전 화 (02)332-2004 팩스 (02)336-5193
이메일 kyungmoon@kyungmoon.com

값 13,000원

ISBN 978-89-6105-494-2
ISBN 978-89-7282-760-6 (세트)

경문사 초등수학 교육학시리즈

1. 초등수학교육의 이해 (제2판)
   김수미 외 지음
2. 수학 학습 심리와 교수-학습전략
   박성택 지음
3. 초등수학교육의 이해 (개정판)
   최창우 지음
4. 수학교육론
   린 D. 잉글리시·그레엄 S. 핼포드 지음
   고상숙 외 옮김
5. Piaget의 발생론적 인식론을 적용한
   수학수업 1학년
   Constance Kamii 지음/강완 외 옮김
6. Piaget의 발생론적 인식론을 적용한
   수학수업 2학년
   Constance Kamii 지음/강완 외 옮김
7. Piaget의 발생론적 인식론을 적용한
   수학수업 3학년(증보)
   Constance Kamii 지음/강완 외 옮김
8. 테크놀로지와 함께하는 수학교육(제2판)
   권성룡 외 지음
9. 수학의 힘을 길러주자
   권성룡 외 지음
10. 구성주의에 입각한 초등수학 학습·지도
    나카하라 다다오 지음/임문규 옮김
11. 문제해결을 통한 수학적 경험(개정판)
    이대현·최승현 지음
12. 구성주의 수학교실–나눗셈
    마리안 위켓 외 지음/김진호 외 옮김
13. 어린이의 마음을 알면 교육이 보인다
    –임상면담의 첫걸음–
    Herbert P. Ginsburg 지음/신준식 외 옮김
14. 초등수학 교육론
    강완 외 지음
15. 예비교사와 현직교사를 위한
    학교수학과 교구
    김남희 지음
16. 수학교실에서 어린이를 이해하기 위한
    융통성 있는 면담
    허버트 P. 긴스버그 외 지음/남승인 외 옮김
17. 거리수학과 학교수학
    Terezinha Nunes 외 지음/박만구 외 옮김
18. 구성주의 수학교실–곱셈
    메릴린 번스 지음/김진호 외 옮김
19. 수학교실에서 말하기
    수잔느 H. 채핀 외 지음/김진호 외 옮김
20. 수학을 어떻게 가르칠 것인가?
    존 반 드 월르 지음/남승인 외 옮김
21. 초등수학교육론 I
    남승인 외 지음
22. 초등 교사를 위한 레크리에이션 수학
    강완·백석윤 지음
23. 초등학교 수학의 중요한 지도 내용
    이용률 지음
24. 이해를 촉진하는 수학교실
    엘리자베스 페네마·토머스 롬버그 지음/
    이광호 외 옮김

경문사 중등수학 교육학시리즈

1. 새 교수·학습이론에 의한 수학교육론
신현성 지음
2. 수학과 교재론 (제3판)
석용징·신현성·이준열 지음
3. 수학적 문제해결
신현성·김경희 지음
4. 고등수학적 사고
데이비드 톨 지음/류희찬 외 옮김
5. 수학과 학습지도와 평가론 (제2판)
강옥기 지음
6. 문제해결의 수학적 전략
스티븐 G. 크란츠 지음/좌준수 외 옮김
7. 증명의 본질
Harold P. Fawcett 지음/장경윤 외 옮김
8. 수학수업 Know-how
쿠조 쯔네죠 지음/김부윤·이영숙 옮김
9. 퇴플리츠의 미분적분학
Otto Toeplitz 지음/우정호 외 옮김
10. 예비교사와 현직교사를 위한 수학교육과정과 교재연구(개정판)
김남희 외 지음
11. 한 줄에 꿰는 수학이야기
Lewinter·Widulski 지음/장경윤 옮김
12. 중등수학 교재연구
강옥기 지음
13. 수학의 철학과 역사
Anglin 지음/류희찬 외 옮김
14. 간추린 수학사
Struik 지음/장경윤 외 옮김
15. 학교수학을 위한 원리와 규준(제2판)
NCTM 지음/류희찬 외 옮김
16. 수학걱정 뛰어넘기
Shiela Tobias 지음/허혜자 옮김
17. 우리나라의 수학교육과정
이중권 지음
18. 세계 여러 나라의 수학교육과정
이중권 지음
19. 수학을 하려면 엑셀을 밟아라(제2판)
고상숙 지음
20. 수학수업 know-how 2
쿠조 쯔네죠 지음/김부윤·이명숙 옮김
21. 수학과 수업모델 및 설계
신현성 지음
22. 통계교육(제2판)
김응환·이석훈 지음
23. 예비교사와 현직교사를 위한 수학교육에서의 컴퓨터 활용
김남희·박영미 지음
24. 수학교육학 연구방법론
우정호 외 지음
25. 비주얼 매스
장경윤·박진희 지음
26. 통계적 사고의 의미와 교육
대니 벤 즈비·조안 가필드 지음/이경화·지은정 외 옮김
27. 수학교육학 정론
강옥기·허난·조현공·박경은·이환철 공저
28. 중등수학교육학
유윤재 지음
29. 수학 수업의 현재와 미래
NCTM 지음/류희찬 외 옮김
30. GSP와 함께 하는 평면기하탐구
장경윤·나숙정·김진아 지음
31. 새로운 대안평가를 고려한 수학과 측정·평가
신현성 지음
32. 수학사를 활용한 교재연구
가타노 젠이치로 지음/김부윤·정영우 옮김